LES CARTES MURALES

de

Vidal-Lablache

Conception maquette et mise en page : Marion Alfano

Armand Colin est une marque de Dunod Éditeur
11 rue Paul Bert, 92240 Malakoff
www.dunod.com

ISBN 978-2-200-63459-9

LES CARTES MURALES
de Vidal-Lablache

Éditées et présentées par
Jacques Scheibling et Caroline Leclerc

ARMAND COLIN

INTRODUCTION

Qui ne se souvient des cartes murales ornant les murs des classes des écoles de la République ? Suspendues par des œillets, elles figuraient en bonne place à côté du tableau noir, des planches d'histoire naturelle et du système métrique. Elles rappellent encore à certains les questions du maître pointant sa baguette sur la face muette où ne figuraient plus que les contours de la France et le tracé des fleuves. Les plus anciens s'appliquent encore aujourd'hui à réciter la liste des départements. Ils se plaisent à reconnaître sur les plaques minéralogiques des voitures leur numéro, à commencer par 01, celui du département de l'Ain. Les bons élèves se souviennent encore des sous-préfectures, des cours d'eaux principaux et de leurs affluents et, à coup sûr, le mont Blanc avec ses 4807 mètres. L'utilisation de la carte murale des années 1880 jusqu'aux années 1960 a bien marqué de son empreinte plusieurs générations d'élèves et cette pédagogie a été incontestablement efficace.

Le nom du géographe Vidal-Lablache (1845-1918) reste indissolublement lié à ces cartes dont il fut l'inventeur avec l'éditeur Armand Colin. C'est en 1885 que les premières cartes sortent des presses. Elles sont rigides, de très grandes dimensions (117 cm sur 89 cm), imprimées en couleurs sur une plaque de zinc, offrant de gros caractères pour être visibles de loin. Elles sont vendues dans une boîte en bois à 6,50 francs de l'époque. La première série comprend 22 cartes de la France et de ses colonies et s'adresse à l'école primaire. La deuxième et la troisième suivent avec 44 puis 64 pièces portant sur les différents pays d'Europe puis du monde ; elles sont destinées aux écoles primaires supérieures et à l'enseignement secondaire. Quelle que soit leur date d'édition, toutes portent le nom de leur créateur, Paul Vidal-Lablache, même si celui-ci meurt en 1918.

Les premières comportent sur leur verso une carte muette destinée à interroger les élèves.

Les suivantes utilisent les deux faces : « Sur l'une la géographie physique exprimée par un coloris vert et bistre ; sur l'autre se trouve la carte politique du même pays. (...) Ainsi, tandis qu'un côté donne tout ce qui se rapporte à la nature, l'autre est consacré surtout aux hommes et aux principales manifestations de leur activité (...) » explique l'éditeur dans le petit livret descriptif qui les accompagne et dans lequel se trouvent également des questions-réponses à poser aux enfants. Le succès de l'entreprise est immédiat : « En 1920, 800 000 exemplaires ont été acquis par les écoles ; elles sont vues, étudiées, commentées par les instituteurs et leurs élèves », selon l'historien Jean-Yves Mollier.

Pourquoi un tel succès ? Les raisons en sont multiples. En ce temps, la Troisième République avait relevé le défi de l'école primaire gratuite, obligatoire et laïque pour tous les enfants. De plus, au lendemain de la défaite de la guerre contre la Prusse (1870-1871), la géographie est conviée, avec l'histoire, à sanctifier les provinces perdues, l'Alsace et la Lorraine, à transmettre aux jeunes l'amour de la patrie et à faire l'éloge de la mission civilisatrice de la France dans le monde. Mais quelle géographie enseigner ?

La géographie française est alors dans un piètre état. Elle se réduisait souvent à une nomenclature de noms et de localisations. Le conflit avec l'Allemagne avait révélé la mauvaise utilisation des cartes d'état-major par les officiers. On disait même que si l'Allemagne avait gagné la guerre, c'était grâce à ses instituteurs qui, eux, savaient la géographie. Tout plaidait pour une rénovation de cette discipline. Des géographes allemands renommés, Alexander von Humboldt, Carl Ritter et Friedrich Ratzel, avaient de fait défriché le terrain d'une géographie plus scientifique et plus féconde.

C'est ce contexte qui favorise l'implantation des cartes murales. De plus, elles sont innovantes et pédagogiques. Qui plus est, le brevet déposé par l'éditeur en 1893 éloigne les concurrents : Delagrave avec la collection de Maurice Fallex ne débute que dans les années 1920 ; quant à Hatier, les premières publications sous la signature de Jean Brunhes, disciple de Vidal, et Pierre Deffontaines sortent timidement à la fin des années 1930 et ne sont complétées qu'à la fin des années 1950. À cette date, Hachette se lance dans la course avec la collection de Louis François, ainsi qu'un petit éditeur (Girard, Barrère et Thomas) avec la collection d'Henri Bonnafous. Le succès des cartes de Vidal dès la fin des années 1880 tient avant tout à la rénovation de la géographie qu'entreprend leur auteur.

Paul Vidal-Lablache s'est en effet rapidement imposé comme le chef de file d'une nouvelle géographie, qu'on désignera sous le nom d'École française de géographie et dont le rayonnement sera mondial. Historien de formation, il opte pour la géographie et obtient la chaire de géographie à l'université de Nancy, ville frontière, depuis 1871. Il accède à l'âge de 32 ans à un poste de professeur à l'École normale supérieure de la rue d'Ulm, à Paris, puis à sa direction (1877-1898), avant d'être nommé professeur à la Sorbonne en 1898.

Dès lors, Vidal devient le maître incontesté de la géographie française. Il œuvre à lui donner un fondement scientifique. Pour lui, la géographie est une science naturelle. Il importe avant tout de connaître la géographie physique dans toutes ses composantes : le relief, le climat, le sol. Ces conditions naturelles jouent un rôle fondamental et déterminent la répartition des hommes à la surface de la terre et la façon dont ils vivent. Mais cette relation des hommes à la nature n'est jamais simple. La complexité procède de l'agencement des phénomènes entre eux qui diffèrent selon les lieux et selon l'usage qu'en font les sociétés. La géologie, le sol, le climat offrent des possibilités de développer l'agriculture, mais les hommes restent libres devant ces déterminations naturelles. Chaque lieu, chaque espace, chaque paysage est singulier.

Puisqu'il s'agit d'appréhender la complexité des relations, la démarche scientifique de la géographie consiste à assembler les données des sciences naturelles, mais aussi de l'histoire, sans jamais se confondre avec elles. Dans son *Tableau de la géographie de la France* (1903) commandé par l'historien Ernest Lavisse pour servir d'introduction à sa monumentale *Histoire de France* en 18 volumes (1901-1911), Vidal plante le décor de la grande fresque historique de la nation française. Il s'agit de montrer comment la France, ce « fragment de surface terrestre que la géographie physique ne saurait considérer proprement comme un tout », est pourtant devenue un « être géographique », « et enfin une patrie ». Le lien si français de l'histoire et de la géographie trouve ici sa raison d'être. Contrée après contrée, « pays » après « pays », Vidal déroule une analyse détaillée des particularités naturelles et des modes de vie traditionnels des campagnes françaises dans laquelle il mêle les approches géologiques et climatiques des paysages façonnés dans la longue durée par les paysans. Il illustre ainsi ce qu'il dénomme les « genres de vie », ce complexe réseau de relations permanentes qui s'établissent entre la nature et les hommes.

Cette quête, Vidal l'élargit à l'ensemble du monde, dégageant, continent par continent, un tableau des « primitifs » aux « évolués », dont la France évidemment. En mêlant civilisation, religion et race, cette généralisation veut établir une hiérarchie entre les civilisations et prétend ainsi légitimer la colonisation et la mission civilisatrice de la France dans son empire.

Enfin, Vidal participe activement à la mise en place de l'école de Jules Ferry en se préoccupant de la transmission du savoir géographique à des millions d'élèves. La formation des enseignants, en premier lieu des instituteurs, lui semble primordiale ; il s'adresse à eux pour leur prodiguer des conseils, en insistant toujours sur le rôle fondamental de l'explication. En ce sens, la carte lui semble un instrument pédagogique essentiel. « Il s'agit d'obtenir que le sens géographique s'éveille (...) et que par l'accommodation de conditions matérielles telles que locaux spécialement appropriés, cartes murales, images, la présence de toute une pédagogie muette s'empare des yeux et se grave dans le souvenir (...) » écrit-il en 1905. Et plus loin : « La géographie telle qu'on aspire à l'enseigner partout sans qu'on puisse dire que le but ait été encore pleinement atteint nous apparaît comme un des moyens les meilleurs d'éducation moderne. Faire fructifier dans l'éducation les vues et les idées que depuis trente ou quarante ans une connaissance plus étendue et plus attentive du globe nous fournit sur les rapports de la nature et des hommes est l'idéal que la géographie bien enseignée peut réaliser dans une certaine mesure. »

Paul Vidal de La Blache signe ses ouvrages universitaires et Paul Vidal-Lablache signe les cartes murales. Pourquoi cette coquetterie ? Il naît sous le nom de Vidal. En 1877, sa famille obtient le droit à la particule qui la rattache à un hameau du Velay, La Blache, où se situe la maison de famille. Il abandonne, pour le public des écoles de la République, le nom « noble » et il opte, avec son éditeur, pour « Vidal-Lablache », plus plébéien.

L'influence de Paul Vidal de La Blache a été considérable aussi bien à l'université que dans le domaine de la pédagogie, aussi bien en France qu'à l'étranger. Pendant trois quarts de siècle, de 1885 à 1960, tous les géographes de France sont ses disciples. Avec Lucien Gallois, il lance chez Armand Colin les *Annales de géographie* en 1891, puis il publie un *Atlas général* (avec 420 cartes) en 1894 dont les déclinaisons viendront nourrir les manuels scolaires (ceux de Foncin pour le Primaire, et les *Cours* Vidal de La Blache et Camena d'Almeida pour le Secondaire). En 1910, il dresse le plan de sa monumentale *Géographie universelle* dont le 23e volume ne sera édité qu'en 1939. Lucien Gallois, Albert Demangeon, Emmanuel de Martonne, Jean Brunhes sont ses disciples les plus connus et ceux qui ont diffusé en France et à l'étranger la géographie de l'École française de géographie. L'influence de Vidal de La Blache a même gagné les historiens. Lucien Febvre, Marc Bloch s'en réclamaient et Fernand Braudel ne cachait pas qu'il devait à son maître géographe sa conception du « temps long », ce temps des civilisations qui est aussi le rapport de longue durée qu'entretiennent les hommes avec la nature.

Les cartes « Vidal-Lablache » ont eu la même longévité que la géographie de Paul Vidal de La Blache. C'est seulement au cours des années 1960 que des critiques apparaissent et sapent progressivement les fondements de l'École française de géographie. Pour expliquer cet extraordinaire succès, on peut avancer que la géographie de Vidal a été « populaire ». Sa définition de la géographie comme science naturelle et comme science de synthèse entre les sciences de l'homme et les sciences de la nature, a, pendant trois quarts de siècle, fait l'unanimité des géographes, enseignants et universitaires. Elle correspondait à l'idée que s'en faisait le public scolaire, ainsi que l'ensemble de la population. Et cette géographie-là décrivait et expliquait en termes simples et clairs des choses complexes. Parce qu'elle était concrète et qu'elle s'intéressait aux paysages ruraux, aux « genres de vie » des campagnes, elle entrait en résonance avec une France marquée profondément par son passé paysan. Disons que Vidal, à travers ses tentatives d'explication, donnait de la « chair » à la géographie. Et les cartes murales scolaires ont contribué à renforcer cette popularité.

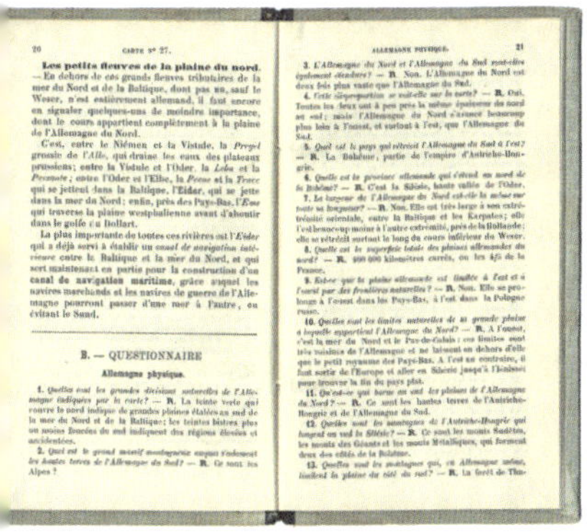

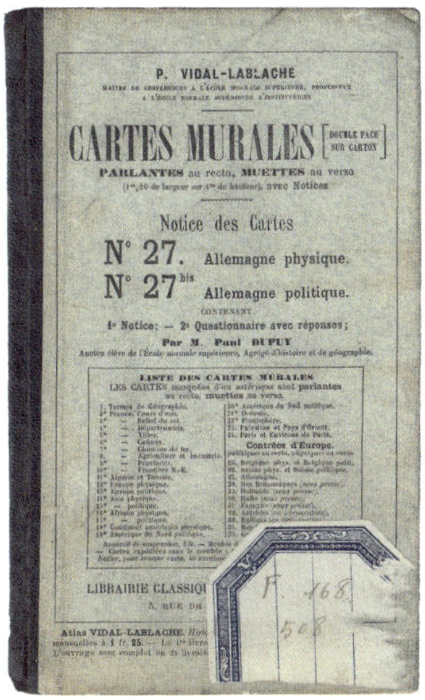

Aujourd'hui, celles-ci sont évidemment obsolètes. Le cours de l'histoire, la mondialisation, d'autres conceptions de la géographie plus « scientifiques » ont eu raison des théories de Vidal. Pour autant, ces cartes témoignent d'un temps où la géographie savait séduire et elles conservent une partie de leur charme. Au même titre que le *Petit Lavisse* publié par le même éditeur en 1884, ou *Le Tour de la France par deux enfants* de Bruno (1877), elles sont des objets de notre mémoire nationale.

Cet atlas regroupe pour la première fois la presque totalité des cartes murales de Vidal, publiées entre 1885 et 1969. Elles sont issues d'une collection privée. Ce livre convie le lecteur à un grand voyage à travers le temps et l'espace, à travers la géographie telle qu'on l'a longtemps enseignée aux petits Français. Ces cartes ont leur âge ; certaines ont mal vieilli ; les couleurs ont passé. Certaines éditions manquent ; toutes n'ont pas été déposées à la Bibliothèque nationale de France. Nous avons fait des choix, sans doute discutables. Nous avons ainsi éliminé les cartes régionales de la France de Lucien Gallois dont la conception pédagogique diffère nettement de celle de Vidal de La Blache. Trop surchargées, au format de ce livre, elles auraient été illisibles. Nous avons également opté pour un classement qui diffère parfois de leur numérotation pour préserver la cohérence des grands ensembles géographiques.

Depuis leur apparition à la fin du XIXe siècle jusqu'à la fin des années 1960, ces cartes ont été constamment rééditées si bien que les différentes éditions se confondent. L'absence de date d'impression ne rend pas la lecture aisée. Il faut se reporter au numéro du tirage, aux tracés des frontières, à la typographie pour en dégager les évolutions. Les cartes physiques restent les mêmes sur l'ensemble de la période. En revanche, les cartes politiques épousent les soubresauts du siècle : amputation de l'Alsace-Lorraine, guerre de 1914-1918 et traités de paix, partage de l'Afrique et de l'Asie entre les grandes puissances, puis décolonisation, exode rural et poussée des villes… Chacune d'elles porte en miroir l'histoire du monde jusqu'à 1969, date de l'édition connue de la dernière carte.

Chaque carte fait l'objet d'un commentaire bref ou développé selon l'intérêt qu'elle suscite. Ce commentaire n'est pas à proprement parler « géographique ». Celles qui ont été éditées il y a plus d'un siècle présentent aujourd'hui un intérêt historique évident. Les commentaires sont là pour en éclairer la lecture.

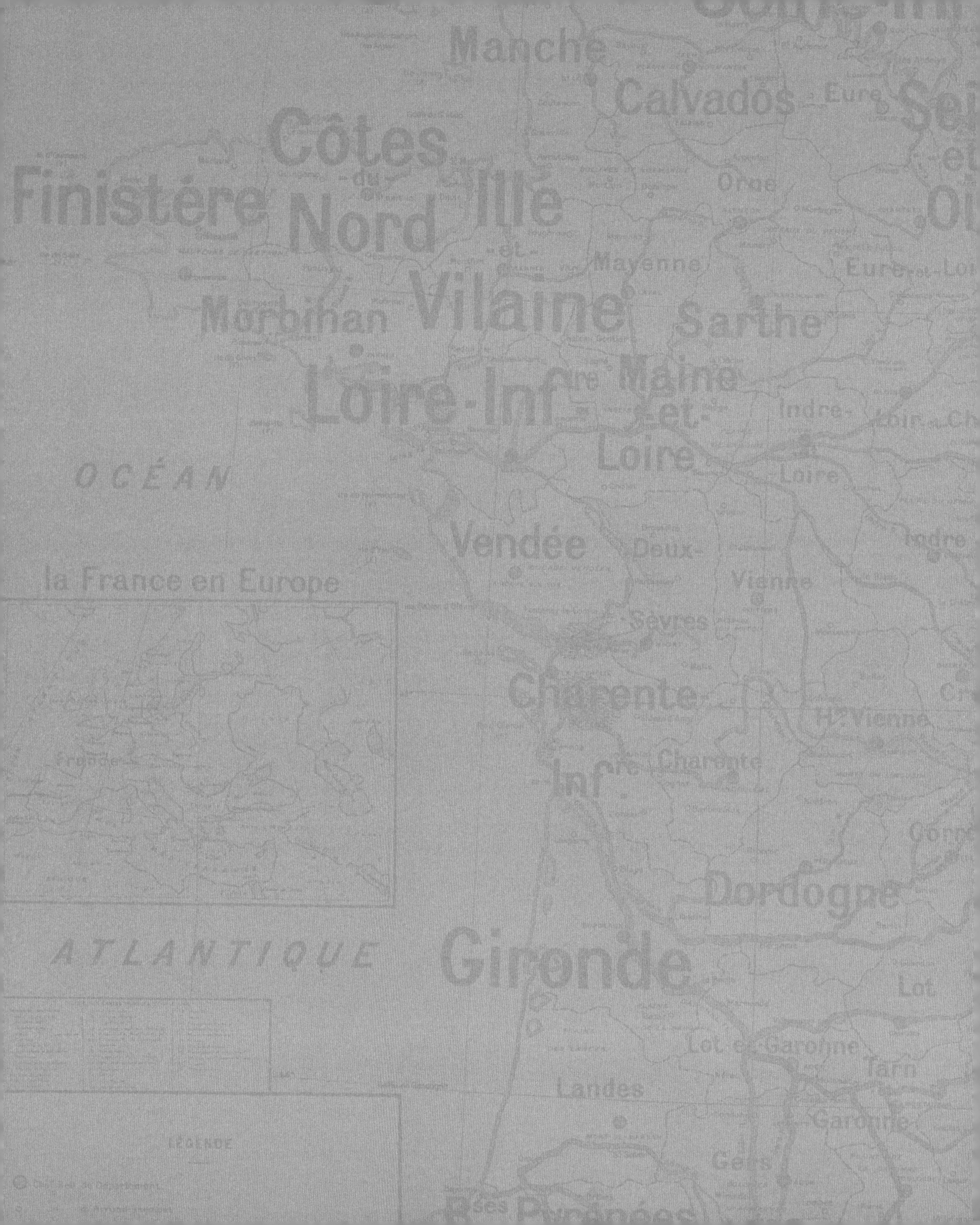

Manche
Calvados
Eure
Côtes du Nord
Finistère
Ille et Vilaine
Orne
Mayenne
Morbihan
Sarthe
Loire-Infre
Maine et Loire
Indre-
Loire
OCÉAN
Vendée
Deux-Sèvres
Vienne
la France en Europe
France
Charente-Infre
Charente
Hte Vienne
Dordogne
ATLANTIQUE
Gironde
Lot
Lot-et-Garonne
Tarn
Landes
Garonne
Gers
LÉGENDE

PREMIÈRE PARTIE

◆

La France et son empire

FRANCE

Cours d'eau

Les deux premières cartes de la collection donnent une information détaillée sur deux thèmes complémentaires: l'hydrographie et le relief de la France. L'ordre de la présentation a une signification précise : on part de la nature pour expliquer la présence des hommes. Aux yeux de Vidal, on l'a dit, le cadre physique est essentiel pour comprendre l'organisation d'un espace tel que le territoire français. C'est une base sur laquelle les autres informations viendront s'ordonner dans la recherche de « l'explication raisonnée » des faits géographiques. Pourquoi commencer par les cours d'eau ? Ce choix est vraisemblablement d'ordre pédagogique. Avant de connaître les montagnes ou les plaines, l'enfant doit avoir en mémoire le nom du cours d'eau qui traverse sa commune et celui de la rivière plus importante dans lequel il se jette. La hiérarchie des cours d'eau, du ru au ruisseau, à la rivière affluente et au fleuve est aisément assimilable par les élèves. La typographie en « caractères muraux », qu'on peut lire du fond de la classe, met en évidence les cinq grands fleuves : Seine, Loire, Garonne, Rhône, Rhin. Avec le jeu des majuscules, on distingue un deuxième niveau, celui des fleuves franco-belges: Escaut, Meuse. Les noms des grands fleuves des pays voisins de la France sont en majuscules plus petites: Danube, Po. Les grands affluents sont également en caractères muraux mais en minuscules. Viennent ensuite les noms des sous-affluents qui sont destinés au maître et non aux élèves, comme l'indique la légende.

La carte des cours d'eau met en rapport, de façon logique, l'hydrographie et le relief. C'est une première relation, un premier «enchaînement». L'eau coule en effet de l'amont vers l'aval et l'organisation des montagnes et des plaines est celle des bassins hydrographiques.

Un autre enchaînement intervient : c'est celui de la localisation des villes qui sont indiquées dans un ordre hiérarchique de cinq niveaux, de Paris, la capitale, aux villes de moindre importance. La localisation des villes est corrélée très fortement au réseau hydrographique. La caractérisation d'une ville par son site est une des traditions ancrées par la géographie vidalienne : site de pont, site d'estuaire, site de confluence, site de coude, comme Toulouse ou Orléans. Tout cela peut se lire sur la carte.

Enfin, la France hydrographique est insérée dans l'Europe. Le petit carton à gauche montre la continuité des plaines et des montagnes de la France avec le reste du sous-continent européen. Le Bassin parisien se prolonge dans la plaine européenne du Nord. Les Alpes se prolongent jusqu'aux Carpates et le morcellement de l'Europe méridionale en péninsules fait obstacle à l'existence de grands fleuves.

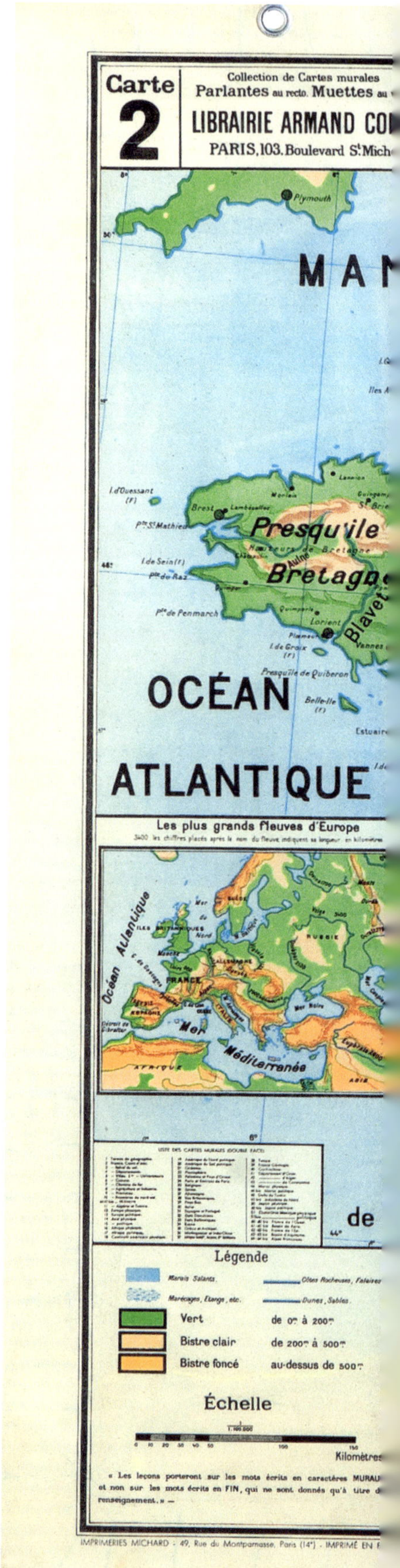

FRANCE
COURS D'EAU
PAR P. VIDAL-LABLACHE
Professeur à la Faculté des Lettres de l'Université de Paris.
MER DU NORD
Pas de Calais
ESCAUT
MEUSE
Moselle
RHIN
Somme
Oise
SEINE
Marne
Aube
Eure
Orne
Mayenne
Sarthe
Loir
Maine
LOIRE
Cher
Indre
Yonne
SEINE
Saône
Doubs
DANUBE
L. de Genève
RHÔNE
Vienne
Creuse
Allier
Sèvre Niortaise
Charente
GIRONDE
Dordogne
GARONNE
Lot
Aveyron
Tarn
Adour
Gers
Ariège
Aude
Hérault
Gard
Ardèche
RHÔNE
Drôme
Isère
Durance
Var
Golfe du Lion
MER MÉDITERRANÉE
CORSE
PÔ

Carte 3
Collection de Cartes murales Parlantes au recto Muettes au verso
LIBRAIRIE ARMAND COLIN
103, Boulevard Saint-Michel, PARIS.
FRANCE
RELIEF DU SOL
PAR P. VIDAL-LABLACHE
Professeur à la Faculté des Lettres de l'Université de Paris.
MER DU NORD
MANCHE
OCÉAN ATLANTIQUE
Golfe de Gascogne
Golfe du Lion
MER MÉDITERRANÉE
Plaines basses de la Flandre
Hautes Plaines de Picardie
Ardennes
Bassin de Paris
Cotentin
Plaine de Normandie
Collines de Normandie
Coteaux du Perche
Collines de Bretagne
Plaine de Champagne
Argonne
Plateau de Lorraine
Vosges
Plaine d'Alsace
Forêt Noire
Plateau de Langres
Trouée de Belfort
Plaine de la Loire
Plaine du Berry
Morvan
Côte d'Or
Jura
Alpes
Collines du Poitou
Passage du Poitou
Vallée de la Saône
Massif Central
Monts d'Auvergne
Mt Blanc
Cévennes
Vallée du Rhône
Plaine de la Garonne
Plaine des Landes
Collines d'Armagnac
Passage du Languedoc
Pyrénées
Corse
Relief Général de l'Europe.
France
Légende
Echelle 1/1.100.000

FRANCE

Relief du sol

L'objectif de cette carte est de fixer dans la mémoire des élèves l'organisation des plaines et des montagnes de France. Le fond hypsométrique est le même que celui de la carte précédente. Les trois courbes de niveau : 0 à 200 m, 200 à 500 m et celle au-dessus de 500 m suffisent à mettre en évidence les grandes masses montagneuses et les étendues de plaine. Comme dans la carte précédente, la typographie met en exergue les trois massifs principaux : Alpes, Pyrénées, Massif central, suivis des deux massifs des Vosges et du Jura ainsi que des Cévennes. Le mont Blanc, point culminant des Alpes, est indiqué avec l'altitude qui sera apprise par cœur chaque année par des millions de petits Français : 4 807 m.

Pour les plaines, seul le Bassin de Paris est digne de la même importance. Les autres plaines sont indiquées en plus petits caractères. Le Bassin d'Aquitaine, qui n'est pas nommé, se subdivise en « plaine des Landes et plaine de la Garonne ». Les collines de Normandie, de Bretagne, du Poitou ou les coteaux du Perche apparaissent sous forme d'îlots.

CETTE LECTURE DE LA CARTE EST FAITE POUR MONTRER L'EXCELLENCE DE LA POSITION DE LA FRANCE EN EUROPE : UN DON DE LA NATURE ET DE LA PROVIDENCE.

La notion de plateau est absente de cette nomenclature très simplifiée. Les plateaux de Picardie sont désignés par le terme de « hautes plaines », opposé aux « basses plaines » de Flandre. Seul le plateau de Langres est mentionné sous cette appellation. Curieusement, Vidal optait fréquemment pour « Plateau central » au lieu de « Massif central » qui sera la forme la plus usitée plus tard, sans doute grâce à cette carte.

De même, la notion de seuil qui sera ultérieurement largement utilisée est absente. On trouve en revanche le passage du Poitou, le passage du Languedoc ou la trouée de Belfort. Néanmoins, le choix des courbes de niveau laisse clairement apparaître les couloirs de circulation reliant les plaines et les vallées les unes aux autres. Si le Massif central est bien un obstacle, le couloir rhodanien communique avec les plaines du Bas-Rhône et du Bas-Languedoc et avec l'Aquitaine ; au nord, on rejoint la plaine d'Alsace et le Bassin parisien. La plaine d'Alsace est en contact avec la grande voie rhénane, comme les vallées de la Moselle et de la Meuse. Quant au Bassin parisien, il établit la relation avec l'Ouest, le Sud-Ouest, avec la Manche, la plaine flamande et la mer du Nord. Cette lecture de la carte est faite pour montrer l'excellence de la position de la France en Europe : un don de la nature et de la Providence. Le cartouche qui cadre la France dans l'Europe en apporte la confirmation.

FRANCE

Géologie

La carte géologique de la France ne fait pas partie du lot des premières cartes éditées. Elle est beaucoup plus tardive. Trop difficile, elle n'était pas destinée aux classes de l'école primaire, mais seulement aux élèves des lycées. On sait l'importance qu'accordait Vidal de La Blache à la géologie pour l'explication du relief, des sols et de l'occupation humaine (agriculture). C'est la raison pour laquelle cette carte géologique est considérée comme un document annexe mais fondamental pour la compréhension de la géographie de la France. Ce n'est pas Vidal qui l'a dressée puisqu'il a demandé à un géologue, M. Welch, de dessiner une carte très simplifiée, mais suffisamment juste pour que les grands ensembles éclairent les autres aspects de la géographie de la France.

Les roches de l'ère primaire sont nettement identifiées par les couleurs rose (granites, schistes cristallins), gris et marron pour les roches sédimentaires primaires (schistes carbonifères en particulier qui renferment parfois la houille). Ce sont elles qui constituent les massifs anciens : Massif central, Massif armoricain, Vosges et Ardennes. On les retrouve au cœur des chaînes récentes alpines, les Pyrénées et les Alpes.

Les roches des ères secondaire, tertiaire et quaternaire sont indiquées avec les couleurs conventionnelles des géologues : violet pour le Trias, bleu pour le Jurassique, vert pour le Crétacé, jaune pour le Tertiaire, vert pâle pour le Quaternaire. Cela suffit pour faire apparaître les auréoles sédimentaires des Bassins de Paris et d'Aquitaine qui vont, des plus anciennes au plus récentes, de la périphérie au centre. Les seuils apparaissent nettement : « Détroit » du Poitou, « seuil » du Lauragais, « plateau » de Langres, « porte » d'Alsace. On retrouve ces couches sédimentaires, disposées en lanières parce qu'elles sont plissées, dans les montagnes « jeunes » : Alpes, Jura, Pyrénées. Cette distinction massifs anciens / bassins sédimentaires / montagnes jeunes est restée ancrée dans la mémoire de nombreux élèves sur plusieurs générations.

Par ailleurs, on voit clairement la continuité de la structure géologique du Bassin de Paris et du Bassin de Londres de l'autre côté de la Manche, ainsi que celle qui lie les Alpes françaises aux Alpes italiennes et suisses. De même, la continuité entre la France de l'Est et l'Allemagne s'exprime au-delà du fossé de l'Alsace. Comme on l'a vu pour le relief, la France apparaît bien comme fortement ancrée dans l'Europe.

AS Général VIDAL-LABLACHE HISTORIQUE & GÉOGRAPHIQUE.
ATLAS Classique VIDAL-LABLACHE HISTORIQUE & GÉOGRAPHIQUE.
Cartes murales Vidal-Lablache
FRANCE
GÉOLOGIE
Par M. WELSCH
Professeur à la Faculté des Sciences de Poitiers.
Bassin de Bruxelles
BELGIQUE
Massif Schisteux du Rhin
Bassin de Paris
Massif Central
Bassin d'Aquitaine
Bassin de la Saône
Bassin du Rhône
ALLEMAGNE
SUISSE
ITALIE
PLAINE DU PÔ
ALPES
JURA
VOSGES
PYRÉNÉES
ESPAGNE
NAVARRE
MER MÉDITERRANÉE
CORSE
Paris
Lille
Nancy
Strasbourg
Dijon
Lyon
Limoges
Bordeaux
Toulouse
Marseille
Nice
Genève
Milan
Turin
Ajaccio
Bastia
Sologne
Beauce
Brie
Champagne
Morvan
Limousin
Cantal
Rouergue
Cévennes
Landes
Armagnac
Echelle 1:1100,000

Atlas Général VIDAL-LABLACHE historique & géographique. 30 francs — Atlas Classique VIDAL-LABLACHE historique & géographique. 15 francs
Carte 4
Collection de Cartes murales
Parlantes au recto Muettes au verso
LIBRAIRIE ARMAND COLIN
PARIS, 5, rue de Mézières.
FRANCE
DÉPARTEMENTS
PAR P. VIDAL-LABLACHE
Professeur à la Faculté des Lettres de l'Université de Paris
ANGLETERRE
BELGIQUE
ALLEMAGNE
SUISSE
ITALIE
ESPAGNE
MANCHE
OCÉAN
ATLANTIQUE
MER MÉDITERRANÉE
MER DU NORD
Nord
Pas-de-Calais
Somme
Seine-Infre
Oise
Aisne
Ardennes
Manche
Calvados
Eure
Seine-et-Oise
SEINE
Marne
Meuse
Meurthe-et-Moselle
Lorraine
Côtes-du-Nord
Finistère
Ille-et-Vilaine
Orne
Mayenne
Sarthe
Eure-et-Loir
Seine-et-Marne
Aube
Vosges
Alsace
Morbihan
Loire-Infre
Maine-et-Loire
Loiret
Yonne
Hte Marne
Hte Saône
Tre de Belfort
Indre-et-Loire
Loir-et-Cher
Côte-d'Or
Doubs
Vendée
Deux-Sèvres
Vienne
Indre
Cher
Nièvre
Saône-et-Loire
Jura
Ain
Allier
Charente-Infre
Charente
Hte Vienne
Creuse
Puy-de-Dôme
Loire
Rhône
Haute-Savoie
Savoie
Isère
Corrèze
Hte Loire
Dordogne
Cantal
Gironde
Ardèche
Drôme
Hautes-Alpes
Lot
Lozère
Lot-et-Garonne
Tarn
Aveyron
Basses-Alpes
Landes
Tarn-et-Garonne
Gard
Vaucluse
Alpes-Maritimes
Gers
Var
Hérault
Bses Pyrénées
Hte Garonne
B.du Rhône
Hes Pyrénées
Aude
Ariège
Pyrénées-Orientales
Corse
la France en Europe
LÉGENDE
Chef-lieu de Département.
id. d'Arrondissement.
Autres localités.
Echelle 1/1.100.000
Kilomètres
DÉPOSÉ

FRANCE

Départements

Cette carte a été sans doute la plus controversée de la collection, non pas tant par les informations qu'elle donne, mais par l'utilisation pédagogique qui en fut faite. L'apprentissage par cœur du nom des départements et de leur localisation à partir de la carte muette, du nom des sous-préfectures de chaque département, de celui des cours d'eau et de leurs affluents qui le traversent, a souvent été présenté comme une caricature de la géographie vidalienne. Or, Vidal s'opposait à cette pratique qui évoquait plutôt les anciennes façons d'enseigner la géographie. Cette utilisation n'est donc pas due à Vidal de La Blache mais aux inspecteurs et aux instituteurs qui ont généralisé cette pédagogie. Comme on peut le voir et comme l'indique la légende, la typographie des noms des départements est ici encore hiérarchisée et le classement en trois catégories en fonction de la démographie met en relief les départements les plus peuplés.

Des constats peuvent être faits qui ont un intérêt historique. Le département de la Seine qui coïncide avec la ville de Paris est le seul inscrit en « capitales murales ». Il est suivi des départements industriels du Nord et du Pas-de-Calais, de la Lorraine et de l'Alsace, de la Saône-et-Loire, du Rhône, de la Loire et des départements portuaires: Seine-Inférieure (Rouen, Le Havre), Loire-Inférieure (Nantes, Saint-Nazaire), Gironde (Bordeaux) et Bouches-du-Rhône (Marseille). Cela correspond bien à l'état de la France de la fin du XIXe siècle. Les départements les plus peuplés sont ceux qui ont bénéficié de la révolution industrielle du charbon. Ils s'opposent à une France encore massivement rurale, celle de la large auréole du Bassin parisien, du Massif central, du Bassin d'Aquitaine et des Alpes. En revanche, l'anomalie de la Bretagne saute aux yeux. Les départements bretons, encore ruraux, sont proportionnellement très peuplés. C'est que la Bretagne vient de connaître son maximum démographique (fin du XIXe siècle) et l'exode rural débute seulement. Les Bretons amorcent une migration vers les régions industrielles et les villes. La promotion sociale commence à s'effectuer grâce à l'école qui permet de trouver du travail hors des campagnes.

La carte rend particulièrement lisible une caractéristique du nom attribué aux départements par l'Assemblée constituante en septembre 1789. Les députés, après de longues discussions, ont opté pour des noms « géographiques » afin d'éviter toute référence aux provinces de l'Ancien Régime. Les deux tiers des départements portent le nom du ou des cours d'eau qui les traverse (Saône-et-Loire, Rhône, Bas-Rhin, Haute-Garonne...); d'autres le nom de « contrée » comme la Vendée, le Calvados, la Manche, les Landes ou le Finistère, d'autres encore le nom de montagnes: Vosges, Jura, Pyrénées, Alpes (Basses et Hautes) ou celui du littoral (Côtes-du-Nord, Pas-de-Calais). Comme on le sait, certains noms ont été modifiés plus tard pour éviter les adjectifs péjoratifs: bas, inférieur. En 1955, la Seine-Inférieure deviendra la Seine-Maritime; en 1957, la Loire-Inférieure prend le nom de Loire-Atlantique, les Basses-Alpes deviennent les Alpes-de-Haute-Provence en 1970.

Le premier tirage de la carte des départements français date de 1885. La France est encore amputée d'une partie de la Lorraine et de l'Alsace, qu'elle a perdues à la suite de la guerre de 1870. Cette première édition est publiée au moment où Vidal de La Blache vient de quitter Nancy, son premier poste universitaire. Très affecté par l'humiliation ressentie par les Français, Vidal a cherché une représentation visuelle qui fasse ressentir cette amputation. Il a choisi de représenter ces deux portions du territoire dans la couleur du deuil, le violet, pour bien faire ressortir une situation qui ne pouvait être que provisoire. Ainsi tous les petits Français ont sous leurs yeux les territoires à reconquérir, nourrissant l'esprit de la Revanche.

FRANCE

Villes

Sur le fond de celle des départements, la carte des villes propose une bonne vision de la hiérarchie urbaine de la France à la fin du XIXe siècle et au début du XXe siècle. La typographie différencie la capitale, Paris, seule ville en majuscules «murales», et les huit niveaux de ville, des plus importantes (Lille, Nancy, Strasbourg, Lyon, Saint-Étienne, Nice, Marseille, Toulouse, Bordeaux, Nantes, Rouen) aux plus petites.

Par rapport à la situation d'aujourd'hui, les changements sont peu importants. Les villes majeures sont pour la plupart les capitales régionales actuelles. À l'époque, elles étaient aussi des villes industrielles. Les chefs-lieux de départements ne sont pas tous des grandes villes mais ils constituent l'ossature urbaine de la France. Ces villes ont bénéficié de la présence des préfectures et des services décentralisés de l'État, ce qui leur a conféré une fonction administrative qui est souvent devenue leur base économique.

Paris projette son ombre sur le Bassin parisien, empêchant le développement de grandes agglomérations (hormis Rouen) sur une distance de 200 à 300 km.

LES VILLES PRINCIPALES DONT LES ÉLÈVES DEVAIENT CONNAÎTRE LES NOMS ET LA LOCALISATION RESSORTENT MIEUX.

Le semis des chefs-lieux de département offre une répartition régulière de ces villes d'État sur l'ensemble du territoire. L'égalité administrative voulue par la Révolution apparaît clairement. L'égalité devant la loi a sa traduction territoriale. Les départements ont à peu près la même dimension, avec le chef-lieu en leur centre (à une journée de cheval au maximum). Ce découpage égalitaire donne une image d'une France rurale administrée par l'intermédiaire des villes.

Inversement, les villes principales dont les élèves devaient connaître les noms et la localisation ressortent mieux, ainsi que leur situation à la périphérie de la France, loin de Paris. La gestion centralisée du territoire par la capitale, qui procède d'une continuité historique, de la monarchie à la République, transparaît clairement sur la carte muette. Cependant, ce n'est pas ce qui était demandé aux élèves qui, le plus souvent, devaient ânonner les litanies de la nomenclature des villes selon la tradition de la vieille géographie, condamnée par Vidal-Lablache.

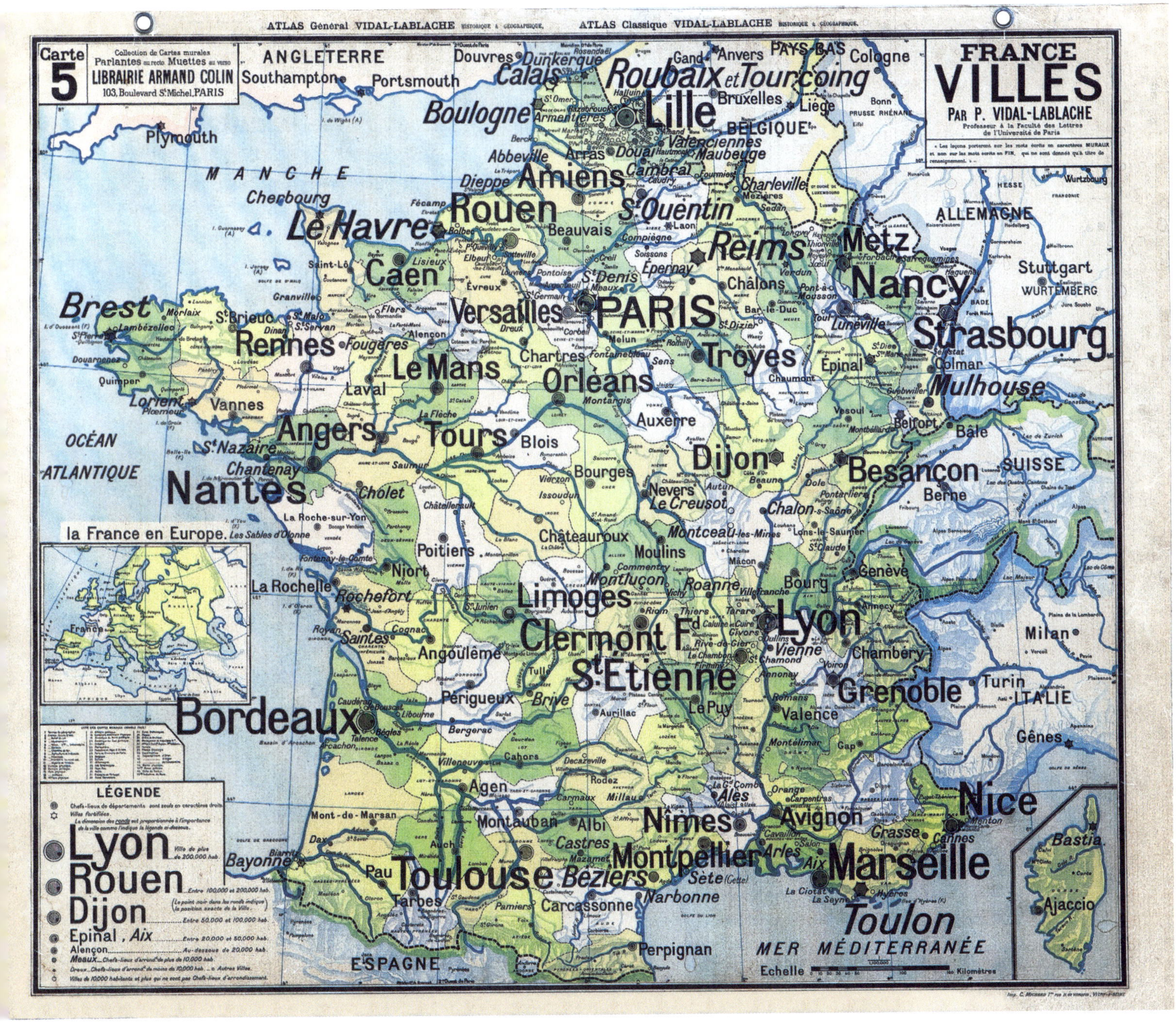

ATLAS Général VIDAL-LABLACHE HISTORIQUE & GÉOGRAPHIQUE.
ATLAS Classique VIDAL-LABLACHE HISTORIQUE & GÉOGRAPHIQUE.
Carte 5
Collection de Cartes murales Parlantes au recto Muettes au verso
LIBRAIRIE ARMAND COLIN
103, Boulevard S.t Michel, PARIS
FRANCE
VILLES
PAR P. VIDAL-LABLACHE
Professeur à la Faculté des Lettres de l'Université de Paris
ANGLETERRE
Southampton
Portsmouth
Plymouth
Douvres
Dunkerque
Calais
Boulogne
Roubaix et Tourcoing
Lille
Gand
Anvers
PAYS-BAS
Cologne
Bruxelles
Liège
BELGIQUE
Valenciennes
Maubeuge
Bonn
PRUSSE RHÉNANE
MANCHE
Abbeville
Arras
Douai
Cambrai
Dieppe
Amiens
Charleville
Mézières
Sedan
Cherbourg
Fécamp
Rouen
S.t Quentin
Le Havre
Beauvais
Laon
ALLEMAGNE
Reims
Metz
Compiègne
Soissons
Épernay
Saint-Lô
Caen
Lisieux
Elbeuf
Pontoise
S.t Denis
Stuttgart
WURTEMBERG
Évreux
S.t Germain
Meaux
Châlons
Verdun
Nancy
Brest
Morlaix
S.t Brieuc
S.t Malo
Granville
Flers
Versailles
PARIS
Bar-le-Duc
Toul
Lunéville
Strasbourg
Lambézellec
Dinan
Rennes
Fougères
Alençon
Corbeil
Melun
S.t Dizier
Quimper
Douarnenez
Le Mans
Chartres
Fontainebleau
Troyes
Épinal
Colmar
Lorient
Vannes
Laval
Orléans
Sens
Chaumont
Mulhouse
Montargis
Auxerre
Vesoul
Belfort
Bâle
OCÉAN ATLANTIQUE
S.t Nazaire
Angers
Tours
Blois
Dijon
Besançon
SUISSE
Chantenay
Nantes
Bourges
Vierzon
Issoudun
Nevers
Le Creusot
Beaune
Berne
Cholet
Chalon-s-Saône
La Roche-sur-Yon
Les Sables d'Olonne
Châteauroux
Moulins
Montceau-les-Mines
Lons-le-Saunier
la France en Europe.
Poitiers
Niort
Mâcon
Genève
La Rochelle
Rochefort
Limoges
Montluçon
Roanne
Villefranche
Bourg
Lyon
Annecy
Milan
Saintes
Cognac
Angoulême
Clermont F.d
Riom
Thiers
Tarare
Vienne
Chambéry
S.t Étienne
Turin
ITALIE
Tulle
Brive
Périgueux
Le Puy
Grenoble
Bordeaux
Libourne
Aurillac
Valence
Bègles
Bergerac
Gênes
Cahors
Montélimar
Gap
Villeneuve
Decazeville
LÉGENDE
Agen
Rodez
Millau
Alès
Orange
Carpentras
Nice
Mont-de-Marsan
Montauban
Albi
Nîmes
Avignon
Cannes
Menton
Bastia
Dax
Castres
Mazamet
Grasse
Lyon
Ville de plus de 200.000 hab.
Rouen
Entre 100.000 et 200.000 hab.
Dijon
Entre 50.000 et 100.000 hab.
Épinal, Aix
Entre 20.000 et 50.000 hab.
Alençon
Au-dessous de 20.000 hab.
Meaux
Bayonne
Biarritz
Pau
Toulouse
Béziers
Montpellier
Arles
Aix
Marseille
Sète (Cette)
Tarbes
Pamiers
Carcassonne
Narbonne
La Ciotat
La Seyne
Hyères
Toulon
Ajaccio
ESPAGNE
Perpignan
MER MÉDITERRANÉE
Echelle
Kilomètres

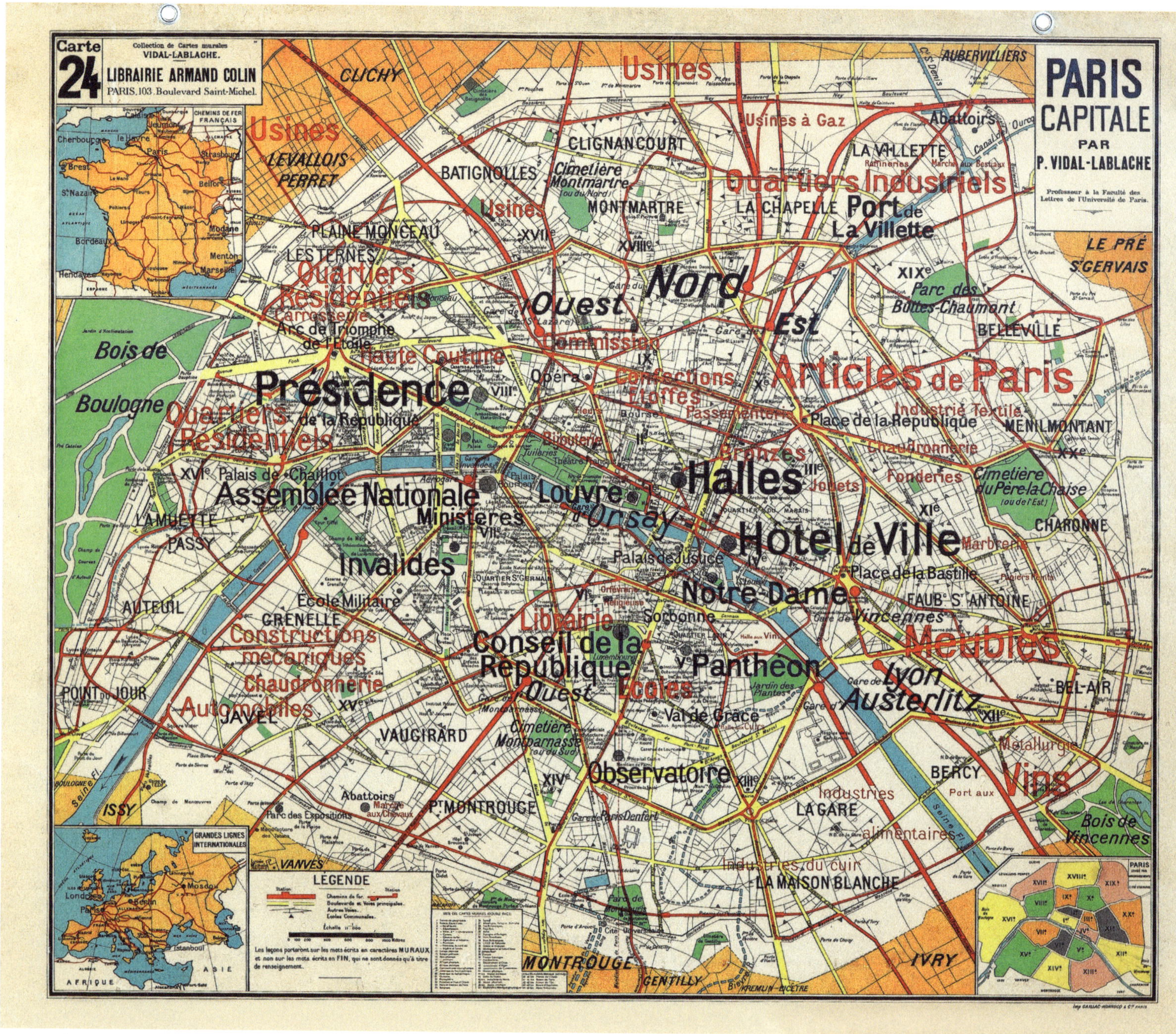
Carte 24
Collection de Cartes murales VIDAL-LABLACHE.
LIBRAIRIE ARMAND COLIN
PARIS, 103, Boulevard Saint-Michel.
PARIS
CAPITALE
PAR
P. VIDAL-LABLACHE
Professeur à la Faculté des Lettres de l'Université de Paris.
CLICHY
Usines
AUBERVILLIERS
Usines
LEVALLOIS-PERRET
Usines à Gaz
Abattoirs
CLIGNANCOURT
LA VILLETTE
BATIGNOLLES
Cimetière Montmartre
MONTMARTRE
Quartiers Industriels
LA CHAPELLE
Port de La Villette
PLAINE MONCEAU
LES TERNES
Quartiers Résidentiels
LE PRÉ S^T GERVAIS
Nord
Ouest
Parc des Buttes-Chaumont
Arc de Triomphe de l'Étoile
Est
BELLEVILLE
Bois de Boulogne
Haute Couture
Commission
Articles de Paris
Présidence de la République
Opéra
Confections Étoffes
Industrie Textile
Quartiers Résidentiels
Place de la République
MÉNILMONTANT
Bijouterie
Bronzes
Chaudronnerie
Palais de Chaillot
Halles
Jouets
Fonderies
Cimetière du Père-la-Chaise
Assemblée Nationale
Louvre
Ministères
Orsay
LA MUETTE
PASSY
Hôtel de Ville
CHARONNE
Invalides
Palais de Justice
Place de la Bastille
Notre-Dame
FAUB^G S^T ANTOINE
AUTEUIL
École Militaire
GRENELLE
Librairie
Sorbonne
Vincennes
Constructions mécaniques
Conseil de la République
Panthéon
Meubles
Chaudronnerie
Écoles
Lyon
POINT DU JOUR
Automobiles
JAVEL
Ouest
Austerlitz
BEL-AIR
Val de Grâce
VAUGIRARD
Cimetière Montparnasse
Métallurgie
Observatoire
BERCY
Vins
Abattoirs
P^{TE} MONTROUGE
Industries alimentaires
LA GARE
ISSY
Parc des Expositions
Bois de Vincennes
VANVES
LÉGENDE
Industries du cuir
LA MAISON BLANCHE
MONTROUGE
GENTILLY
IVRY
KREMLIN-BICÊTRE
AFRIQUE
ASIE

PARIS

Capitale

Les deux cartes 24 et 24bis portent sur Paris et ses environs, c'est-à-dire sur la région parisienne qui ne constitue pas encore une entité géographique ou administrative. La datation de ces deux cartes est aisée à partir d'indices précis :

• Carte de Paris Capitale : le Conseil de la République occupe encore le Palais du Luxembourg. Il deviendra le Sénat lors de l'adoption de la Constitution de 1958. Les Halles sont encore au centre de Paris. Leur transfert à Rungis, décidé en 1960, sera effectif en 1969.

• Carte des environs de Paris (page 23) : elle montre l'autoroute de l'Ouest construite avant la guerre et la pile atomique de Saclay dont la construction a débuté en 1952. On peut considérer que ces deux cartes offrent un état des lieux au début des années 1950. Elles permettent ainsi de mesurer l'ampleur des mutations qui ont depuis bouleversé la capitale et la Région Île-de-France.

La première carte mentionne en caractères muraux les principaux monuments : Invalides, Panthéon, Notre-Dame, Hôtel de ville, Louvre – mais la tour Eiffel est indiquée en tous petits caractères – ; les institutions du pouvoir politique : présidence de la République, Conseil de la République, Assemblée nationale, expression de la fonction politique de la capitale. Le système ferroviaire est encore défini par le nom des grandes compagnies devenu celui des gares : Nord, Ouest (gare Saint-Lazare et gare Montparnasse), Est, Lyon, Austerlitz et Orsay. Ces gares et les lignes ferroviaires ont été localisées à la limite de l'urbanisation de Paris au milieu du XIXe siècle, avant les transformations de Haussmann et avant les fortifications. La carte indique ainsi les grands boulevards et le boulevard circulaire des Maréchaux avec les portes de Paris, mais le boulevard périphérique n'est évidemment pas encore construit. Les lignes du métropolitain ne se différencient pas des lignes ferroviaires et elles ne sont pas dénommées, de sorte qu'on ne perçoit pas ce qu'a apporté ce mode de transport à la mobilité des Parisiens entre lieu de travail et lieu d'habitation.

L'indication des activités de Paris en rouge reflète la situation de l'époque. Paris est encore la ville des industries diversifiées et des industries du luxe : articles de Paris, bijouterie, haute couture, passementerie, étoffes…, mais les industries métallurgiques sont encore bien présentes (quartiers industriels de la Villette-Plaine Saint-Denis, usines des Batignolles-Levallois). La ville est devenue depuis la Grande Guerre le centre de la grande industrie : automobile (Citroën quai de Javel, Panhard Levassor, Renault à Boulogne) ; mécanique et électrique dans les quartiers périphériques avec des prolongement dans la proche banlieue (Thomson-Houston) ; aéronautique. Le Quartier latin est celui de la Sorbonne, des Écoles et de l'édition (« Librairie »).

Le nom des quartiers de Paris correspond souvent à des localités absorbées dans la deuxième moitié du XIXe siècle (Auteuil, Passy, Belleville, Ménilmontant, Montparnasse). La carte ne manque pas de marquer l'opposition entre les quartiers résidentiels de l'Ouest parisien et les quartiers populaires de l'est et du sud qui sont aussi les quartiers industriels.

PARIS
et environs

La carte de Paris et celle de ses environs sont complémentaires. C'est de Paris, centre de la région, que rayonnent les voies de circulation. Les grands boulevards et le cercle des gares montrent mieux que sur la carte précédente le noyau urbain central du XIXe siècle. Les routes nationales (anciennes routes royales) partent dans toutes les directions vers la province, de même que les voies de chemin de fer. La fonction centralisatrice de Paris qui est une permanence de la monarchie et de la République se manifeste ainsi. Le réseau autoroutier n'existe pas encore. L'autoroute de l'Ouest est cependant indiquée puisque sa construction a commencé avant la guerre. Mais l'intérêt principal de cette carte est de mettre en évidence les changements qui affectent la banlieue telle qu'elle s'est formée au cours de la première moitié du XXe siècle.

Les indications du relief, du réseau hydrographique et des forêts suffisent pour caractériser le site de Paris et de la banlieue. Les forêts occupent encore une grande superficie sur les terrains gréseux et sableux (Saint-Germain-en-Laye, Versailles, Sénart), anciens domaines de chasse des rois de France. Les lignes ferroviaires (grandes lignes ou lignes de banlieue) suivent les vallées car le train ne peut gravir que des pentes inférieures à 1 %. Les plateaux calcaires (Brie et Beauce) qui portent des limons, sont encore les terres à blé qui alimentent les Moulins de Paris mais se convertissent souvent en cultures maraîchères ou fruitières (Arcueil, Montmorency, Saint-Germain). Les calcaires de Beauce et de Brie (pierre de meulière) ont été le grand matériau de construction des pavillons de banlieue de l'entre-deux-guerres. Les gisements de gypse fournissent la matière première du plâtre de Paris.

Les hauteurs entourant Paris ont été fortifiées après la guerre de 1870 : fort de Montmorency, de Stains, d'Ivry, pour éloigner les risques de bombardement par les canons prussiens. Ils n'ont pas eu plus d'utilité que les fortifications de Thiers effectuées sous la monarchie de Juillet. La banlieue en 1950 est encore discontinue. Son ossature principale est le réseau ferroviaire qui a provoqué la naissance de villes de banlieue autour de chaque gare. On se déplace encore à pied au sortir des gares, ce qui limite l'extension de l'urbanisation. Il faut attendre le grand développement de l'automobile pour que se remplissent, en grands ensembles d'habitation et en maisons individuelles, les interstices entre les localités nées du chemin de fer.

Quant aux activités de cette banlieue, elles prolongent celles de la capitale. Si les blanchisseries délocalisées dans la banlieue (Boulogne, vallée de la Bièvre) par Haussmann, tout comme les cimetières, pour des raisons d'hygiène et pour libérer des espaces fonciers, semblent encore importantes, la banlieue est désormais le siège de la grande industrie : grandes usines de la plaine Saint-Denis (métallurgie, chimie), forges d'Ivry, ou industries mécaniques de Boulogne (Renault) à Courbevoie. Nulle part cependant ne sont indiquées les usines automobiles ou les usines aéronautiques qui pourtant ont fleuri dans la banlieue de l'entre-deux-guerres.

Carte 24 bis
Collection de Cartes murales VIDAL-LABLACHE
LIBRAIRIE ARMAND COLIN
103, Boulevard Saint-Michel - PARIS
PARIS ET ENVIRONS
PAR P. VIDAL-LABLACHE
Professeur à la Faculté des lettres de l'Université de Paris
Les leçons porteront sur les mots écrits en caractères MURAUX et non sur les mots écrits en FIN, qui ne sont donnés qu'à titre de renseignement.
Echelle
PARIS
St Denis
Grandes Usines
Plâtre
Argenteuil
Colombes
Asnières
Levallois
St Ouen
Clichy
Nanterre
Neuilly
Boulogne
Versailles
Montreuil
Vincennes
Drancy
Aubervilliers
Issy
Ivry
Vitry
St Maur
Champigny
Carrières de Pierres
Blanchisseries
Culture Maraîchère
Horticulture
Industrie textile
Blés de la Brie
St Germain-en-Laye
Canal de l'Ourcq
Seine Fl.
SEINE-ET-OISE
SEINE-ET-MARNE
Levallois
Clichy
St Germain-en-Laye
Garches
LÉGENDE
CHEMINS DE FER FRANÇAIS
GRANDES LIGNES INTERNATIONALES

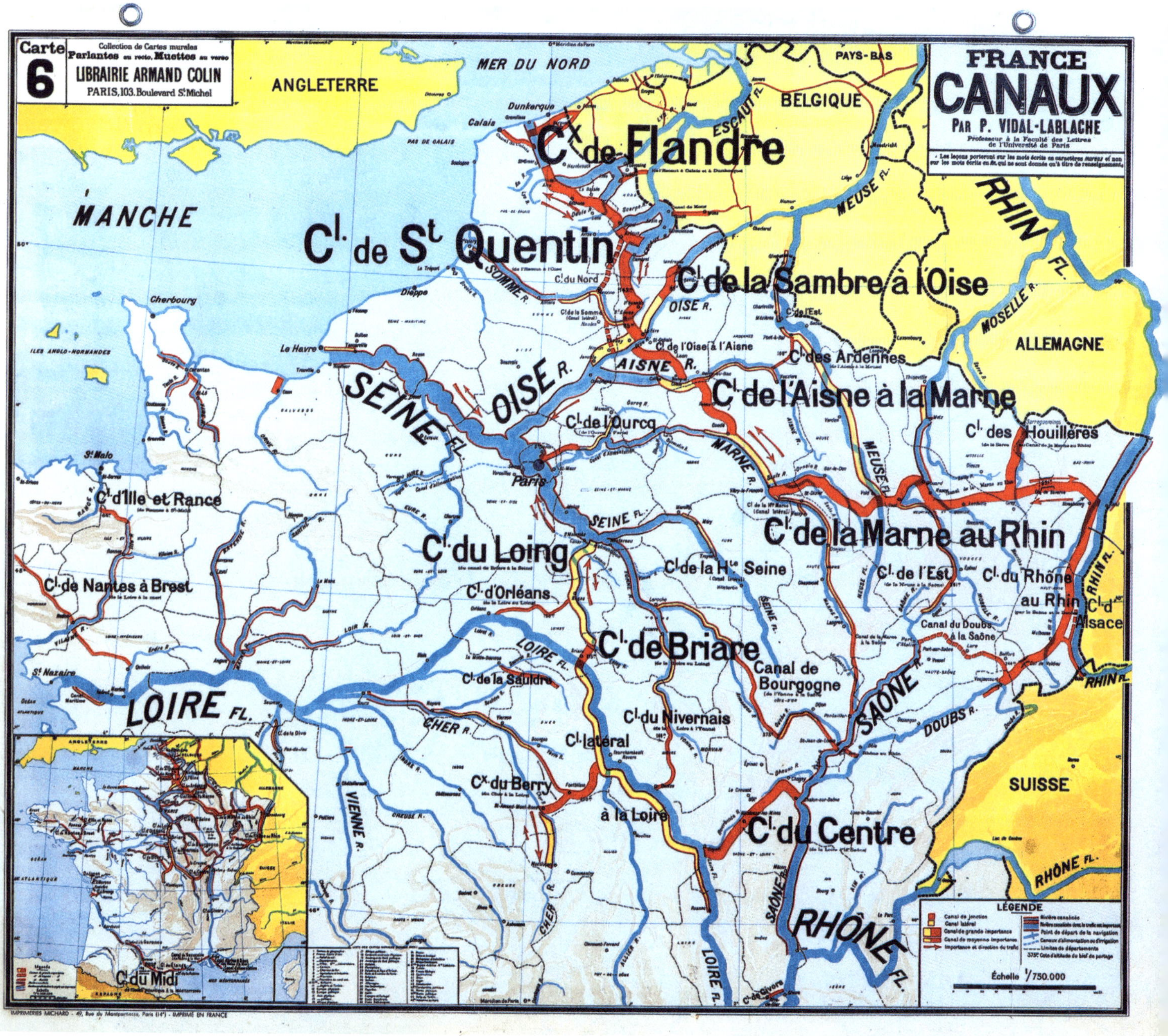
Carte 6
Collection de Cartes murales Parlantes au recto, Muettes au verso
LIBRAIRIE ARMAND COLIN
PARIS, 103, Boulevard St Michel
FRANCE
CANAUX
PAR P. VIDAL-LABLACHE
Professeur à la Faculté des Lettres de l'Université de Paris
MER DU NORD
ANGLETERRE
PAYS-BAS
BELGIQUE
MANCHE
Cx de Flandre
Cl. de St Quentin
Cl. de la Sambre à l'Oise
Cl. du Nord
RHIN FL.
MEUSE FL.
ESCAUT FL.
MOSELLE R.
ALLEMAGNE
SOMME R.
OISE R.
AISNE R.
Cl. de l'Oise à l'Aisne
Cl. des Ardennes
Cl. de l'Aisne à la Marne
Cl. de l'Ourcq
Cl. des Houillères
SEINE FL.
OISE R.
MARNE R.
Paris
Le Havre
Cherbourg
Dieppe
Dunkerque
Calais
Cl. de la Marne au Rhin
Cl. d'Ille et Rance
Cl. du Loing
Cl. de la Hte Seine
Cl. de l'Est
Cl. du Rhône au Rhin
Cl. d'Alsace
Cl. de Nantes à Brest
Cl. d'Orléans
Cl. de Briare
Canal de Bourgogne
Canal du Doubs à la Saône
Cl. de la Sauldre
LOIRE FL.
St Nazaire
CHER R.
Cl. du Nivernais
Cl. latéral à la Loire
SAÔNE R.
DOUBS R.
RHIN FL.
Cx du Berry
VIENNE R.
Cl. du Centre
SUISSE
RHÔNE FL.
RHÔNE
Cl. du Midi
LÉGENDE
Échelle 1/750.000
IMPRIMERIES MICHARD - 47, Rue du Montparnasse, Paris (14e) - IMPRIMÉ EN FRANCE

FRANCE

Canaux

La carte des canaux ne représente que la moitié nord de la France car la répartition des canaux est très déséquilibrée du fait du relief de la France et de l'organisation des plaines et des montagnes que les élèves connaissent désormais. Le cartouche exprime parfaitement ce déséquilibre. Au sud de la France, il n'y a que le canal du Midi, noté en majuscules, parce qu'il est un symbole de l'histoire des canaux français. Lancé par Colbert pour relier l'Atlantique et la Méditerranée et réalisé par l'ingénieur Riquet au XVIIe siècle, il consacre la technique du bief de partage qui consiste à amener de l'eau au point de partage des eaux pour alimenter les écluses de part et d'autre du seuil du Lauragais. Prolongé jusqu'à Port-la-Nouvelle et Sète (Cette), il rejoint le canal latéral de la Garonne à Toulouse. Au nord, le canal de Briare (à ne pas confondre avec le pont-canal de Briare qui permet au canal latéral à la Loire de traverser cette dernière) occupe une position stratégique puisqu'il relie la Loire à la Seine par le Loing et la Loire au Rhône par le canal du Centre.

La carte met en exergue la liaison (en rouge) entre le Nord et la Lorraine, parallèle à la frontière, par les canaux de Flandre, le canal de Saint-Quentin, le canal de l'Aisne à la Marne et le canal de la Marne au Rhin. En réalité, la direction principale est celle qui relie le Nord et son bassin industriel à la région parisienne et à la Seine par l'Oise. Cette relation a pris toute son importance dans l'entre-deux-guerres, lors du développement de la grande industrie à Paris (automobile, aéronautique, constructions électriques). L'Oise a été le vecteur des matières premières du Nord (charbon, sidérurgie, chimie) qui alimentaient les grandes usines de la capitale et de sa région. La Seine navigable servait à l'exportation vers Rouen et Le Havre. C'est aussi cette direction qui a permis au réseau français de se connecter au réseau de la Belgique par l'Oise, la Meuse et l'Escaut.

Au moment de l'édition de la première carte des canaux par Vidal de La Blache, le réseau des canaux se modernise pour passer au gabarit Freycinet (1879). La plupart des canaux y compris secondaires accueillent désormais des péniches de 1,80 m de tirant d'eau, dans des canaux de 5,10 m de large et des écluses de 39 m de long.

Le gabarit Freycinet a représenté un progrès mais il s'est révélé insuffisant pour concurrencer la route et le rail. C'est ce qui explique la diminution du trafic de marchandises sur la plupart des canaux et leur utilisation exclusive aujourd'hui par la navigation de plaisance (c'est le cas du canal du Midi, du canal de Bourgogne, du canal du Doubs). Seul subsiste de nos jours un trafic sur les plus grands cours d'eau (Seine, Rhône, Saône, Rhin) et sur les canaux au gabarit européen (1 850 t et 3 000 t).

FRANCE

Chemins de fer et paquebots

La collection des cartes murales Vidal-Lablache ne comporte pas de carte du trafic routier. Tout simplement parce qu'à l'époque de la première publication et jusque dans l'entre-deux-guerres, la circulation routière (marchandises et voyageurs) est négligeable comparée à celle du chemin de fer et à la navigation maritime.

• **Chemins de fer.** En 1885, le plan Freycinet qui prévoyait de desservir toutes les sous-préfectures est en cours de réalisation. Le kilométrage des lignes devait à terme passer de 25 000 km à 38 000 km. Ce fut aussi l'époque des lignes « électorales » à voie métrique qui devaient atteindre tous les chefs-lieux de canton. L'organisation du transport ferroviaire s'est effectuée dans le cadre de compagnies privées, sous l'égide de grandes banques (Pereire, Rothschild, Laffitte), à partir de 1830. Et le Second Empire a vu ces compagnies se multiplier. L'État participait à la construction des infrastructures et accordait des concessions aux compagnies tout en leur imposant de prendre à leur charge les lignes « électorales » qui n'étaient pas rentables. Beaucoup de ces compagnies firent alors faillite et furent absorbées par les plus grandes. C'est ainsi que la Compagnie de l'Ouest, déficitaire, fut nationalisée en 1908.

Les grandes compagnies se partageaient ainsi le territoire :

• La Compagnie du Nord gérait le réseau le plus dense et le plus actif puisqu'il mettait en liaison la grande région industrielle avec la capitale au moment de l'essor de la grande industrie. De plus, ce réseau était en communication directe avec l'Europe du Nord comme le montre le carton des liaisons ferroviaires à l'échelle de l'Europe.

• La Compagnie du PLM (Paris-Lyon-Marseille) est aussi très importante puisqu'elle relie les trois plus grandes villes de France et le port majeur, Marseille, avec Paris. Le réseau est connecté aussi à la Suisse et à l'Italie par des lignes acrobatiques (tunnels, viaducs).

• La Compagnie du Midi (Sud-Ouest) était dans une situation plus délicate puisqu'elle était concurrencée par le PLM et par la Compagnie de l'Ouest qui dessert Bordeaux, d'une part, et qu'elle traverse difficilement le Massif central d'autre part. La tentative de créer une ligne directe Narbonne-Paris n'a pas été couronnée de succès. Elle était destinée au transport des vins du Languedoc vers les régions du Nord.

• La Compagnie de l'Ouest, devenue compagnie d'État, reliait les grands ports atlantiques du commerce colonial (Bordeaux, Nantes, Le Havre) et les grands ports militaires (La Rochelle, Brest et Cherbourg) à Paris.

• La Compagnie de l'Est, amputée du réseau alsacien jusqu'à la guerre de 1914-1918, ne retrouve son dynamisme que tardivement.

La convergence du système ferroviaire vers Paris est particulièrement visible. Chacun des réseaux aboutissait à une grande gare parisienne : Lyon pour le PLM, Austerlitz pour la compagnie du Midi, Saint-Lazare pour la Compagnie de l'Ouest, gare du Nord pour le réseau Nord, gare de Strasbourg, puis gare de l'Est pour la Compagnie de l'Est.

• **Les liaisons maritimes** indiquées par la carte mettent en valeur les grandes routes maritimes (canal de Panama, canal de Suez) et les lignes régulières de paquebots. Les grandes compagnies maritimes, à l'instar des compagnies de chemin de fer, se concurrencent entre elles et subissent également la concurrence internationale, anglaise et allemande. La Compagnie générale transatlantique (Le Havre-New York) et la Compagnie des Messageries maritimes (liaisons avec l'Algérie) sont les plus importantes. Curieusement, le port du Havre n'affiche que la ligne de l'Amérique du Nord, à la différence de Marseille qui montre des liaisons avec Casablanca, Dakar, Alger, mais aussi avec la Réunion, Madagascar, la Turquie, l'Australie, l'Égypte et l'Asie du Sud-Est (Indochine, Japon). Marseille est le port colonial par excellence : l'escalier de la gare Saint-Charles porte encore, sous forme de cornes d'abondance, le nom des colonies reliées au port phocéen. Nantes-Saint-Nazaire se spécialise vers les Antilles tandis que Bordeaux contrôle les lignes transatlantiques du Sud (Rio et Buenos Aires).

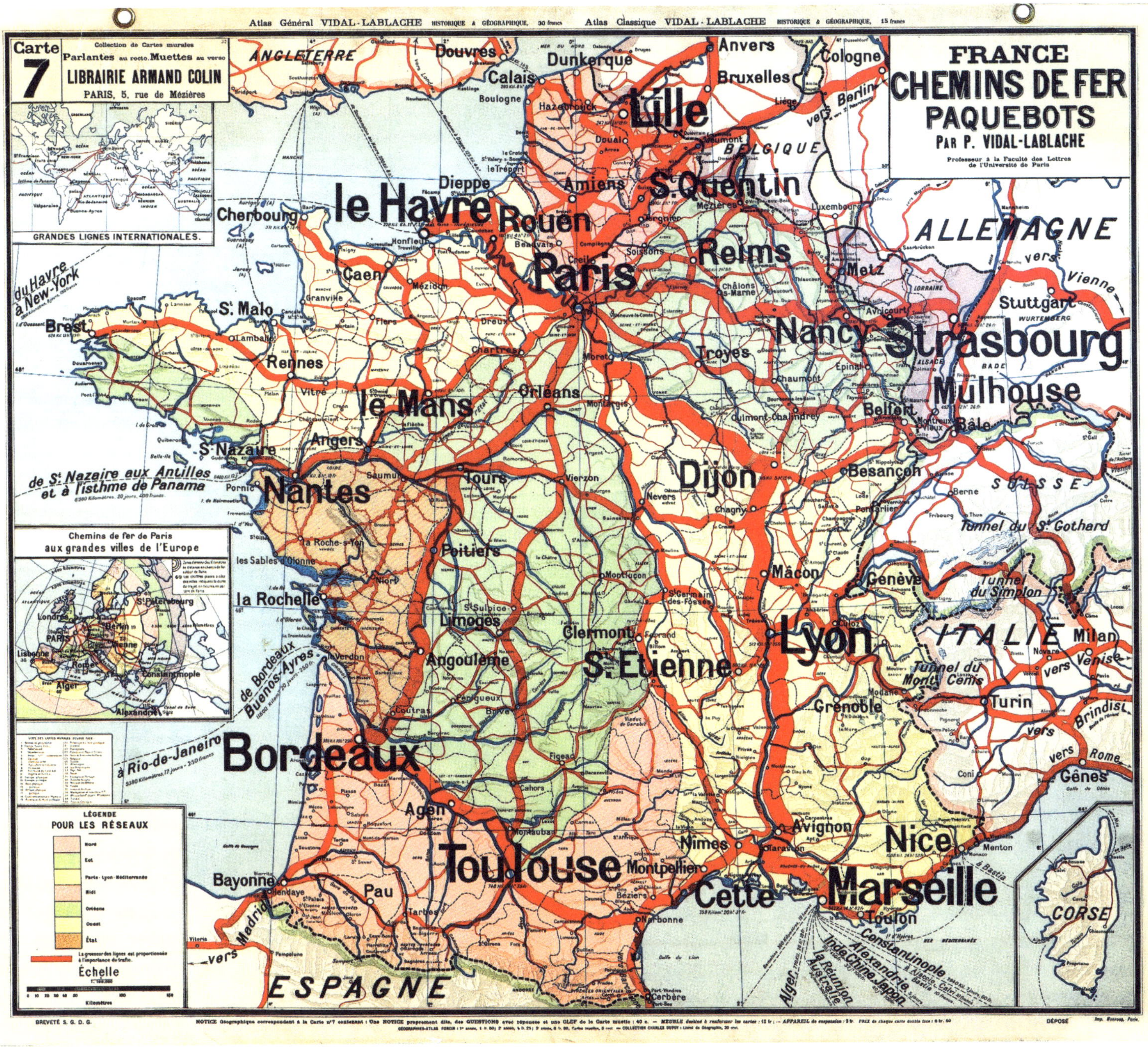
Atlas Général VIDAL-LABLACHE historique & géographique, 30 francs
Atlas Classique VIDAL-LABLACHE historique & géographique, 15 francs
Carte 7
Collection de Cartes murales
Parlantes au recto. Muettes au verso
LIBRAIRIE ARMAND COLIN
PARIS, 5, rue de Mézières
FRANCE
CHEMINS DE FER
PAQUEBOTS
PAR P. VIDAL-LABLACHE
Professeur à la Faculté des Lettres de l'Université de Paris
GRANDES LIGNES INTERNATIONALES.
Chemins de fer de Paris aux grandes villes de l'Europe
LÉGENDE POUR LES RÉSEAUX
Nord
Est
Paris-Lyon-Méditerranée
Midi
Orléans
Ouest
État
Échelle
Kilomètres
ANGLETERRE
Douvres
Calais
Boulogne
Dunkerque
Anvers
Bruxelles
Cologne
Lille
BELGIQUE
vers Berlin
Dieppe
le Havre
Rouen
Amiens
St Quentin
Cherbourg
Caen
Paris
Reims
ALLEMAGNE
Metz
Stuttgart
vers Vienne
du Havre à New-York
Brest
St Malo
Rennes
Nancy
Strasbourg
Mulhouse
Troyes
Bâle
Belfort
le Mans
Orléans
Angers
St Nazaire
Nantes
Tours
Dijon
Besançon
SUISSE
Berne
Tunnel du St Gothard
de St Nazaire aux Antilles et à l'isthme de Panama
Poitiers
les Sables d'Olonne
La Rochelle
Mâcon
Genève
Tunnel du Simplon
Limoges
Clermont
St Étienne
Lyon
ITALIE
Milan
vers Venise
Tunnel du Mont Cenis
Angoulême
de Bordeaux à Buenos-Ayres
Grenoble
Turin
Brindisi
à Rio-de-Janeiro
Bordeaux
vers Rome
Gênes
Agen
Avignon
Nice
Menton
Toulouse
Nîmes
Montpellier
Bayonne
Pau
Cette
Marseille
Toulon
CORSE
vers Madrid
ESPAGNE
Cerbère
Alger
Constantinople
Alexandrie
Inde Chine Japon
Australie
la Réunion
BREVETÉ S. G. D. G.
DÉPOSÉ

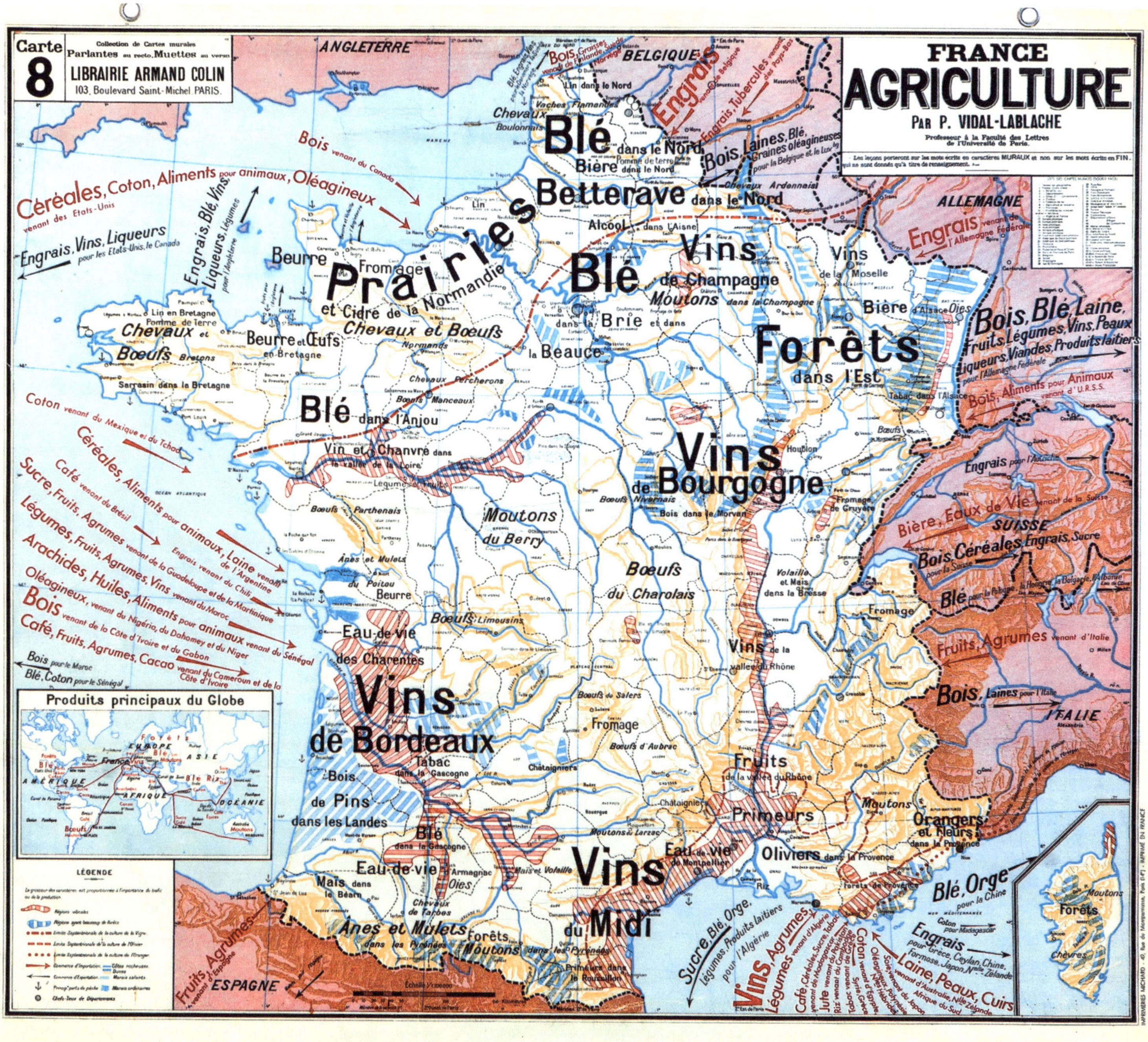
Carte 8
Collection de Cartes murales Parlantes au recto, Muettes au verso
LIBRAIRIE ARMAND COLIN
103, Boulevard Saint-Michel PARIS
FRANCE
AGRICULTURE
PAR P. VIDAL-LABLACHE
Professeur à la Faculté des Lettres de l'Université de Paris.
ANGLETERRE
BELGIQUE
ALLEMAGNE
SUISSE
ITALIE
ESPAGNE
Blé dans le Nord
Bière dans le Nord
Betterave dans le Nord
Alcool dans l'Aisne
Lin dans le Nord
Vaches Flamandes
Chevaux Boulonnais
Chevaux Ardennais
Engrais
Engrais, Tubercules venant des Pays-Bas
Bois, Laines, Blé, Graines oléagineuses pour la Belgique et le Lux.
Bois venant du Canada
Céréales, Coton, Aliments pour animaux, Oléagineux venant des Etats-Unis
Engrais, Vins, Liqueurs pour les Etats-Unis, le Canada
Engrais, Blé, Vins, Liqueurs, Légumes pour l'Angleterre
Prairies
Beurre
Fromage
et Cidre de la Normandie
Chevaux et Boeufs Normands
Lin en Bretagne
Pomme de terre
Chevaux et Boeufs Bretons
Beurre et Œufs en Bretagne
Sarrasin dans la Bretagne
Blé
Vins de Champagne
Moutons dans la Champagne
Brie
la Beauce
Vins de la Moselle
Bière d'Alsace
Forêts dans l'Est
Tabac dans l'Alsace
Engrais venant de l'Allemagne Fédérale
Bois, Blé, Laine, Fruits, Légumes, Vins, Peaux, Viandes, Produits laitiers, Liqueurs, Vins pour l'Allemagne Fédérale
Bois, Aliments pour Animaux venant d'U.R.S.S.
Chevaux Percherons
Boeufs Manceaux
Blé dans l'Anjou
Vin et Chanvre dans la vallée de la Loire
Coton venant du Mexique et du Tchad
Céréales, Aliments pour animaux, Laine venant de l'Argentine
Café venant du Brésil
Engrais venant du Chili
Sucre, Fruits, Agrumes venant de la Guadeloupe et de la Martinique
Légumes, Fruits, Agrumes, Vins venant du Maroc
Arachides, Huiles, Aliments pour animaux venant du Sénégal
Oléagineux, venant du Nigéria, du Dahomey et du Niger
Bois venant de la Côte d'Ivoire et du Gabon
Café, Fruits, Agrumes, Cacao venant du Cameroun et de la Côte d'Ivoire
Bois pour le Maroc
Blé, Coton pour le Sénégal
Vins de Bourgogne
Boeufs Nivernais
Bois dans le Morvan
Houblon
Fromage de Gruyère
Engrais pour l'Alsace
Bière, Eaux de Vie venant de la Suisse
Bois, Céréales, Engrais, Sucre pour la Suisse
Blé
Fruits, Agrumes venant d'Italie
Bois, Laines pour l'Italie
Moutons du Berry
Boeufs Parthenais
Ânes et Mulets du Poitou
Beurre
Boeufs du Charolais
Volailles et Maïs dans la Bresse
Fromage
Boeufs Limousins
Eau-de-vie des Charentes
Vins de Bordeaux
Tabac dans la Gascogne
Bois de Pins dans les Landes
Blé dans la Gascogne
Eau-de-vie Armagnac
Oies
Maïs dans le Béarn
Chevaux de Tarbes
Ânes et Mulets dans les Pyrénées
Forêts
Moutons dans les Pyrénées
Boeufs de Salers
Fromage
Boeufs d'Aubrac
Châtaigniers
Moutons du Larzac
Maïs et Volaille
Vins du Midi
Eau-de-vie de Montpellier
Primeurs dans le Roussillon
Vins de la vallée du Rhône
Fruits de la vallée du Rhône
Primeurs
Oliviers dans la Provence
Moutons
Orangers et Fleurs dans la Provence
Blé, Orge pour la Chine
Fruits, Agrumes venant d'Espagne
Sucre, Blé, Orge, Légumes, Produits laitiers pour l'Algérie
Vins, Agrumes, Légumes venant d'Algérie
Engrais pour Grèce, Ceylan, Chine, Formose, Japon, Nlle Zélande
Laine, Peaux, Cuirs venant d'Australie, Nlle Zélande, Afrique du Sud
Coton pour Madagascar
Forêts
Moutons
Chèvres
Produits principaux du Globe
EUROPE
ASIE
AMÉRIQUE
AFRIQUE
OCÉANIE
LÉGENDE
IMPRIMERIES MICHARD

FRANCE

Agriculture

La France « n'est plus un État essentiellement agricole mais il est le plus agricole parmi ceux qui sont en même temps industriels » annonce la notice explicative de cette carte. En effet, si la France de l'entre-deux-guerres connaît l'exode rural, la population active agricole représente encore plus d'un tiers de la population active totale.

La variété qui caractérise la production agricole française tient à la diversité de ses sols et de son climat: climat océanique pour la partie occidentale, climat du nord-est déjà continental avec des saisons plus marquées, climat des montagnes et climat méditerranéen au sud du pays. La France est un pays tempéré. En ce sens et comme le dit Vidal, « sous le rapport des cultures, la France est l'abrégé de l'Europe ». Les cours d'eau invitent l'écolier à saisir la richesse du territoire bien irrigué par les fleuves et leurs affluents. À la question : « La France est-elle fertile ? », l'écolier sera amené à répondre : « Oui, grâce à ses nombreux cours d'eau et à l'abondance de ses pluies. »

En dépit de la diversité des terroirs et des « pays » chers à Vidal, la carte insiste davantage sur les produits essentiels de l'agriculture française : les céréales qui occupent près du huitième du territoire ; le vin dont la France est le principal producteur au monde, avant l'Italie et l'Espagne, et ce, malgré la crise du phylloxera qui a détruit la moitié de la vigne pendant les années 1880 (vins de Bourgogne, de Bordeaux, du Midi, Champagne). Elle met aussi en évidence les grandes régions d'élevage des bovins (Charolais et Limousin pour la viande, Normandie et Bretagne pour les produits laitiers), des ovins (moutons du Berry, du Larzac, de la Champagne pouilleuse ou de Provence) et de volailles dans les régions de culture du maïs (Sud-Ouest, Bresse, Alsace). On note la forte présence de l'élevage des ânes et des chevaux (Poitou, Perche, Boulonnais). Le tracteur est encore peu diffusé dans une agriculture encore traditionnelle. Dans le même sens, les importations recensent surtout les produits coloniaux (sucre, arachides, café, cacao, fruits exotiques).

Néanmoins, à travers cette diversité des productions, on peut lire la géographie culinaire de la France qui s'explique par la variété des terroirs traditionnels, au-delà de la grande division ternaire de la France : cuisine au beurre (Nord-Ouest), à l'huile d'olive (Midi) ou au saindoux (Est). En Bourgogne, le mariage du vin, des volailles et de la crème de la Bresse, des fromages de chèvre et de vache, du poisson de la Saône ou du Doubs, des grenouilles, offre la clé des menus qui font encore la gloire de la grande cuisine bourguignonne (coq au vin, poulet de Bresse à la crème, cuisses de grenouille, pauchouse, etc.). En Alsace, le foie gras d'oie, la choucroute, la bière, les fromages (munster), les pâtisseries fournissent une palette très différente. Le Sud-Ouestpropose d'autres assortiments: foie gras, vins de Bordeaux rouges, blancs, secs ou moelleux, viande bovine, produits de la chasse (palombe ou ortolan), champignons (cèpes), sans parler des eaux-de-vie (cognac ou armagnac). En Charente, s'ajoutent à tout cela les produits de la mer (huîtres, poissons). En Bretagne ou en Normandie, la cuisine au beurre s'agrémente de cidre ou de calvados pour accompagner les plats (viandes, crêpes de sarrasin, fromages, pâtisseries variées). La carte des centaines de fromages dont s'enorgueillit la France serait illisible mais on devine leur présence avec la mention du brie ou du camembert de Normandie.

FRANCE

Industrie et commerce

La carte industrielle de la France n'est pas la plus réussie. Le souci de hiérarchiser les informations et d'aller à l'essentiel semble avoir abandonné l'auteur. La carte traduit en effet une conception ancienne de l'industrie et de la cartographie. Elle date de l'entre-deux-guerres et n'a pas été mise à jour par les successeurs de Vidal. L'image que renvoie cette carte est celle de l'industrie française à la fin du XIXe siècle (soieries de Lyon, porcelaine de Limoges, toiles de Cholet, résine des Landes, drap d'Elbeuf, velours d'Amiens, glaces de Saint-Gobain, horlogerie de Besançon, etc.). Les toiles de Bretagne paraissent avoir plus d'importance que les constructions navales de Saint-Nazaire! La houille occupe certes une grande place, mais le nom est placé en gros caractères au cœur du Massif central et non sur le bassin du Nord-Pas-de-Calais.

Si les forges de Lorraine sont bien mentionnées, la sidérurgie du Nord ne l'est pas. La grande industrie qui s'est développée rapidement depuis le début du XXe siècle et dans l'entre-deux-guerres dans les plus grandes villes ainsi que dans les ports majeurs (Paris, Lyon, Marseille, Nantes, Bordeaux, Rouen), autour de l'automobile, l'aéronautique et les constructions mécaniques et électriques, n'apparaît nulle part.

LA CARTE TRADUIT UNE CONCEPTION ANCIENNE DE L'INDUSTRIE ET DE LA CARTOGRAPHIE.

Quant à la participation de la France au commerce international, le tableau qui en est donné est pour le moins confus. Certes, on distingue les importations en rouge des exportations en noir, mais il est impossible d'avoir une idée claire de l'appareil productif français au moment de la publication de la carte. La France est une grande exportatrice de peaux, de vins et d'articles de Paris, d'objets de luxe et de tissus. Elle importe en revanche des produits bruts des colonies et du reste du monde: oléagineux, soie brute, coton brut, sucre brut, laine brute qui vont alimenter les industries dans les ports ou dans les régions spécialisées (cotonnades des Vosges, de Rouen, lainages du Nord).

Vidal de LaBlache n'était porté ni sur l'industrie ni sur les villes. Cette carte des spécialités traditionnelles de la France est l'illustration de ce dédain bien français pour l'activité industrielle.

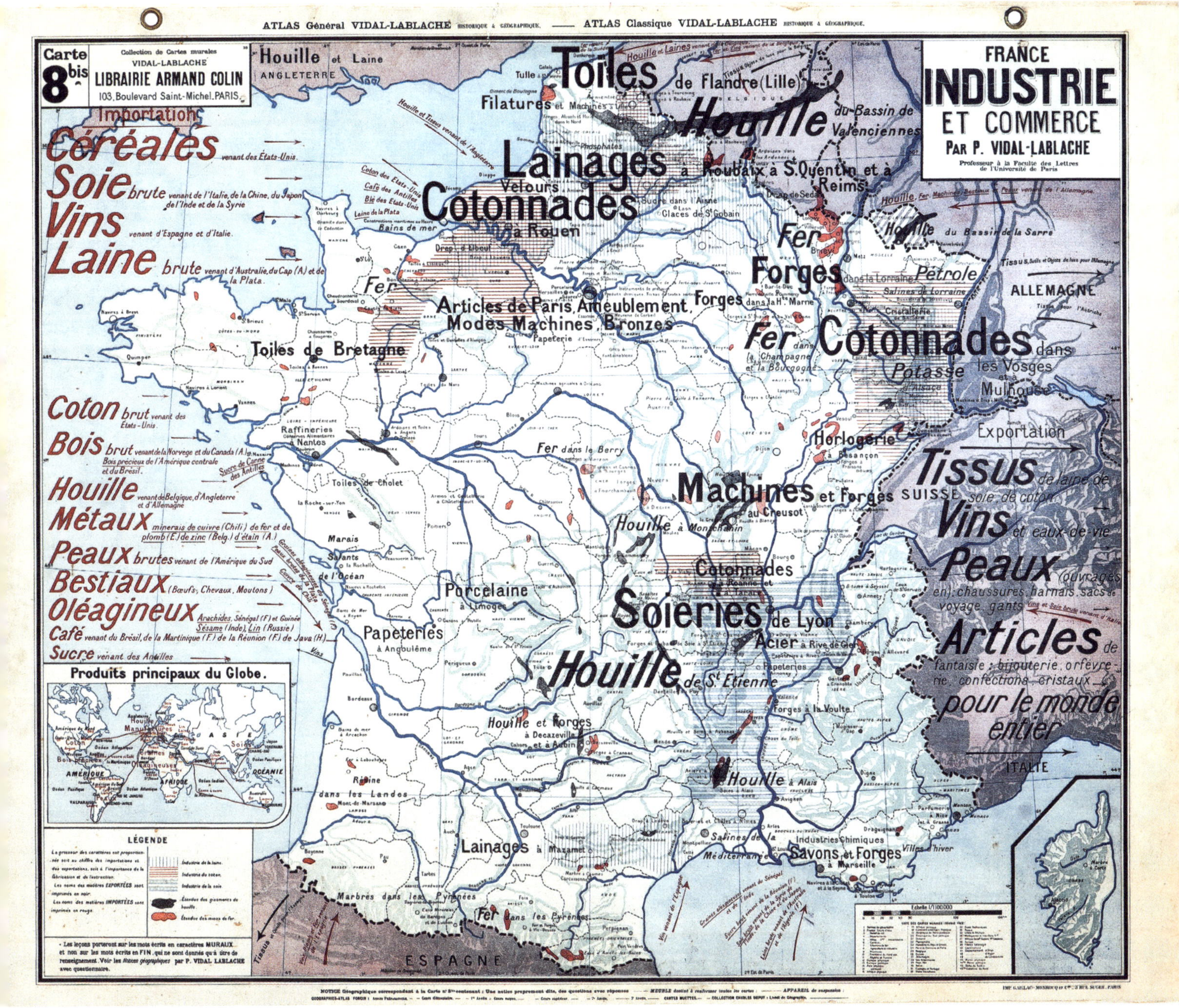
ATLAS Général VIDAL-LABLACHE HISTORIQUE & GÉOGRAPHIQUE. — ATLAS Classique VIDAL-LABLACHE HISTORIQUE & GÉOGRAPHIQUE.
Carte 8 bis
Collection de Cartes murales VIDAL-LABLACHE
LIBRAIRIE ARMAND COLIN
103, Boulevard Saint-Michel, PARIS.
FRANCE
INDUSTRIE ET COMMERCE
PAR P. VIDAL-LABLACHE
Professeur à la Faculté des Lettres de l'Université de Paris
Importation
Céréales venant des États-Unis
Soie brute venant de l'Italie, de la Chine, du Japon, de l'Inde et de la Syrie
Vins venant d'Espagne et d'Italie
Laine brute venant d'Australie, du Cap (A) et de la Plata
Coton brut venant des États-Unis
Bois brut venant de la Norvège et du Canada (A.)
Bois précieux de l'Amérique centrale et du Brésil
Houille venant de Belgique, d'Angleterre et d'Allemagne
Métaux minerais de cuivre (Chili), de fer et de plomb (E.), de zinc (Belg.), d'étain (A.)
Peaux brutes venant de l'Amérique du Sud
Bestiaux (Bœufs, Chevaux, Moutons)
Oléagineux Arachides, Sénégal (F) et Guinée, Sésame (Inde), Lin (Russie)
Café venant du Brésil, de la Martinique (F.) de la Réunion (F.) de Java (H.)
Sucre venant des Antilles
Houille et Laine
ANGLETERRE
Toiles de Flandre (Lille)
Filatures et Machines
Houille du Bassin de Valenciennes
Lainages à Roubaix, à S.t Quentin et à Reims
Velours
Cotonnades à Rouen
Sucre dans l'Aisne
Glaces de S.t Gobain
Houille du Bassin de la Sarre
Fer
Forges dans la Lorraine
Pétrole
Salines de Lorraine
ALLEMAGNE
Articles de Paris, Ameublement,
Modes, Machines, Bronzes
Papeterie
Forges dans la H.te Marne
Fer dans la Champagne et la Bourgogne
Cotonnades dans les Vosges et à Mulhouse
Potasse
Toiles de Bretagne
Raffineries à Nantes
Fer dans le Berry
Horlogerie à Besançon
Exportation
Tissus de laine, de soie, de coton
Vins et eaux-de-vie
Peaux (ouvrages en): chaussures, harnais, sacs de voyage, gants
Articles de fantaisie: bijouterie, orfèvrerie, confection, cristaux pour le monde entier
Toiles de Cholet
Machines et Forges au Creusot
SUISSE
Houille à Montchanin
Marais Salants de l'Océan
Cotonnades à Roanne et à Tarare
Porcelaine à Limoges
Soieries de Lyon
Acier à Rive de Gier
Papeteries à Angoulême
Houille de S.t Étienne
Forges à la Voulte
Houille et Forges à Decazeville et à Aubin
ITALIE
Résine dans les Landes
Houille à Alais
Lainages à Mazamet
Salines de la Méditerranée
Industries Chimiques
Savons et Forges à Marseille
Villes d'hiver
Marbres dans les Pyrénées
Fer dans les Pyrénées
ESPAGNE
Produits principaux du Globe.
LÉGENDE
Industrie de la laine.
Industrie du coton.
Industrie de la soie.
Étendue des gisements de houille.
Étendue des mines de fer.
Les leçons porteront sur les mots écrits en caractères MURAUX et non sur les mots écrits en FIN, qui ne sont donnés qu'à titre de renseignement. Voir les Notices géographiques par P. VIDAL LABLACHE avec questionnaire.

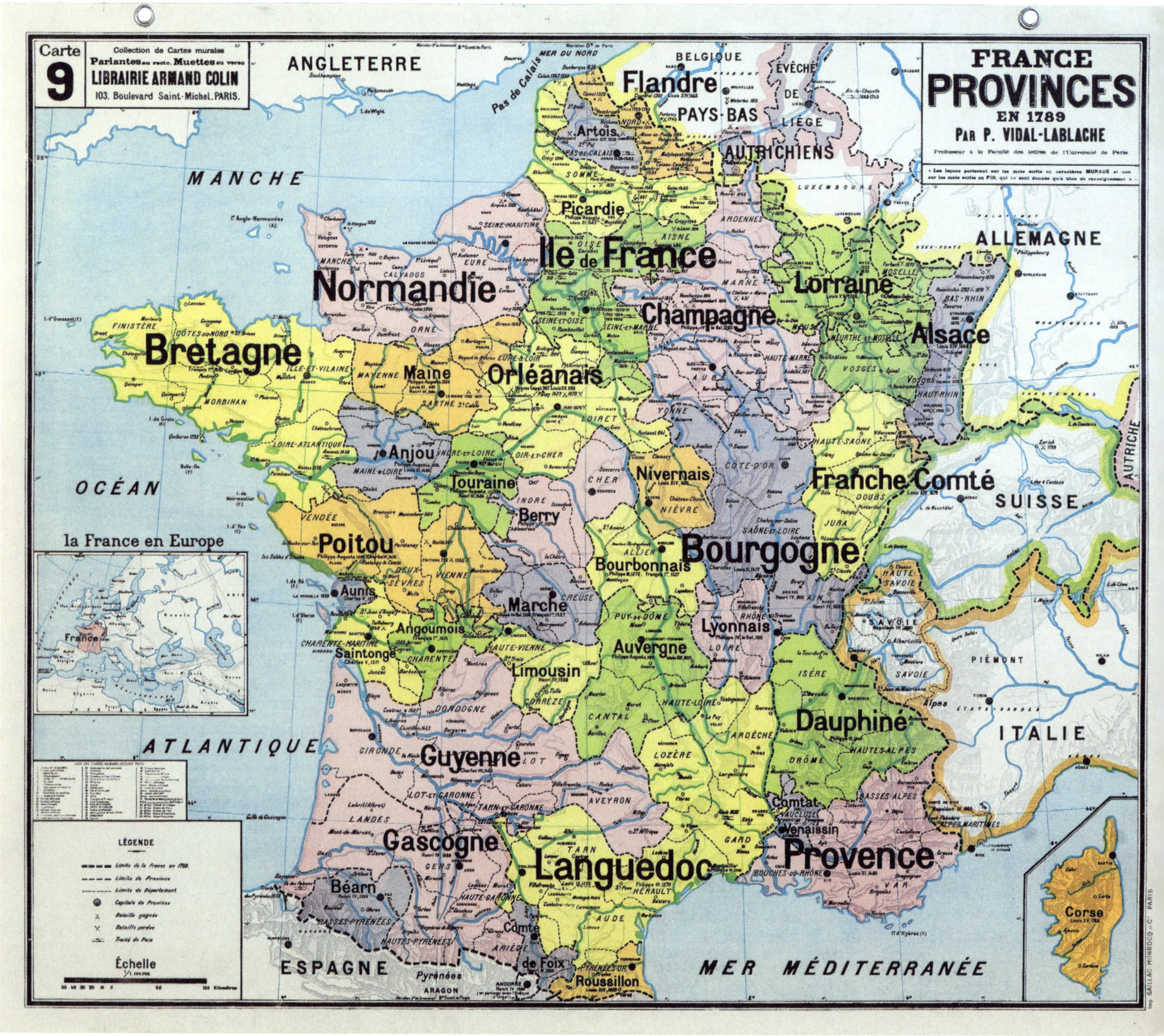

Carte 9
Collection de Cartes murales
Parlantes au recto. Muettes au verso
LIBRAIRIE ARMAND COLIN
103, Boulevard Saint-Michel. PARIS.
FRANCE
PROVINCES
EN 1789
PAR P. VIDAL-LABLACHE
ANGLETERRE
BELGIQUE
Pas de Calais
MANCHE
Flandre
PAYS-BAS
AUTRICHIENS
ÉVÊCHÉ DE LIÈGE
LUXEMBOURG
Artois
Picardie
Ile de France
Normandie
Lorraine
ALLEMAGNE
Champagne
Alsace
Bretagne
Maine
Orléanais
Anjou
Touraine
Nivernais
Franche Comté
SUISSE
OCÉAN
Berry
la France en Europe
France
Poitou
Bourgogne
Bourbonnais
Aunis
Marche
Lyonnais
Angoumois
Saintonge
Auvergne
Limousin
PIÉMONT
SAVOIE
Dauphiné
ITALIE
ATLANTIQUE
Guyenne
Comtat Venaissin
Gascogne
Languedoc
Provence
Béarn
Comté de Foix
Roussillon
ESPAGNE
MER MÉDITERRANÉE
Corse
LÉGENDE
Échelle
AUTRICHE

FRANCE

Provinces en 1789

Pourquoi Vidal de La Blache place-t-il cette carte des provinces parmi les premières cartes consacrées à la France ? Les provinces étant en effet considérées par les républicains comme des vestiges de l'Ancien Régime monarchique, fallait-il les enseigner aux élèves? En revanche, les départements devaient être connus comme le symbole d'un traitement administratif égalitaire du territoire. Deux raisons peuvent être invoquées. En premier lieu, le sentiment d'appartenance et les particularismes provinciaux étaient encore vivaces à la fin du XIXe siècle et au début du XXe siècle. On se sentait Bourguignon ou Gascon avant d'appartenir à un département. La deuxième raison est fournie par la carte qui comporte, en petit, la date de rattachement de la province à la France et qui localise les batailles importantes gagnées ou perdues. C'est donc l'occasion de montrer aux élèves la lente formation du territoire français depuis l'Île-de-France jusqu'à l'Alsace. En 1789, la Savoie et le Comté de Nice manquent encore à l'appel, comme le montre la carte. Leur rattachement sera effectif en 1863.

EN 1789, LA SAVOIE ET LE COMTÉ DE NICE MANQUENT ENCORE À L'APPEL, COMME LE MONTRE LA CARTE.

La vision téléologique selon laquelle la France était appelée dès ses origines à former une figure parfaite d'hexagone, admirablement placée entre le pôle et l'équateur et au centre du monde, était partagée par les historiens Michelet et Lavisse et par Vidal de La Blache.

Par ailleurs, la carte montre la correspondance entre les limites départementales et les limites provinciales. Le débat entre les députés de la Constituante en 1789 avait opposé les partisans d'un découpage géométrique selon la latitude et la longitude, à l'américaine en quelque sorte, et ceux qui réclamaient – comme Mirabeau – un respect des découpages selon les anciennes limites des fiefs, correspondant souvent aux « pays ». Vidal accordait d'ailleurs une grande importance à ces « pays » qui, selon lui, exprimaient bien la diversité des paysages naturels et historiques.

Cette carte des provinces permettait ainsi d'ancrer chez les élèves l'idée d'une continuité de la France dans sa longue gestation et dans sa diversité. L'unité du territoire et la variété de ses ressources grâce à sa richesse géographique et historique, tels sont les deux axiomes de la géographie vidalienne de la France.

FRANCE

Frontière nord-est

La première édition de cette carte date de 1885. On en comprend bien la raison : elle présentait la frontière avec l'Allemagne, celle de la défaite de 1871 et de l'annexion de l'Alsace-Lorraine, mais aussi celle qui symbolisait la future reconquête. En 1917, Vidal a d'ailleurs publié un ouvrage sur les provinces de l'Est pour justifier leur rattachement à la France, y compris la Sarre.

L'édition présentée ici est celle de la revanche. Cette carte est postérieure au traité de Versailles (20 juin 1919) qui met fin à la guerre de 1914-1918. L'Alsace-Lorraine est revenue dans le giron de la France. Au-delà de la frontière, les zones démilitarisées et/ou occupées (dix ans pour la zone en arrière de la frontière belge, quinze ans en arrière de la frontière française) sont censées protéger la Belgique et la France.

Le territoire de la Sarre est entouré d'un liseré vert comme s'il s'agissait d'un département français alors que le traité de Versailles le plaçait seulement sous mandat de la france. L'occupation de la Ruhr par les troupes françaises en 1923, en sanction du non-paiement par l'Allemagne des indemnités de guerre, qui sera vécue comme une humiliation supplémentaire par les Allemands, ne figure pas sur cette carte qui date vraisemblablement de 1921.

LES COURS D'EAU SONT INDIQUÉS PARCE QU'ILS PEUVENT CONSTITUER DES OBSTACLES À L'AVANCÉE DES ARMÉES OU DEVENIR DES LIGNES DE DÉFENSE.

La carte reprend cependant le fond de carte de l'édition précédente et, en particulier, les fortifications anciennes du Pré carré de Vauban, les grandes villes fortifiées (Paris, Lille, Metz, Strasbourg), les places fortes de première ligne, proches de la frontière : Dunkerque, Valenciennes, Maubeuge, Dinant, et celles de seconde ligne : Saint-Omer, Arras, Douai, Cambrai, Rocroi, Mézières, Sedan, ainsi que les villes de l'intérieur, fortifiées aussi par Vauban : Reims, Metz, Toul, Verdun, Épinal, Langres, Besançon, Belfort...

La carte comporte aussi des données stratégiques : les cours d'eau sont indiqués parce qu'ils peuvent constituer des obstacles à l'avancée des armées ou devenir des lignes de défense. Sur une autre édition, on note les forêts (Ardennes, Vosges), qui furent faussement considérées jusqu'à la Seconde Guerre mondiale comme une barrière contre les blindés ennemis.

Enfin, le tracé des lignes ferroviaires d'intérêt militaire est indiqué en rouge. La ligne frontalière de Calais à Belfort dessert ainsi toutes les places fortes. Les routes, en revanche, sont absentes.

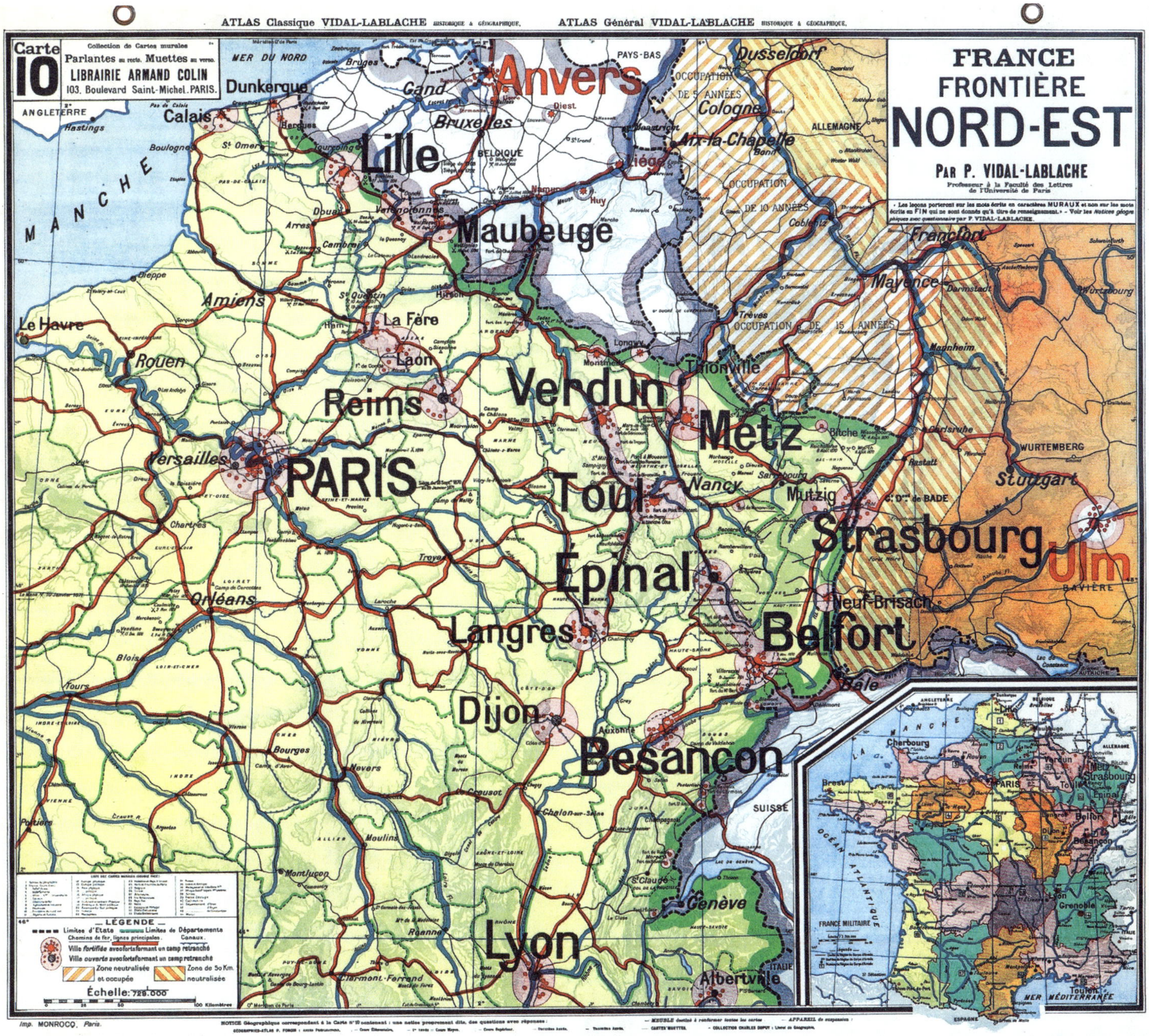
ATLAS Classique VIDAL-LABLACHE HISTORIQUE & GÉOGRAPHIQUE.
ATLAS Général VIDAL-LABLACHE HISTORIQUE & GÉOGRAPHIQUE.
Carte 10
Collection de Cartes murales
Parlantes au recto. Muettes au verso.
LIBRAIRIE ARMAND COLIN
103, Boulevard Saint-Michel. PARIS.
FRANCE
FRONTIÈRE
NORD-EST
PAR P. VIDAL-LABLACHE
Professeur à la Faculté des Lettres de l'Université de Paris
MER DU NORD
MANCHE
ANGLETERRE
PAYS-BAS
BELGIQUE
ALLEMAGNE
OCCUPATION DE 5 ANNÉES
OCCUPATION DE 10 ANNÉES
OCCUPATION DE 15 ANNÉES
WURTEMBERG
BAVIÈRE
SUISSE
ITALIE
Dunkerque
Calais
Anvers
Gand
Bruxelles
Lille
Maubeuge
Liège
Cologne
Aix-la-Chapelle
Francfort
Mayence
Le Havre
Rouen
Amiens
La Fère
Laon
Reims
Verdun
Thionville
Metz
Versailles
PARIS
Toul
Nancy
Mutzig
Strasbourg
Stuttgart
Ulm
Épinal
Orléans
Langres
Belfort
Neuf-Brisach
Bâle
Dijon
Besançon
Genève
Lyon
Albertville
LÉGENDE
Limites d'État
Limites de Départements
Chemins de fer, lignes principales
Canaux
Ville fortifiée avec forts formant un camp retranché
Ville ouverte avec forts formant un camp retranché
Zone neutralisée et occupée
Zone de 50 Km. neutralisée
Échelle: 725.000
Imp. MONROCQ, Paris.

ATLAS Général VIDAL-LABLACHE HISTORIQUE & GÉOGRAPHIQUE. ATLAS Classique VIDAL-LABLACHE HISTORIQUE & GÉOGRAPHIQUE.
Carte 10 bis
Collection de Cartes murales
Parlantes au recto. Muettes au verso.
LIBRAIRIE ARMAND COLIN
103, Boulevard Saint-Michel, PARIS.
FRANCE
DIVISIONS MILITAIRES
Par P. VIDAL-LABLACHE
Professeur à la Faculté des Lettres de l'Université de Paris
ANGLETERRE
Portsmouth
Plymouth
MANCHE
Dunkerque
Calais
Douvres
Boulogne
Anvers
Lille
BELGIQUE
Namur
Liège
Maubeuge
Cologne
OCCUPATION DE 10 ANNÉES
OCCUPATION DE 15 ANNÉES
ALLEMAGNE
Mayence
Cherbourg
Ile d'Aurigny
Ile Guernesey
Ile Jersey
Ile Bréhat
Iles Chausey
le Havre
Rade de la Hougue
Rouen
Amiens
La Fère
Luxembourg
Verdun
Metz
Paris
Reims
Châlons
Brest
St Malo
Dinan
Rennes
Lorient
Toul
Nancy
Strasbourg
Epinal
Belfort
Le Mans
Orléans
Fontainebleau
Langres
Tours
Nantes
Saumur
Belle-Ile
St Nazaire
Batteries de la Loire
Dijon
Besançon
Bourges
Châtellerault
Poitiers
St Maixent
SUISSE
Col du St Gothard
AUTRICHE
Bd de Rochefort
Fts de la Rade de l'Ile d'Aix
Rochefort
Limoges
Lyon
Albertville
Col du Simplon
Forts de la Gironde
Angoulême
Clermont Ferrand
St Etienne
Grenoble
Turin
Fort Médoc
Bordeaux
Briançon
ITALIE
Alexandrie
Col de Cadibone
Montauban
Montpellier
Nice
Golfe Jouan
Bayonne
St Sébastien
St Jean Pied de Port
C. de Roncevaux
Col de Somport
Ft de Canfranc
Toulouse
Marseille
Toulon
Rade d'Hyères
Iles d'Hyères
Cette
Perpignan
Collioure
Port-Vendres
ESPAGNE
PYRÉNÉES
MÉDITERRANÉE
MASSIF CENTRAL
CORSE
Ajaccio
Bastia
Ile Rousse
Bonifacio
I
II
III
IV
V
VI
VII
VIII
IX
X
XI
XII
XIII
XIV
XV
XVI
XVII
XVIII
XX
LÉGENDE
Limites d'États
Zone d'occupation
Limites de Régions de Corps d'Armée
Numéros de Corps d'Armée
Limites de Subdivisions de Corps d'Armée
Les Chefs-lieux de Régions de Corps d'Armée sont soulignés
Préfectures Maritimes
Sous-Préfectures Maritimes
Villes fortifiées ou protégées par des forts et des batteries.
Forts isolés. Batteries isolées. Camps d'instruction
Villes fortifiées avec forts formant un camp retranché.
Villes ouvertes avec forts formant un camp retranché.
Chemins de fer, lignes principales.
Echelle 1/1.100.000
Kilomètres
A cette carte correspond une Notice avec questionnaire par M. Paul DUPUY, Ancien Elève de l'Ecole Normale Supérieure, Agrégé d'Histoire et de Géographie.
Imp. MONROCQ, Paris.

FRANCE

Divisions militaires

On peut s'étonner de voir la carte des divisions militaires figurer dans la liste des cartes de France destinées à l'école primaire. La première carte a été publiée, comme celle de la frontière nord-est, en 1885. Il s'agissait une fois encore de faire pénétrer le patriotisme dans l'esprit des élèves pour une future reconquête de l'Alsace-Lorraine.

Depuis la Révolution, la conscription est de règle, mais le système du tirage au sort et des remplacements permet aux plus riches d'échapper au service militaire. Au lendemain de la guerre désastreuse de 1870, une loi militaire étend le service militaire à tous les conscrits avec néanmoins des exemptions pour certaines catégories (enseignants, clergé, chargés de famille).

LES DIVISIONS MILITAIRES CORRESPONDENT À L'ORGANISATION DES CORPS D'ARMÉE SUR LE TERRITOIRE, NOTÉS EN CHIFFRES ROMAINS SUR LA CARTE.

Les divisions militaires correspondent à l'organisation des corps d'armée sur le territoire, notés en chiffres romains sur la carte. Chaque division regroupe plusieurs départements et organise la conscription, la formation des conscrits et leur répartition entre les différents corps d'armée (l'infanterie, l'artillerie, plus tard l'aviation). À l'origine, les conscrits étaient enrégimentés dans leur région. Après les émeutes du Languedoc en 1907 au cours desquelles des soldats originaires de cette région avaient refusé de tirer sur les manifestants, il fut décidé de répartir les nouvelles recrues ailleurs que sur leurs terres d'origine.

Les cartes diffèrent assez profondément selon leur date. Celle de 1885, sans l'Alsace-Lorraine, portait toutes les places fortes du Pré carré de Vauban. Celle-ci, datant probablement de 1921, présente la réorganisation des divisions militaires de l'Est et du Nord après la récupération de l'Alsace-Lorraine et la zone démilitarisée de l'Allemagne, y compris de la Sarre. Elle met en valeur les fortifications naturelles (forêts), les cols et les tunnels ainsi que les lignes de fortifications sur la Moselle, la Meuse et les Ardennes, préfigurant en quelque sorte la ligne Maginot qui sera édifiée entre 1930 et 1939.

ALGÉRIE ET TUNISIE

Carte physique

La première série de cartes murales consacrée à la France comprenait les deux cartes de l'Algérie et de la Tunisie, auxquelles s'ajoutaient trois cartes des départements algériens. Parmi ces dernières, seule la carte d'Alger figure ici plus loin, page 43. Les cartes du Maroc (pages 47 et 49) n'existaient pas à la date de publication de cette série (1885) et le grand partage colonial du monde entre les puissances européennes n'était pas achevé. Le Maroc était encore disputé entre l'Angleterre, l'Allemagne, l'Espagne et la France. Après la crise de Tanger et la conférence d'Algésiras (1905), puis le « coup d'Agadir » provoqué par l'arrivée d'une canonnière allemande dans la baie, le règlement du cas marocain n'interviendra qu'en 1912 avec le partage du protectorat du Maroc entre la France et l'Espagne. En revanche, l'Algérie, colonisée depuis 1830 et département français depuis 1848, et la Tunisie, protectorat français depuis 1881 (mais en fait sous administration directe), sont considérées comme territoire français et figuraient à la suite des cartes consacrées à la métropole.

La carte physique est, comme pour tous les autres territoires, le préalable nécessaire à la carte politique. L'ossature du relief est représentée de façon simple avec les courbes de niveaux: 200m, 1000m, 2 000 m et au-dessus de 2 000 m. Les couleurs font ressortir les grandes orientations sud-ouest/nord-est de l'Atlas et les massifs isolés (Ouarsenis, Djurdjura Kabylie, Edough, Aurès), ainsi que les plateaux et, en particulier, les hauts plateaux et le bas Sahara, parsemés de dépressions (chotts et sebkhras), les ergs et les plaines côtières étroites au nord (Mitidja, Sahel), plus vastes en Tunisie autour du golfe de Hammamet et de Gabès.

Les principaux oueds sont indiqués en lettres « murales » : l'oued Moulouya, l'oued Chélif et l'oued Medjerda. Leur orientation est guidée par l'organisation du relief sud-ouest/nord-est.

Avant même la description du relief, la carte donne les grands traits du régime de sécheresse qui caractérise l'ensemble de la région: climat méditerranéen au nord, aride au sud des chaînes de montagnes qui retiennent les pluies et désertique dans les hauts plateaux des confins sahariens. L'aridité augmente d'est en ouest, la Tunisie est relativement arrosée tandis que les précipitations sont beaucoup plus faibles à Alger et à Oran.

La description régionale fait bien ressortir les variations de l'altitude et du climat, les « genres de vie » traditionnels et les effets « positifs » de la colonisation. Par exemple, la Mitidja, plaine insalubre à l'origine, est devenue le « jardin de l'Algérie grâce aux premiers colons qui y affluent et dont beaucoup payèrent de leur vie le défrichement de cette plaine jadis désolée par la fièvre » précise la notice qui accompagne la carte. De même, dans les hauts plateaux, seule la culture de l'alpha peut intéresser les colons puisqu'elle est recherchée pour la fabrication du papier.

La notice, dès la première phrase, insiste sur la relation forte de la France à l'Algérie en précisant qu'elle ne se trouve qu'à 28 heures de Marseille par bateau. On retrouve ici la vision, chère à Vidal de La Blache, de la mission colonisatrice de la France. Les autres cartes de l'empire colonial français: Indochine, Madagascar... expriment la même idéologie qui imprégnait les dirigeants de la Troisième République au temps de Jules Ferry.

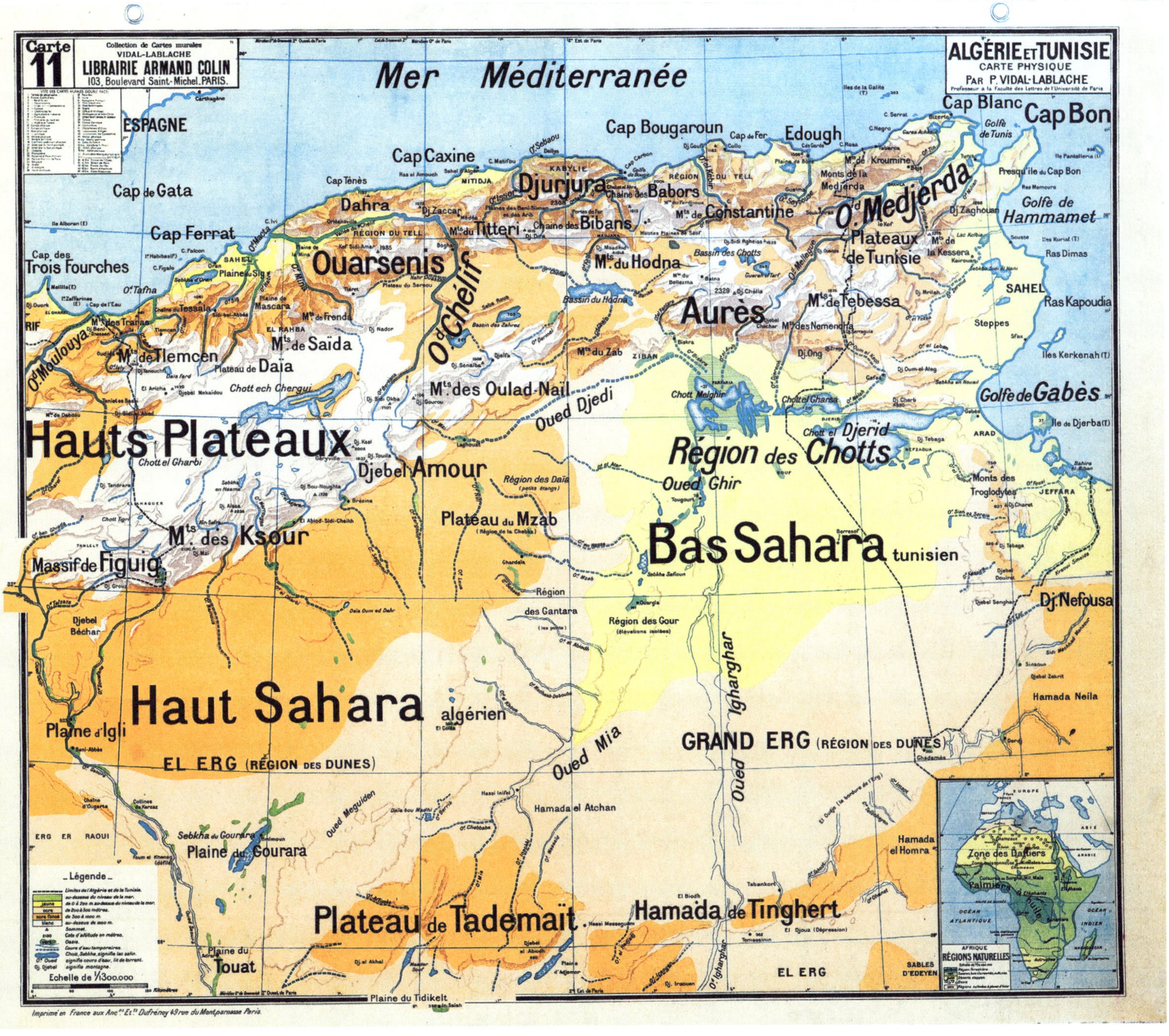
Carte 11
Collection de Cartes murales
VIDAL-LABLACHE
LIBRAIRIE ARMAND COLIN
103, Boulevard Saint-Michel, PARIS.
ALGÉRIE ET TUNISIE
CARTE PHYSIQUE
PAR P. VIDAL-LABLACHE
Mer Méditerranée
ESPAGNE
Cap de Gata
Cap Ferrat
Cap des Trois Fourches
Cap Caxine
Cap Ténès
Dahra
Djurjura
Babors
Cap Bougaroun
Edough
Cap Blanc
Cap Bon
Golfe de Tunis
Golfe de Hammamet
M^ts de Constantine
O^d Medjerda
Chaîne des Bibans
M^ts du Titteri
Ouarsenis
O^d Chélif
M^ts du Hodna
Plateaux de Tunisie
Aurès
M^ts de Tebessa
M^ts de Saïda
M^ts de Tlemcen
O^d Moulouya
M^ts des Oulad-Naïl
Oued Djedi
Hauts Plateaux
Djebel Amour
Région des Chotts
Chott el Djerid
Oued Ghir
Golfe de Gabès
Plateau du Mzab
Bas Sahara tunisien
M^ts des Ksour
Massif de Figuig
Dj. Nefousa
Haut Sahara algérien
Plaine d'Igli
EL ERG (RÉGION DES DUNES)
GRAND ERG (RÉGION DES DUNES)
Oued Mia
Oued Igharghar
Hamada el Atchan
Hamada el Homra
Hamada Neïla
Plaine du Gourara
Plateau de Tademaït
Hamada de Tinghert
Plaine du Touat
Plaine du Tidikelt
EL ERG
Légende
Echelle de 1/1300.000
Imprimé en France aux Anc^ns Et^ts Dufrénoy 49 rue du Montparnasse Paris.

Carte
11 BIS
Collection de Cartes murales
VIDAL-LABLACHE
LIBRAIRIE ARMAND COLIN
103, Boulevard Saint-Michel, PARIS
ALGÉRIE ET TUNISIE
CARTE POLITIQUE
Par P. VIDAL-LABLACHE
MER MÉDITERRANÉE
ESPAGNE
Carthagène
Alger
Oran
Bizerte
Tunis
Bône
Philippeville
Constantine
Bougie
Dellys
Tizi-Ouzou
KABYLIE
Sétif
Blida
Médéa
Orléansville
Mostaganem
Relizane
Mascara
Sidi-bel-Abbès
Tlemcen
Aïn-Temouchent
Nemours
Beni-Saf
Oudjda
Tiaret
Boghari
Miliana
Cherchel
Ténès
Arzeu
Batna
Biskra
Tébessa
Souk-Ahras
Guelma
Mila
Béja
Tabarca
Sousse
Monastir
Kairouan
Mahedia
Sfax
TUNISIE
Gafsa
Gabès
Djerba
Phosphate
Alfa
Vigne
Dattier
Olivier
MOUTONS
CHEVAUX
ALGÉRIE
Laghouat
Géryville
Mecheria
Aïn-Sefra
Figuig
Oasis de Figuig
Brézina
El Abiod-Sidi-Cheikh
MAROC
TERRITOIRE DE GHARDAIA
MZAB
Ghardaia
Tougourt
TERRITOIRE DE TOUGOURT
Ouargla
Oasis de Ouargla
TERRITOIRE D'AÏN-SEFRA
Fort Lallemand
SAHARA
El Goléa
Oasis d'El Goléa
GRAND ERG RÉGION DES DUNES
EL ERG RÉGION DES DUNES
Igli
Beni-Abbès
Fort Mac-Mahon
Fort Hassi-Inifel
TERRITOIRE DES OASIS
Fort Miribel
Timimoun
OASIS DU GOURARA
PLATEAU DE TADEMAÏT
HAMADA DE TINGHERT
OASIS DU TOUAT
In Salah
Oasis d'In Salah
Ghadamès
Oasis de Ghadamès
LIBYE
EL ERG
Légende
Échelle de 1/4.300.000.
Imprimé aux Anc. Ets. Dufrénoy 49 rue du Montparnasse Paris.

ALGÉRIE ET TUNISIE

Carte politique

Les frontières entre l'Algérie, le Maroc, la Tunisie et la Libye sont bien marquées alors que la carte physique ne les indique pas, sans doute pour bien montrer la continuité du relief dans l'ensemble de l'Afrique du Nord. Mais, dans le Sud saharien, les frontières deviennent imprécises parce qu'elles constituent des espaces parcourus par les tribus nomades ou semi-nomades. C'est d'ailleurs encore le cas aujourd'hui entre le Maroc et l'Algérie.

Les deux pays sont colonisés par la France, l'Algérie depuis 1830, la Tunisie est sous protectorat à partir de 1881. La notice accompagnant la carte de 1907 souligne: « On a pu croire longtemps que les Européens ne s'acclimateraient pas dans cette région. De 1830 à 1856, les décès dépassèrent les naissances. Mais depuis lors, les mesures d'assainissement ont obtenu un plein succès dans les plaines côtières d'abord si meurtrières. En observant les règles de l'hygiène, le colon peut vivre et travailler; le seul reproche que mérite le climat du littoral est sa douceur amollissante. »

Le carton montre les possessions coloniales françaises en Afrique. Il porte le titre de « l'Union française » et permet du même coup de dater cette carte : elle est postérieure à la Constitution de 1946 qui dénomme ainsi l'ancien empire colonial français et antérieure à la guerre d'Algérie au cours de laquelle le nombre des départements fut porté à 13 pour des raisons militaires. Pour l'Algérie, la teinte rose délimite le « territoire civil » de l'Algérie, divisé depuis 1848 en trois départements : Alger, Oran, Constantine. Le sud est divisé en trois territoires militaires : Touggourt, Ghardaïa, Aïn Sefra. La carte reflète l'emprise coloniale sur les deux pays. Leur ouverture vers la Méditerranée est clairement perceptible. À l'exception de Constantine, les principales villes sont des ports qui exportent les produits agricoles ou les matières premières vers la métropole, en particulier vers Marseille : Oran, Alger, Bône, Tunis. Ces produits sont indiqués en rouge: céréales, ovins, bovins, caprins, dattes produites dans les oasis du Sud algérien qui sont les productions vivrières, mais aussi la vigne qui occupe les plaines du littoral et qui fut plantée, après l'expropriation des paysans algériens, lors de la crise du phylloxéra afin de compenser la diminution de la production de la métropole. Le vin d'Algérie servira ensuite à « couper » le vin du Languedoc, ce qui provoquera la surproduction et la mévente, à l'origine des émeutes des vignerons en 1907.

On voit aussi comment le réseau des chemins de fer s'adapte au relief. La ligne principale relie les villes anciennes des plaines intérieures, de Oujda (Ouchda) au Maroc, à Tunis, en passant par Tlemcen, Sidi Bel Abbès, Mostaganem, Orléansville, Blida, Sétif, Constantine. Les ports sont reliés à cette ossature majeure : Oran, Alger, Bougie, Philippeville, Bône, Bizerte. Des embranchements plus ou moins longs rejoignent, pour des raisons militaires ou en lien avec l'exploitation des matières premières, les quelques villes du sud : Oran-Figuig (exportation de l'alpha), Alger-Medea-Laghouat, Constantine-Biskra, Bône-Tebessa, Tunis-Gafsa où l'on exploite déjà les phosphates. Ce quadrillage se prolonge par les routes caravanières vers Touat, In Salah ou Ghadamès.

Outre les grandes voies de navigation et les câbles sous-marins qui matérialisent les relations entre métropole et Afrique du Nord, la carte indique le cabotage qui relie tous les ports les uns aux autres. Sur cette carte bien antérieure à l'indépendance des deux pays, certaines villes portent des noms francisés qui seront arabisés par la suite: Philippeville/Skikdda, Orléansville/El Asnam, Bougie/Bejaia, Bône/Annaba.

DÉPARTEMENT D'ALGER

Carte physique

Dans la collection, la carte n° 11 représente l'Algérie et la Tunisie, considérées comme une portion du territoire français. Les cartes des trois départements d'Algérie, Alger, Oran et Constantine, sans doute un peu plus tardives, étaient destinées surtout aux écoliers d'Algérie. Au moment de l'indépendance, en 1962, la plupart ont été détruites parce qu'elles étaient des symboles de la colonisation et elles sont aujourd'hui introuvables, sauf la carte du département d'Alger.

L'ALGÉRIE A ÉTÉ DIVISÉE EN TROIS DÉPARTEMENTS DÈS 1848, MAIS LA DÉLIMITATION TELLE QU'ELLE APPARAÎT SUR LA CARTE DATE DE 1905.

L'Algérie a été divisée en trois départements dès 1848, mais la délimitation telle qu'elle apparaît sur la carte date de 1905. Le département d'Alger est flanqué de celui d'Oran à l'ouest et de celui de Constantine à l'est. Au sud s'étendent les territoires de Aïn Sefra et de Ghardaïa qui relèvent de l'administration militaire. Comme les départements métropolitains, celui d'Alger était divisé en arrondissements dont la ville principale était le chef-lieu : Aumale (Sour El-Ghozlane), Blida, Médéa, Miliana, Orléansville (El-Asnam) et Tizi Ouzou.

Au nord, la côte est/ouest, découpée et rocheuse, formée par les rebords des différents massifs (Dahra, Grande Kabylie Djurdjura), dégage des baies accueillantes entre les caps. C'est le cas de la baie d'Alger.

Les différents massifs qui composent l'Atlas tellien (Ouarsenis, monts de Médéa, monts de Titeri, Djurdjura, chaîne de Biban) sont séparés par des dépressions (plaine de la Mitidja du Cherchell à Alger) et par des oueds (Chélif, Sahel). Au sud de cette partie utile s'étalent les hautes plaines et les hauts plateaux arides qui se raccordent au Sahara.

Le cartouche du département de la Gironde donne la mesure des dimensions du département d'Alger.

DÉPOSÉ.

Imp. sur zinc, DUFRÉNOY, Paris.

Atlas général VIDAL-LABLACHE, HISTORIQUE ET GÉOGRAPHIQUE : 30 fr. — Atlas classique VIDAL-LABLACHE, HISTORIQUE ET GÉOGRAPHIQUE : 15 fr.

DÉPOSÉ

NOTICE Géographique correspondant à la Carte n°42bis contenant : une notice proprement dite, des questions avec réponses : 40 c. — MEUBLE destiné à renfermer toutes les cartes : 12 fr. — APPAREIL de suspension : 2 fr.

Imp. sur zinc, DUFRÉNOY, P.

DÉPARTEMENT D'ALGER

Carte politique

Depuis l'Antiquité, des sites portuaires ont été exploités par les Phéniciens, par les Carthaginois et par les Romains (Cherchell, Tipaza). Au XVIe siècle, l'Empire ottoman établit sa domination sur la Tunisie et l'Algérie et donne une nouvelle impulsion aux ports et aux villes de l'intérieur. C'est aussi le moment où les Andalous (juifs et maures) chassés d'Espagne contribuent au peuplement et à l'enrichissement urbains. C'est le cas d'Alger, de Ténès, de Blida ou de Miliana. L'influence turque sur l'architecture a laissé des traces manifestes. Puis, la colonisation française au XIXe siècle qui débute avec la prise d'Alger en 1830 a profondément marqué le territoire. Les relations étroites avec la métropole ont fait d'Alger une cité moderne (Alger la Blanche). Les établissements militaires (Cherchell, Blida) et les fonctions administratives ont fait naître ou renaître des villes (Aumale, Palestro). Les lignes de chemin de fer, dont la principale va du Maroc à la Tunisie, relient les grandes villes (Casablanca-Oran-Alger-Constantine-Tunis) et les ports.

La Mitidja a été mise en valeur après l'éviction des fellahs algériens sous forme d'une viticulture intensive destinée à l'exportation vers la métropole et d'une agriculture diversifiée.

La logique de la colonisation conduisait à des échanges soutenus avec la métropole (exportation des produits miniers ou agricoles, importation des produits manufacturés). Les ports sont devenus les villes de première importance. En même temps, les Européens s'enracinainent dans le territoire. En témoigne la toponymie qui mêle les noms arabes berbères, celui des tribus et les noms français.

Cette économie coloniale n'a été que partiellement démantelée après l'indépendance de l'Algérie. Le basculement du territoire vers le littoral s'est poursuivi. L'accroissement démographique rapide qui s'est prolongé jusqu'à la fin du XXe siècle a entraîné une poussée urbaine sans précédent, accompagnée d'un sous-emploi chronique dans le monde rural comme dans les villes. L'Algérie, malgré son pétrole, reste dans une situation très précaire.

MAROC

Carte physique

Lors de la première édition des cartes murales, le Maroc ne faisait pas partie des colonies françaises puisque le protectorat ne fut accordé à la France qu'en 1912. C'est pourquoi il ne figurait pas sur la carte n°11 de l'Afrique du Nord qui ne comportait que l'Algérie et la Tunisie.

La carte physique est remarquablement dessinée avec les reliefs bien marqués par les courbes de niveau qui permettent de distinguer les plaines, les plateaux et les montagnes et, en particulier, celles qui dépassent 2000 m d'altitude. L'Atlas s'étire ainsi du Sud marocain jusqu'à la frontière algérienne où il se raccorde au Tell. Au sud, le petit Atlas se sépare du haut Atlas pour enserrer la plaine du Sous. L'altitude du Toubkal, le point culminant de l'Atlas, est indiquée à 4 185 m. Le moyen Atlas prolonge le haut Atlas en laissant la place à la plaine du Tadla et au fleuve Oum Er-R'bia. Plus au nord encore, la chaîne du Rif est séparée de l'Atlas par le seuil de Taza emprunté par les affluents du Sebou qui coule vers l'Atlantique et de la Moulouya qui se jette dans la Méditerranée. À l'est, la retombée orientale de l'Atlas sur le Sahara oriente le drainage vers le sud et les oueds se perdent dans les étendues sahariennes, hormis le Dra qui parvient à l'Atlantique grâce aux apports des affluents issus du petit Atlas. Ces régions sahariennes, lieu de vie de populations nomades, se prêtaient mal à une délimitation précise des frontières. C'est pourquoi celles avec l'Algérie ne sont plus indiquées au sud de l'oued Guir.

Ce système montagneux rend compte de la répartition des précipitations dans ce Maroc déjà aride. Les pluies méditerranéennes et océaniques sont surtout abondantes dans les régions nord du Rif et du moyen Atlas qui constituent le château d'eau du Maroc dont bénéficient les plaines : la large vallée de la Moulouya, la plaine du Gharb arrosée par le Sebou qui peut connaître des inondations catastrophiques, les plaines de la Chaouia et des Doukkala arrosées par l'Oum Er R'bia, la plaine du Haouz, la plaine du Sous, enfin.

Ce système hydrographique explique la précocité des pratiques de l'irrigation. Les villes impériales de l'intérieur, Fez et Marrakech, avaient, dès leur fondation, été entourées par des jardins irrigués par des norias et des foggaras qui approvisionnaient les villes en fruits et légumes. Sous le protectorat, l'irrigation fut développée à partir de grands barrages pour alimenter en eau en priorité les domaines des colons. La maîtrise de l'eau correspond ainsi à une longue tradition et à une continuité dans la mise en valeur du pays. Depuis l'indépendance, cet effort s'est considérablement amplifié avec une multiplication des barrages. Se pose maintenant un grave problème de répartition des eaux entre les régions excédentaires comme le Gharb et les régions méridionales comme la Chaouia, le Haouz et le Sous dont les nappes phréatiques s'épuisent vite, surexploitées par l'agriculture, le développement urbain et le tourisme (une trentaine de golfs sont prévus à Marrakech).

La côte elle-même présente de nombreux avantages. La partie méditerranéenne, très découpée, alterne des baies et des caps. Les implantations phéniciennes, grecques et romaines avaient déjà choisi les sites portuaires les plus intéressants. Elles furent reprises par les Arabes. Les Espagnols ont pris pied sur cette côte méditerranéenne et ont conservé jusqu'à aujourd'hui les deux enclaves contestées de Ceuta et Melilla. Il en va de même sur la côte atlantique puisque les ports de Larache, Mogador (Essaouira), Mazagan (El Jadida), anciennes fondations phéniciennes, ont été ensuite contrôlés par les Portugais. Le protectorat a développé de nouveaux ports, dont Casablanca, devenue la capitale économique du Maroc, Safi ou Port-Lyautey (Kenitra). Le littoral marocain est aujourd'hui un haut lieu touristique et ses stations attirent une clientèle internationale.

ATLAS Général VIDAL-LABLACHE HISTORIQUE & GÉOGRAPHIQUE.
ATLAS Classique VIDAL-LABLACHE HISTORIQUE & GÉOGRAPHIQUE.
Carte 44
Collection de Cartes murales VIDAL-LABLACHE
LIBRAIRIE ARMAND COLIN
103, Boulevard St Michel. PARIS.
MAROC
CARTE PHYSIQUE
P. VIDAL-LABLACHE & GASTON LOTH
ESPAGNE
Méditerranée
Détroit de Gibraltar
C. Spartel
Pte Almina
C. Negro
I. Alboran
Ras Ouark
C. Figalo
Baie et Iles Alhucemas
Chaine du Rif
Océan
Atlantique
Od Sebou
Od Moulouya
Monts de Tlemcen
Chott el Gharbi
Dahra
Hauts Plateaux
Moyen Atlas
Od Oum er Rbia
C. Cantin
DOUKKALA
CHAOUIA
ZAER
ZEMMOUR
GHARB
PLAINE DU TADLA
Djebilet
Od Tensift
Haut Atlas
PLAINE DU HAOUZ
C. Sim
Dj. Toubkal
Dj. Ayachi
PLAINE DE TAMLELT
Od Guir
Od Zousfana
TAFILELT
Hamada
C. Guir
Od Sous
Petit Atlas
Od Massa
Erg occidental
Od Saoura
Sahara Marocain
Od Dra
Dj. Bani
Od Assaka
C. Noun
Légende
Échelle de 1/1.000.000e
Imp. GAILLAC-MONROCQ & Cie, Rue Suger No 3, PARIS.

ATLAS Général VIDAL-LABLACHE HISTORIQUE & GÉOGRAPHIQUE,
ATLAS Classique VIDAL-LABLACHE HISTORIQUE & GÉOGRAPHIQUE
Carte 44 BIS
Collection de Cartes murales
VIDAL-LABLACHE
LIBRAIRIE ARMAND COLIN
103, Boulevard St Michel. PARIS.
ESPAGNE
Gibraltar
MER MÉDITERRANÉE
Tanger
Ceuta
Tetouan
Arzila
Larache
OCÉAN ATLANTIQUE
Port-Lyautey (Kenitra)
Salé
Rabat
Casablanca
Azemmour
Mazagan
Fes
Meknès
Sefrou
Taza
ZEMMOUR
ZAËR
CHAOUÏA
Settat
DOUKKALA
BENI MESKINE
TADLA
Kba Tadla
Khenifra
ZAÏAN
Kasbet el Makhzene
(Ksabi)
Safi
ABDA
REHAMNA
Kelaa
SRAGHNA
ENTIFA
Demnat
ICHKIREN
AIT ATTA
Bou Denib
Mogador
CHIADMA
Marrakech
GLAOUA
MTOUGA
GOUNDAFA
HAHA
AÏT AMELDOU
Agadir
OULAD YAHIA
Taroudant
HAOUARA
CHTOUKA
ILALEN
Tiznit
TAZEROUALT
Ifni
IDA OU BLAL
IDA OU BRAHIM
Goulimine
AÏT OU MRIBET
TEKNA
TAFILELT
OULED YAHIA
Zagora
Tamegrout
Foum Zguid
Légende
Echelle de 1/1.000.000e
OCÉAN ATLANTIQUE
MAROC

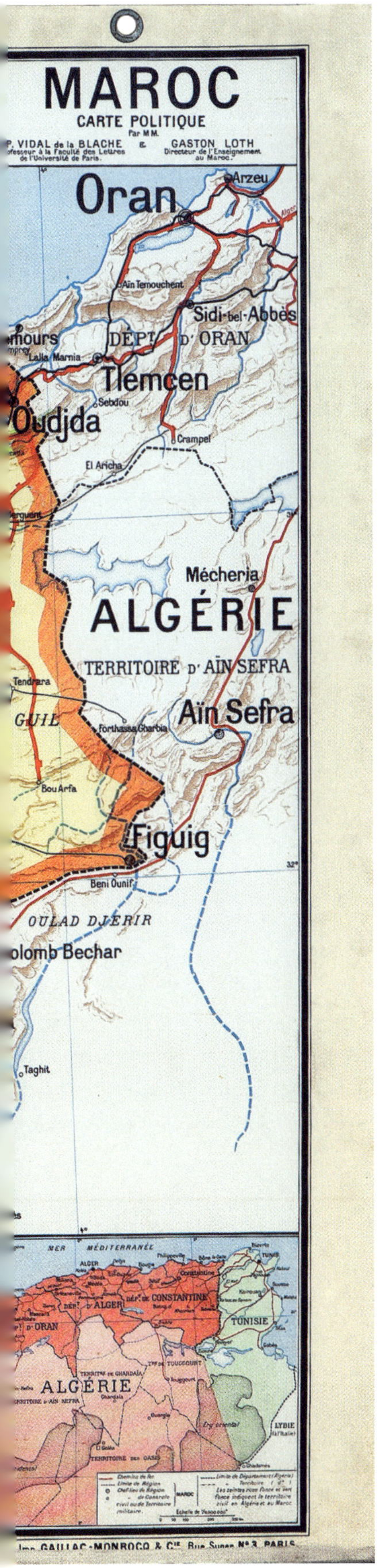

MAROC

Carte politique

La carte politique peut être datée de l'entre-deux-guerres puisque les frontières délimitent nettement le Maroc espagnol entre Melilla et Tanger. La ville de Tanger est entourée d'une enclave parce qu'elle était une ville franche internationale et, de ce fait, le lieu de tous les trafics. Au sud, Ifni est demeurée une enclave espagnole jusqu'à la Marche verte qui a permis au roi du Maroc Hassan II de mettre la main en 1975 sur des régions sahariennes réclamées par les Sahraoui et l'Algérie.

L'intérêt de cette carte porte d'une part sur l'organisation en tribus de la population marocaine qui est en grande majorité berbère et d'autre part sur l'empreinte déjà importante de la colonisation française. Le nom des tribus et leur localisation notés sur la carte correspondent encore aujourd'hui à la réalité. Les populations berbères du Rif se sont soulevées à l'appel d'Abd El Krim (guerre du Rif, 1925). Quant aux populations berbères de l'Atlas, elles sont longtemps restées insoumises et ont résisté aux forces de la colonisation. Les dialectes berbères sont encore parlés dans tout l'Atlas et dans le Rif (Tamazight).

Les villes impériales fondées par les dynasties successives sont, à l'exception de Rabat, situées à l'intérieur du pays : Marrakech, Fez, Meknès.

La colonisation française a laissé une trace profonde malgré la brièveté du protectorat (1912-1956). La carte montre en particulier l'ampleur des constructions de voies ferrées. La ligne Tanger-Marrakech passant par Rabat et Casablanca est déjà construite. Celle de Kenitra à Fez se prolonge jusqu'à l'Algérie. Les autres lignes sont des voies minières, en particulier celle qui va des gisements de phosphates au port de Safi et de Khouribga à Casablanca. Le système portuaire comporte des créations urbaines comme Kenitra (Port-Lyautey) et surtout Casablanca, dont la croissance économique dans l'entre-deux-guerres est due à ces activités portuaires qui ont attiré les capitaux industriels et bancaires.

Cette empreinte coloniale a profondément modifié la géographie du Maroc. Les villes ont conservé cette dualité qui oppose la « ville indigène » et la « ville européenne ». Cela ne suffit évidemment pas à la légitimation de la colonisation.

AFRIQUE
Occidentale française

La carte de l'AOF peut être datée avec une relative précision. L'AOF a été créée en 1895 et perdure jusqu'en 1958, date à laquelle commence le processus d'indépendance accompagnée de la création de nouveaux États. Au cours de ce demi-siècle d'existence, de nombreux changements se sont produits dans l'administration coloniale et dans l'extension territoriale de cette fédération. En 1918, le Cameroun et le Togo qui étaient sous administration allemande passent sous mandat français. En 1920, la France crée la Haute-Volta avec une partie du Sénégal, de la Côte d'Ivoire et du Niger mais cette division territoriale est supprimée en 1932. La carte qui dénomme « Soudan » ce qui correspond aujourd'hui au Mali et au Burkina Faso est donc postérieure à 1932. À l'époque, l'administration coloniale de l'AOF est dirigée par un gouverneur qui réside à Dakar. À l'est du Nigeria et du Niger s'étend l'Afrique équatoriale française (AEF).

Dans cette Afrique occidentale, seules quelques colonies administrées par d'autres puissances européennes échappent à la France. Il s'agit du Rio del Oro dans le Maroc méridional (Espagne), de la petite enclave de la Gambie au sud du Sénégal, de la Guinée portugaise, de la Sierra Leone (Royaume-Uni), du Liberia indiqué comme indépendant puisque depuis 1847, des compagnies américaines en ont pris possession pour y installer des esclaves noirs américains et pour exploiter la main-d'œuvre locale, de la Côte de l'Or et du Nigéria (Royaume-Uni) et de la Guinée espagnole. Hormis ces enclaves, l'AOF apparaît comme d'un seul tenant, même si la toponymie distingue des territoires différents. La carte indique également en italiques les ethnies qui se distinguent par la langue et les pratiques religieuses. Par exemple, les Ouolofs du Sénégal, les Mandingues, les Songhaï, les Touaregs du Sahara et les Peuls, éleveurs semi-nomades de religion musulmane. Les Mossi constitués en royaume ont résisté à la traite des Noirs et à l'Islam. La colonisation s'est appuyée sur eux pour asseoir l'autorité de la France tout en y puisant pour le travail forcé et le recrutement des « tirailleurs sénégalais » pendant la guerre de 1914-1918. En dehors des peuples du Nord islamisés, la religion dominante est l'animisme, malgré les efforts de christianisation déployés par les missionnaires français.

La carte porte quelques indications concernant le relief et l'hydrographie. On est ici en présence d'un socle ancien datant du primaire qui n'est dominé que par quelques massifs montagneux comme le Fouta Djalon au Sénégal ou le Tibesti au Tchad. Le climat en revanche varie beaucoup du nord au sud puisqu'on passe des régions sahariennes arides au climat tropical humide des régions équatoriales du golfe du Guinée. La végétation naturelle suit cette répartition climatique en passant du désert au sahel (steppes) avec une saison sèche prolongée, puis à la zone des savanes arborées, enfin aux forêts denses des zones équatoriales.

Les ressources indiquées par la carte s'ordonnent de la même façon. Dans les régions sahariennes, le sel apparaît comme la seule richesse. Transporté par caravane vers le sud, il faisait partie, avec l'or, du trafic caravanier du Sahara. Dans les régions sahéliennes et de savane, la colonisation a développé les cultures intéressant directement la métropole: la gomme arabique qui sert d'ingrédient pharmaceutique ou alimentaire, mais surtout l'arachide et le coton qui est cultivé au Sénégal (sans être indiqué sur la carte). Dans les régions équatoriales, le café, les palmiers à huile, la noix de Kola et l'hévéa représentent les bases de l'exportation. Pour organiser cette économie de traite, la colonisation a entrepris la construction d'un chemin de fer de l'intérieur vers le littoral, de Bamako à Dakar, par exemple, ou de Douala à Yaoundé. Ces embryons de lignes ferroviaires ne constituent en aucune façon un réseau.

En négatif, cette carte montre bien les raisons des difficultés actuelles de ces pays. Les frontières artificielles découpées par le colonisateur sont toujours aujourd'hui l'objet de litiges parce qu'elles n'ont jamais tenu compte de l'histoire de ces régions ni des différentes ethnies. Mais l'OUA (Organisation de l'unité africaine) a entériné le découpage colonial estimant que les frontières n'étaient pas une question essentielle. La surpopulation dans le monde rural se traduit nécessairement par des conflits pour la possession des terres. C'est une des causes de l'instabilité actuelle de la région (Mali, Centrafrique).

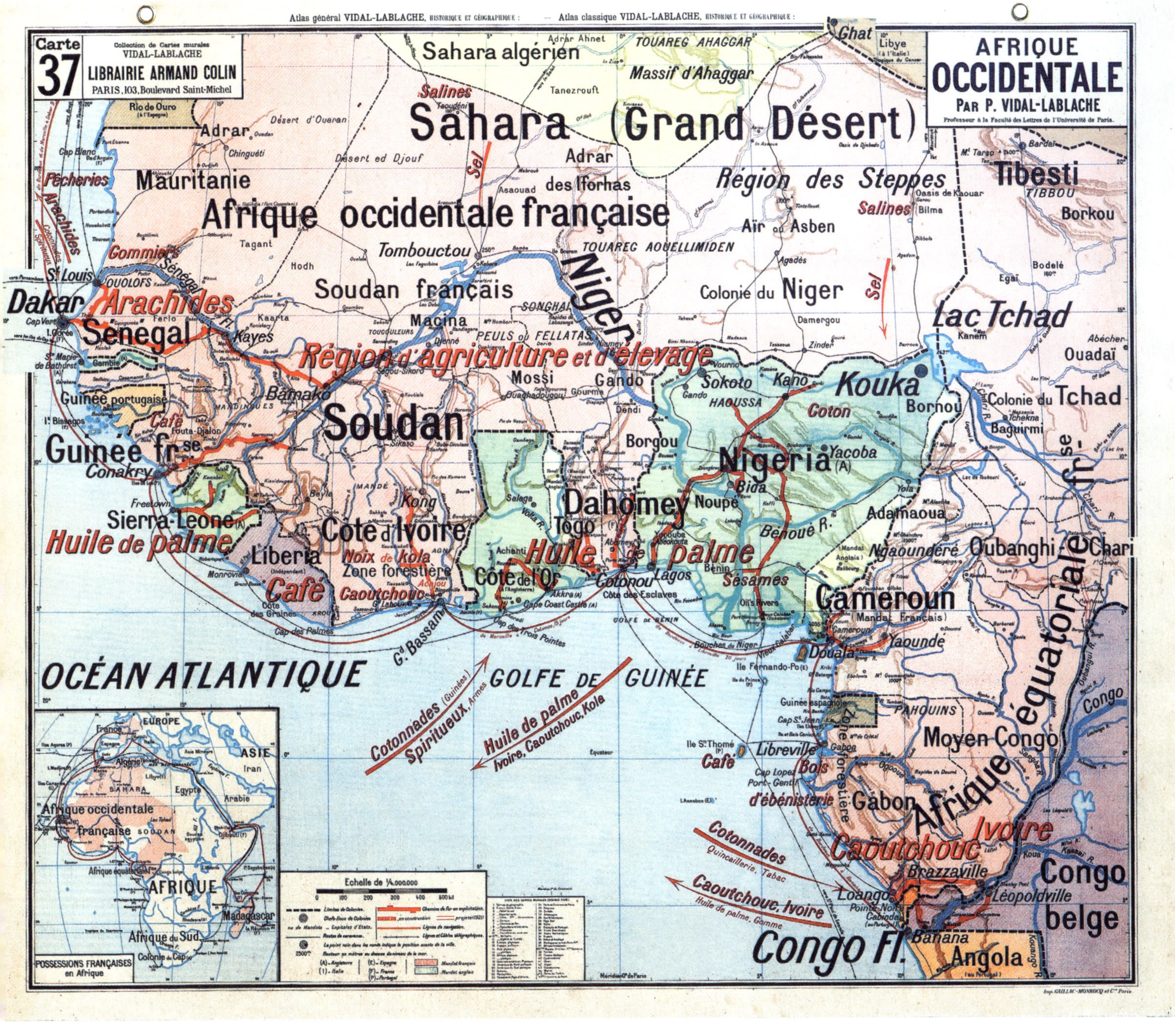
Atlas général VIDAL-LABLACHE, historique et géographique : — Atlas classique VIDAL-LABLACHE, historique et géographique :
Carte 37
Collection de Cartes murales VIDAL-LABLACHE
LIBRAIRIE ARMAND COLIN
PARIS, 103, Boulevard Saint-Michel
AFRIQUE OCCIDENTALE
PAR P. VIDAL-LABLACHE
Professeur à la Faculté des Lettres de l'Université de Paris.
Sahara algérien
Massif d'Ahaggar
Sahara (Grand Désert)
Région des Steppes
Tibesti
Mauritanie
Afrique occidentale française
Aïr ou Asben
Salines
Sel
Tombouctou
Niger
Soudan français
Colonie du Niger
Lac Tchad
Dakar
Arachides
Sénégal
Région d'agriculture et d'élevage
Mossi
Gando
Sokoto
Kano
Kouka
Bornou
Colonie du Tchad
Soudan
Bamako
Guinée portugaise
Guinée frse
Conakry
Nigeria
Dahomey
Togo
Sierra-Leone
Huile de palme
Liberia
Côte d'Ivoire
Noix de Kola
Zone forestière
Café
Caoutchouc
Côte de l'Or
Cotonou
Lagos
Sésames
Coton
Cameroun
Oubanghi-Chari
Afrique équatoriale frse
OCÉAN ATLANTIQUE
GOLFE DE GUINÉE
Cotonnades (Guinées)
Spiritueux, Armes
Huile de palme
Ivoire, Caoutchouc, Kola
Libreville
Gabon
Moyen Congo
Bois d'ébénisterie
Cotonnades
Quincaillerie, Tabac
Caoutchouc, Ivoire
Huile de palme, Gomme
Ivoire
Caoutchouc
Brazzaville
Congo belge
Léopoldville
Loango
Congo Fr.
Angola
EUROPE
ASIE
Afrique occidentale française
AFRIQUE
Madagascar
POSSESSIONS FRANÇAISES en Afrique
Echelle de 1/4.000.000

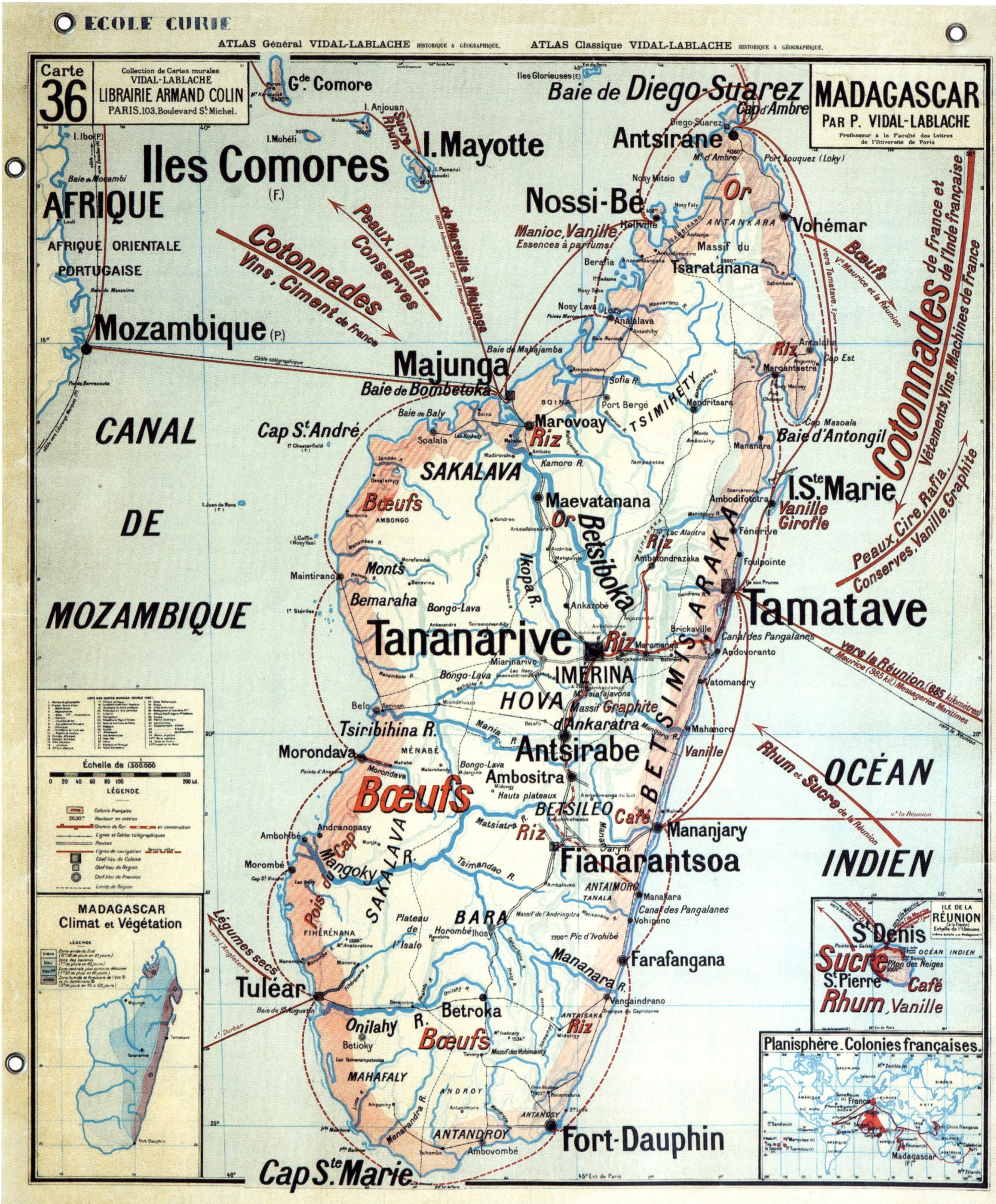
ECOLE CURIE
ATLAS Général VIDAL-LABLACHE HISTORIQUE & GÉOGRAPHIQUE.
ATLAS Classique VIDAL-LABLACHE HISTORIQUE & GÉOGRAPHIQUE.
Carte 36
Collection de Cartes murales VIDAL-LABLACHE
LIBRAIRIE ARMAND COLIN
PARIS, 103, Boulevard St Michel.
MADAGASCAR
PAR P. VIDAL-LABLACHE
Professeur à la Faculté des Lettres de l'Université de Paris
Gde Comore
I. Anjouan
I. Mohéli
I. Mayotte
Iles Comores (F.)
Sucre Rhum
de Marseille à Majunga
Peaux, Rafia, Conserves
Cotonnades
Vins, Ciment de France
AFRIQUE
AFRIQUE ORIENTALE PORTUGAISE
Mozambique (P.)
Câble télégraphique
CANAL DE MOZAMBIQUE
Iles Glorieuses (F.)
Baie de Diego-Suarez
Cap d'Ambre
Diego Suarez
Antsirane
Nossi-Bé
Hellville
Manioc, Vanille
Essences à parfums
Or
Massif du Tsaratanana
ANTANKARA
Vohémar
Bœufs
vers Tamatave, la Réunion
Cotonnades de France et de l'Inde française
Vêtements, Vins, Machines de France
Peaux, Cire, Rafia, Conserves, Vanille, Graphite
Nosy Lava
Analalava
Baie de Mahajamba
Majunga
Baie de Bombetoka
Riz
Antalaha
Cap Est
Maroantsetra
Baie d'Antongil
Cap Masoala
Marovoay
BOINA
Port Bergé
Mandritsara
TSIMIHETY
Cap St André
Baie de Baly
Soalala
SAKALAVA
Kamoro R.
Maevatanana
Or
Betsiboka
Ikopa R.
I. Ste Marie
Vanille Girofle
Fénérive
Foulpointe
Ambatondrazaka
Bœufs
AMBONGO
Maintirano
Bemaraha
Bongo-Lava
Tamatave
Tananarive
Riz
IMERINA
HOVA
Massif Graphite d'Ankaratra
Brickaville
Canal des Pangalanes
Andevoranto
vers la Réunion (685 kilomètres) et Maurice (985 kil.) Messageries Maritimes
Vatomandry
BETSIMISARAKA
Belo
Tsiribihina R.
Morondava
MÉNABÉ
Antsirabe
Ambositra
Hauts plateaux
BETSILEO
Café
Mahanoro
Vanille
Rhum et Sucre de la Réunion
OCÉAN INDIEN
Mananjary
Bœufs
Andranopasy
Matsiatra R.
Riz
Fianarantsoa
Mangoky
Pois du Cap
SAKALAVA
ANTAIMORO
TANALA
Manakara
Canal des Pangalanes
Vohipeno
Morombé
Plateau de l'Isalo
BARA
Horombé
Ihosy
Farafangana
Légumes secs vers l'Angleterre
FIHÉRÉNANA
Mananara R.
Tuléar
Baie de St Augustin
Vangaindrano
Onilahy R.
Betroka
Riz
Bœufs
Betioky
MAHAFALY
ANDROY
ANTANDROY
Ambovombé
Menarandra R.
Fort-Dauphin
Cap Ste Marie
Échelle de 1:500.000
LÉGENDE
MADAGASCAR Climat et Végétation
ILE DE LA RÉUNION
St Denis
Sucre
Piton des Neiges
St Pierre
Café
Rhum, Vanille
OCÉAN INDIEN
Planisphère. Colonies françaises.
Madagascar

MADAGASCAR

Cette grande île proche de l'Afrique s'étire en latitude de l'équateur au tropique du Capricorne. Sa situation en a tôt fait une escale sur la route des Indes par le cap de Bonne-Espérance. Dès le XVIe siècle, les Portugais avaient fondé des ports d'escale, dont Diego Suarez. Au XVIIIe siècle, les navires français de la compagnie des Indes utilisaient soit le canal du Mozambique, soit passaient au large de Madagascar dans l'océan Indien. Fort-Dauphin au sud, Majunga à l'ouest ou Diego Suarez au nord permettaient aux navires de se ravitailler avant de rejoindre l'Inde en bénéficiant des alizés du sud-ouest de mars à juillet. C'est en 1895 que les troupes françaises font la conquête de l'île et contraignent la reine Ranavalona à signer un traité de paix. Mais Gallieni, nommé Gouverneur général, mettra dix ans à « pacifier » le territoire.

Le relief de l'île qu'on distingue sur la carte en fait une sorte de modèle des îles tropicales. Le relief principal borde la côte de l'océan Indien sous forme d'une chaîne montagneuse, l'Ankaratra, qui comporte des reliefs volcaniques et culmine à 2800 m. Exposé aux alizés du sud-est, c'est la partie la plus arrosée de l'île par des précipitations de type équatorial. Vient ensuite une bande de hauts plateaux entre 800 et 1000 m d'altitude qui bénéficient d'un climat aux températures constantes de 20° et aux précipitations abondantes. C'est la partie privilégiée par les Français et les Européens qui s'y sont installés pendant la période coloniale. Des plateaux étagés s'abaissent progressivement vers l'ouest jusqu'au détroit du Mozambique. Beaucoup plus secs, ils sont couverts de savanes et une nuance aride apparaît même au sud de l'île (voir le cartouche du climat et de la végétation).

La population de Madagascar est très diverse par ses origines. Venues aux temps préhistoriques de l'Indonésie en passant par la Malaisie et Ceylan, ces migrations se sont poursuivies au début de notre ère. D'autres populations issues de l'Afrique et de l'Inde se sont superposées et les métissages ont été fréquents. La carte donne quelques indications sur la composition ethnique de la population malgache. Cependant, les noms sont ceux de royaumes antérieurs à la colonisation plutôt que ceux des ethnies : Imerina, Betsileo, Sakalaves, Hova, Betsimisaraka. La colonisation, ici comme ailleurs, a utilisé ces différences ethnoculturelles pour renforcer son pouvoir. Elle s'est appuyée entre autres sur les Imerina qui formaient une sorte d'aristocratie. La capitale des Merinas, Tananarive, est devenue la capitale administrative et militaire de la colonie.

En raison du climat tropical humide, l'agriculture traditionnelle était fondée sur la culture du riz dans les régions très humides, les céréales sèches (mil) sur les plateaux plus secs et l'élevage bovin sur les plateaux. La colonisation, à partir de 1895, a orienté l'agriculture pour produire à bon compte ce qui manquait à la métropole : les épices, la vanille, le raphia et bientôt des conserves de viande bovine pour l'armée. Ces produits étaient exportés vers la France par les ports de Tamatave, Nossi-Bé, Majunga. En retour, l'île importait des cotonnades de France et d'Inde comme l'indique la carte, ainsi que du rhum de la Réunion.

La carte porte, en cartouche, l'île de la Réunion, dominée par des reliefs volcaniques. Comme à Madagascar, la dissymétrie de l'île se fait à l'avantage de la côte nord-ouest qui est à l'abri de la mousson (côte sous le vent). C'est là que les Français ont implanté les ports de Saint-Denis et de Saint-Pierre pour exporter les produits tropicaux (sucre, café, rhum). On sait que la Réunion présente beaucoup de points communs avec les Antilles : le poids de l'esclavage, le métissage et la langue, le créole, qui serait proche de celui des Antilles.

ANTILLES, GUYANE, NOUVELLE-CALÉDONIE

Les **Antilles** font partie du premier empire colonial français, celui du XVIIe siècle. Il comprenait la Martinique, la Guadeloupe et une partie de Saint-Domingue, les petites Antilles, la Guyane et la Réunion. La colonisation des Antilles s'est opérée d'abord par l'élimination des populations caraïbes indigènes. Rapidement, les armateurs de Bordeaux et de Nantes ont organisé la traite des Noirs pour fournir en main-d'œuvre les plantations de tabac, puis de canne à sucre. Le Code noir élaboré par Colbert qui prétendait définir juridiquement les conditions de vie des esclaves n'était qu'une légitimation officielle de l'esclavage par l'État français. Par ailleurs, le Code noir attribuait un titre de noblesse aux planteurs dès la possession de 100 esclaves. Les Békés sont issus de cette « noblesse » qui occupait le haut de l'échelle sociale. Cette hiérarchie sociale et raciale spécifique des Antilles a perduré bien au-delà de l'abolition de l'esclavage en 1848 (Schœlcher). Le sens du mot créole varie selon les îles. À l'origine, est créole celui qui naît sur l'île. Les Békés sont donc créoles. Ailleurs, le mot est synonyme de métis. La langue créole est née du frottement du breton, la langue des premiers colons français, avec les langues des esclaves.

À l'époque de Vidal de La Blache, les Antilles étaient encore les grands fournisseurs de sucre de canne de la métropole, auquel s'ajoutaient le rhum et le café. Comme à la Réunion, les côtes au vent, battues par les alizés et la houle, sont peu hospitalières. Les côtes sous le vent sont au contraire abritées, moins humides et plus favorables aux installations portuaires. Aujourd'hui, la culture de la banane a remplacé celle de la canne à sucre et le tourisme a apporté quelques richesses à des îles dont l'économie reste fragile.

La **Guyane** est située sur le continent américain entre les autres Guyanes (Suriname et Guyane anglaise) et le bassin de l'Amazone du Brésil. Sous ces latitudes équatoriales, le climat est de type tropical humide, particulièrement éprouvant pour les populations. La végétation est la forêt dense comme dans le bassin de l'Amazone avec une zone de savanes arborée dans les parties côtières.

La France essaya dès le XVIIe siècle d'en faire une colonie de peuplement mais ces tentatives échouèrent à cause des maladies qui affectaient rapidement les colons (fièvre jaune et paludisme). Du XVIIIe au milieu du XXe siècle, on utilisa la Guyane comme bagne. Le peuplement est de même nature que dans les Antilles : une minorité de colons blancs et des esclaves venus d'Afrique, puis une main-d'œuvre issue d'Inde ou de Chine. Il s'en est suivi un phénomène de métissage analogue à celui des Antilles. La carte ne mentionne qu'une ressource : l'or produit dans les *placers* le long des vallées affluentes de l'Amazone ou des fleuves côtiers et le caoutchouc. Depuis 1964, Kourou est devenue la base de lancement du programme spatial français et européen (en particulier de la fusée Ariane), modifiant ainsi le profil économique de cette terre. Mais la situation reste difficile pour la majorité de la population.

La **Nouvelle-Calédonie** n'est française que depuis 1854, après l'abolition de l'esclavage. La France en a fait un pénitencier (comme en Guyane) utilisé pour les bannis politiques de la Commune de 1870. Située dans l'hémisphère sud, elle connaît une saison humide entre novembre et avril et les alizés du sud-est frappent la côte au vent la plus arrosée. La capitale Nouméa se trouve au sud-ouest, sur la côte sous le vent bien abritée. La grande île est entourée par des récifs coralliens et elle fait partie d'un archipel, dont font partie les îles Loyauté, également françaises. L'île d'Ouvéa a été le théâtre en 1971 de violents affrontements entre des nationalistes kanaks et les forces de l'ordre. Un statut spécial a alors été accordé à cette île qui peut conduire à terme à l'indépendance. Si l'île n'a pas connu l'esclavage, la main-d'œuvre kanak a été longtemps exploitée dans les mines (cuivre, nickel, cobalt). Les Kanaks sont majoritaires avec 40 % de la population totale, suivis par les Caldoches (Européens), les Philippins et les Chinois.

Comme on le constate, les « poussières d'empire », même si elles sont des Départements, des Territoires ou des Collectivités d'Outre-Mer, et en dépit du fait qu'elles permettent à la France de conserver des zones d'influence maritime considérables, continuent de poser des problèmes sociétaux et identitaires.

Atlas général VIDAL-LABLACHE, HISTORIQUE ET GÉOGRAPHIQUE : — Atlas classique VIDAL-LABLACHE, HISTORIQUE ET GÉOGRAPHIQUE :
Carte 37 BIS
Collection de Cartes murales VIDAL-LABLACHE.
LIBRAIRIE ARMAND COLIN
PARIS, 103, Boulevard St Michel
ANTILLES
Echelle de 1/1.100.000
OCÉAN ATLANTIQUE
Ile Anguille (A)
I. St Martin
Ile St Barthélemy (F)
Ile Saba (H)
Ile St Eustache (H)
Ile Barbude (A)
I. St Christophe (A)
I. Antigua (A)
Ile de Nieves (A)
Ile Montserrat (A)
Bestiaux, Morue
Sucre, Café, Rhum
Bois de Campêche
Grande Terre
la Désirade (F)
Guadeloupe (F)
Pointe à Pitre
MER DES ANTILLES
les Saintes (F)
Marie-Galante (F)
Dominique (A)
Bestiaux, Morue
Sucre, Tafia
Fort-de-France
Martinique (F)
I. Ste Lucie (A)
OCÉAN PACIFIQUE
NOUVELLE CALÉDONIE
Echelle de 1/1.900.000
Ile Pam
Ile Balabio
Ouégoa
Balade
Cuivre
Touho
Elevage
Cobalt
Houaïlou
Ile Ouvéa (F)
Ile Lifou (F)
Iles Loyauté (F)
Canala
Nouvelle-Calédonie (F)
Nickel
Thio
Ile Maré (F)
Tissus, Outils
Houille d'Australie
Minerais, Peaux brutes
Conserves de viande
Nouméa
Canal de la Havannah
Ile des Pins (F)
GUYANE FRANÇAISE
PAR P. VIDAL-LABLACHE
Professeur à la Faculté des lettres de l'Université de Paris
Echelle de 1/1.100.000
OCÉAN ATLANTIQUE
Paramaribo
St Laurent
Mana
Iracoubo
Savanes
Sinnamary
Kourou
Iles du Salut
Cayenne
Or, Peaux brutes
Phosphates
Vins
Tissus, Salaisons
Surinam R.
Maroni F.
BONIS
Or
Mana R.
Roura
Pointe Béhague
Cap d'Orange
Région des Placers
Or
Approuague
YOUCAS
GUYANE HOLLANDAISE
Forêts
Oyapock R.
Cap Cachipour
Tapanahoni
GUYANE FRANÇAISE
ÉMERILLONS
Caoutchouc
Savanes
Plateau Central
ROUCOUYENNES
Itani R.
Chaîne d'Eureupoucigne
OYAMPIS
Or
Ile Maraca (B)
C. Nord
Région d'élevage
Caoutchouc
Cacao
Monts Tumuc-Humac
ROUCOUYENNES
Araguary R.
Bouches de l'Amazone
Savanes
Macapa
I. Caviana (B)
Parou R.
Yary R.
BRÉSIL
I. dos Porcos (B)
Ile Marajo (B)
Amazone F.
Gurupa
Xingu F.

ECOLE CURIE

ATLAS Général VIDAL-LABLACHE HISTORIQUE & GÉOGRAPHIQUE. ATLAS Classique VIDAL-LABLACHE HISTORIQUE & GÉOGRAPHIQUE.

INDOCHINE *française*

À la veille de la conquête française, l'empire d'Annam s'étend sur l'ensemble de la péninsule indochinoise. L'Indochine française est née d'une conquête qui a duré plus de trente ans : 1862 pour la Cochinchine, 1863 pour le Cambodge, 1884 pour le Tonkin et l'Annam, 1896 pour le Laos.

Vidal de La Blache, fervent partisan de la colonisation, a beaucoup insisté sur les avantages qu'offrait l'Indochine. La situation dans l'Asie des moussons, sur la route de l'Extrême-Orient (Chine et Japon) faisait partie de ces atouts. Il en est d'autres qui tiennent aux «qualités» des populations. Dans le classement des genres de vie, celui de l'Asie des moussons est caractérisé non pas comme arriéré, mais comme un «genre de vie à techniques peu progressives». Un de ses disciples précise : « La France se trouve en présence, non pas de sauvages mais de populations dont le degré de culture est assez élevé. Il faut donc préparer une élite qui puisse servir d'auxiliaire à l'administration française, créer des écoles dont l'enseignement sera orienté vers la pratique. L'Indochine est un idéal colonial: elle achète beaucoup à la métropole et lui vend peu. »

La notice de Vidal lui-même, qui date de 1899, insiste sur la possibilité qu'offre l'Indochine de contrôler la Chine du Sud. La navigation sur le Mékong et sur le fleuve Rouge permettrait de pénétrer dans le Yun Nan, et par Langson, la voie s'ouvrait jusqu'à Canton. D'ailleurs, dans la description qu'il fait des populations annamites, laotiennes et cambodgiennes, il signale qu'elles ont conquis ces territoires, venant du Tibet, de Malaisie ou d'Inde, et qu'après tout, la conquête française est tout aussi légitime.

Cette carte qui date de l'entre-deux-guerres montre clairement les avantages de la colonisation pour la métropole. L'Indochine s'étire en longueur du golfe du Tonkin au nord jusqu'à la pointe de la Cochinchine au sud sous des latitudes tropicales. Le territoire comprend, au nord, le Tonkin avec sa capitale Hanoï, l'Annam qui occupe le versant oriental de la chaîne annamite le long de la côte de la mer de Chine dont Hué est la capitale, puis, en arrière, le Laos qui occupe le versant occidental de la chaîne jusqu'au Mékong et dont la capitale est Vientiane, puis la Cochinchine (capitale Saigon) et, à l'est, le Cambodge (capitale Pnom Penh). Entre la capitale du nord, Hanoï, et la capitale du sud, Saigon, un chemin de fer métrique est en construction le long de la côte d'Annam.

Les deux grands fleuves, le fleuve Rouge, qui forme le delta du Tonkin, et le Mékong se terminent par d'immenses deltas, couverts traditionnellement de riziculture. Le Mékong naît dans le Tibet, traverse la province chinoise du Yun Nan, sert de frontière entre la Birmanie et le Laos, entre le Laos et le Siam (Thaïlande), puis pénètre dans le Cambodge et en Cochinchine avant de se jeter dans la mer de Chine. Le Mékong forme un premier delta intérieur au Cambodge ; le grand lac de Tonlé Sap sert alors de déversoir naturel au moment de la mousson. Il forme un deuxième delta en Cochinchine. Le régime de la mousson avec ses pluies abondantes pendant la saison humide (de mai à octobre) et la configuration des deltas rendent possible la rétention des eaux d'inondation grâce à un système de digues, renforcées chaque année. Cette maîtrise de l'eau accompagnée de ce qui fut appelé la civilisation du riz constitue la base des sociétés vietnamienne et cambodgienne. Grâce à un travail constant, elle permet parfois une double récolte annuelle à condition d'apporter à la terre une fumure en quantité suffisante. Le buffle est l'animal indispensable. Il sert au transport, au labour, il piétine le sol et le transforme en boue avant les semis et enfin apporte le fumier.

Les exportations de riz vers la France représentent donc une richesse indéniable qui sert de complément aux céréales cultivées en métropole. Traditionnellement aussi, on fabrique la soie selon des techniques importées de Chine, de même que la résine nommée laque. Puisqu'il s'agit d'un pays tropical chaud et humide, on peut aussi y produire les épices (cannelle, café, vanille, poivre). La pêche dans les eaux fluviales permet l'exportation de poissons séchés.

COCHINCHINE

Carte physique

Les deux cartes, de la Cochinchine et de l'Indochine du Nord, n'ont pas été dressées par Vidal mais par un spécialiste, Henri Russier, historien et auteur d'ouvrages sur l'Indochine et la colonisation française.

Entre les montagnes de la chaîne annamite et les hauteurs du Cambodge, le Mékong construit un énorme delta alimenté par les alluvions de ses nombreux bras. Ces alluvions sont reprises par les courants marins à partir des Bouches du Mékong en une côte basse, couverte de palétuviers, qui ferme le triangle du delta jusqu'à la pointe de Camau. Au moment des pluies de mousson, de mai à octobre, le delta est en grande partie inondé. Peu peuplé à l'époque, il n'offrait qu'un intérêt limité (climat insalubre, maladies tropicales). Cette insalubrité explique la localisation de la capitale, non sur le Mékong, mais sur la rivière de Saigon. Malgré les aménagements hydrauliques traditionnels, la riziculture ne permettait qu'une récolte annuelle. Dès la fin du XIXe siècle, le creusement de nouveaux canaux, bien visibles sur la carte, permet d'assurer une maîtrise des inondations par déversement dans les dépressions du delta (plaine des Joncs, plaine de Camau). Les canaux de drainage facilitent l'écoulement vers les huit bras du Mékong dont les deux principaux, le « fleuve antérieur » au nord et le « fleuve postérieur » au sud (Bassac). La mise en valeur coloniale s'accélère alors, d'autant qu'à partir de 1920 les plantations d'hévéas commencent à rapporter beaucoup d'argent à leurs propriétaires (en particulier Michelin). S'ajoutent aux produits traditionnels d'exportation (soie, pêches, nuoc-mâm, nattes de jonc) la canne à sucre, le coton, le cachou et le poivre.

L'INSALUBRITÉ DU DELTA DU MÉKONG EXPLIQUE LA LOCALISATION DE LA CAPITALE, NON SUR LE MÉKONG, MAIS SUR LA RIVIÈRE DE SAIGON.

La notice de 1899 indique que la population de Saigon, la capitale, qui deviendra ensuite la capitale de l'Indochine, ne dépasse pas 20 000 habitants, 65 000 avec Cholon. C'est une population inférieure à celle de Hanoï. La ville va prendre rapidement de l'importance pour dépasser 1 million d'habitants en 1945.

Marguerite Duras a mis en scène, dans ses romans, l'atmosphère tropicale singulière qui régnait dans les milieux de la colonisation française à Saigon.

Général VIDAL-LABLACHE HISTORIQUE & GÉOGRAPHIQUE.
ATLAS Classique VIDAL-LABLACHE HISTORIQUE & GÉOGRAPHIQUE.
Cartes murales Vidal-Lablache
COCHINCHINE
PHYSIQUE
Par M. HENRI RUSSIER
Chef du Service de l'Enseignement au Cambodge
Mékong
Phnom-penh
Tonlé Sap
Prey-veng
Banam
Soai-rieng
Takéo
FORÊTS
BAMBOUS
Nui Ba-den
Chaîne de Lap-vo
Tayninh
CAOUTCHOUC
Vaïco Oriental
Rivière de Saigon
Vaïco Occidental
Thudaumot
S. Bé
Donnaï
Chutes de Trian
S. Lagna
ANNAM
Nui Chua-chang
Nui Chau-toï
CARRIÈRES
GRANIT, PIERRE DE BIENHOA
FORÊTS
Bienhoa
CANNE A SUCRE
Saigon
Cholon
Rizeries
Distilleries
Poteries
R. de Saigon
Soirap
Nui Dinh
C. Baké
COTON RAMIE
Baria
Nui Baria
Salines
Pêcheries
C. S.t Jacques
C. Tiouan
B.e de Ganh-raï
B.e de Cangio
Gocong
Cua Tieu
Cua Daï
RIZ
Mytho
Bentré
C. Ba-laï
Soie
Ba-tri
Ham-luong
Co-chien
Cua Cung-hau
Bouches du Mékong
MER
DE CHINE
Plaine des Joncs
C.l Lagrange
C.l du Tong-doc Loc
Arroyo Commercial
Fleuve Antérieur
Fleuve Postérieur ou Bassac
Soie
Tan-chau
Chaudoc
Nui Sam
Culao Tay
Culao Gieng
Soie
les Sept Montagnes
R. Longxuyen
Longxuyen
R. Sadec
Sadec
Fruits tropicaux
Vinhlong
RIZ
Nui Ba-thê
Nui Sap
POIVRE
Baie de Cai-duong
Hon Soc
Hon Dat
Baie de Rachgia
Rachgia
Hon Tré
Poissons salés
Pêcheries
Cantho
Culao May
Travinh
COCOTIERS
ARÉQUIERS
Culao Dung
Soctrang
S. Cai-bé
S. Cai-lon
Rach Cai-trau
RIZ
Cua Dinh-an
Cua Bassac
Cua Tranh-dé
Plaine de Camau
Cire et Miel
R. Cai-tau
S. Trem
R. Canh-den
R. Quan-lo
Baclieu
R. My-thanh
Salines et Pêcheries
Nattes de Jonc
Hon Da-bac
Song Ong-doc
Rach Ganh-hao
S. Dong-cung
S. Bai-hap
Cua Lon
R. Duong-keo
Poulo Obi
LÉGENDE
Limites de la Cochinchine
Canaux
Phares
Sommet nommé et cote d'altitude en mètres
de 0 à 100 mètres
de 100 à 200 mètres
de 200 à 500 mètres
au-dessus de 500 mètres
de 0 à 10m de profond.r
plus de 10m de profond.r
Echelle 1/400.000e
Poulo Condore
Grande Condore (Con-non)
Petite Condore (Hon Baï-vung)
Hon Baï-canh
les Deux Frères
Superficies comparées de la France et de la Cochinchine
Paris
Saigon
COCHINCHINE
Lyon
Marseille
Imp. sur zinc, MONROCQ, PARIS

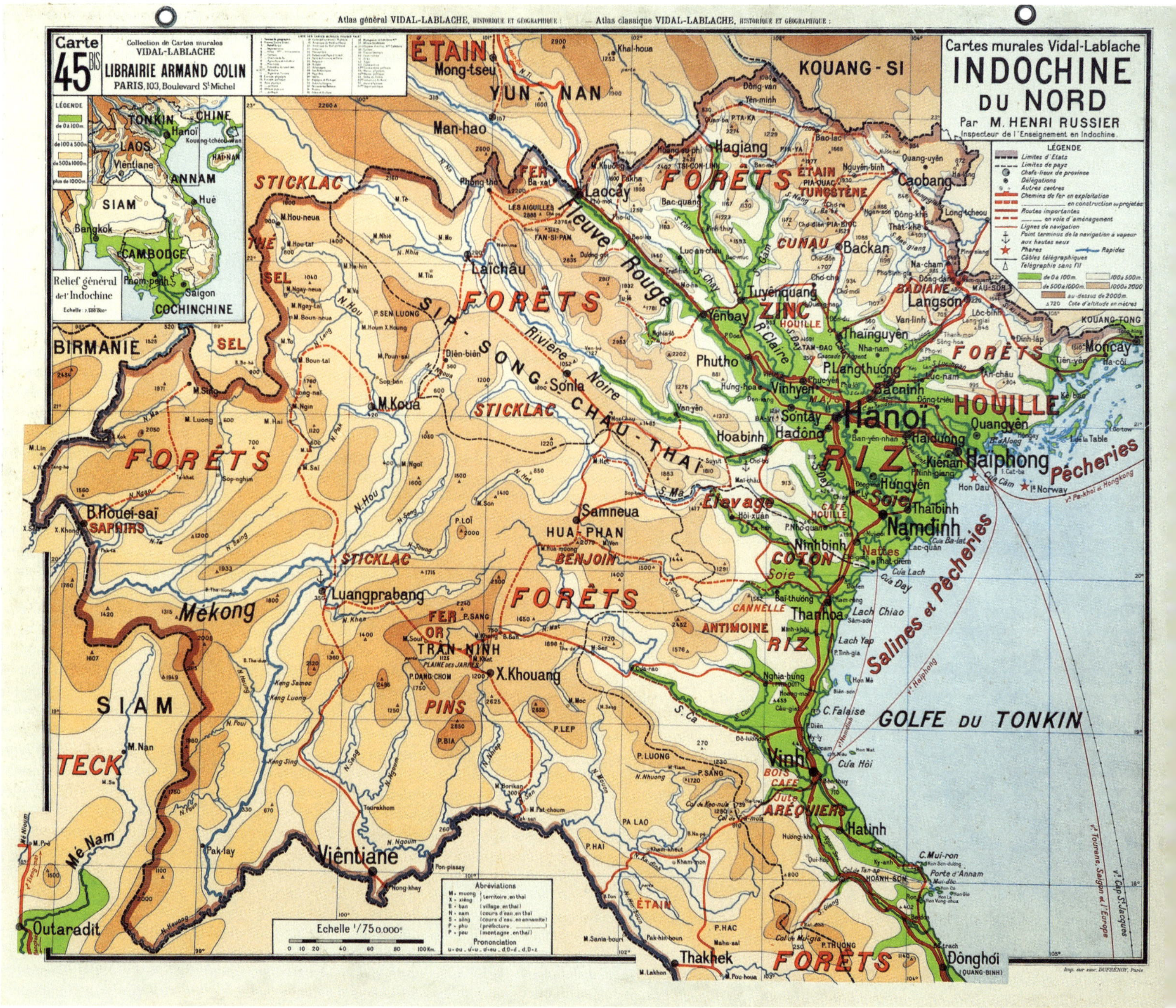
Atlas général VIDAL-LABLACHE, historique et géographique : — Atlas classique VIDAL-LABLACHE, historique et géographique :
Carte 45 BIS
Collection de Cartes murales VIDAL-LABLACHE
LIBRAIRIE ARMAND COLIN
PARIS, 103, Boulevard St Michel
Cartes murales Vidal-Lablache
INDOCHINE DU NORD
Par M. HENRI RUSSIER
Inspecteur de l'Enseignement en Indochine
LÉGENDE
Relief général de l'Indochine
TONKIN
CHINE
LAOS
ANNAM
SIAM
CAMBODGE
COCHINCHINE
Bangkok
Huê
Saigon
YUN-NAN
KOUANG-SI
KOUANG-TONG
BIRMANIE
ÉTAIN
Mong-tseu
Man-hao
Laocay
Fleuve Rouge
Hagiang
Caobang
Backan
Langson
Moncay
FORÊTS
STICKLAC
THÉ
SEL
FER
ZINC
HOUILLE
CUNAU
BADIANE
TUNGSTÈNE
Laïchau
SIP-SONG-CHÂU-THAÏ
Rivière Noire
Sonla
Diên-biên
M.Koua
Tuyênquang
Yênbay
R. Claire
Thaïnguyên
Phutho
Vinhyên
P.Langthuong
Bacninh
Sontay
Hadông
Hanoï
Hoabinh
Haiduong
Haiphong
Quangyên
Kiênan
Pêcheries
RIZ
Hungyên
Soie
Thaïbinh
Namdinh
Ninhbinh
Élevage
COTON
Nattes
Samneua
HUA-PHAN
BENJOIN
B.Houei-saï
SAPHIRS
Luangprabang
Mékong
FER
OR
TRAN-NINH
PLAINE des JARRES
X.Khouang
PINS
ANTIMOINE
CANNELLE
Thanhoa
Salines et Pêcheries
GOLFE DU TONKIN
SIAM
TECK
Vinh
BOIS
CAFÉ
Jute
ARÉQUIERS
Hatinh
Viêntiane
Mé Nam
Outaradit
Thakhek
Dônghoï
Abréviations
Echelle 1/750.000e
Prononciation

L'INDOCHINE DU NORD

Delta du tonkin

La carte comporte à la fois le cadre physique (relief et hydrographie), des notations concernant les ressources du sous-sol et les productions agricoles, les principales voies de circulation et les villes.

L'encadrement montagneux qui prolonge les chaînes du Yun-Nan et du Kouang-Si au nord, et la chaîne annamite au sud, guide le réseau hydrographique du fleuve Rouge et de ses deux affluents la rivière Noire et la rivière Claire. Le triangle du delta du Tonkin est de ce fait bien visible entre les bras de fleuve Rouge, entre Haiphong au nord et Namdinh au sud. Le delta s'avance dans le golfe du Tonkin et ses alluvions se mêlent à celles des fleuves côtiers qui descendent de la chaîne annamite en formant une plaine littorale.

Le delta est la partie vitale du Tonkin. Bien avant la conquête française, il a été aménagé en une multitude de digues, de canaux et de replats qui permettaient aux eaux de la mousson d'inonder les champs de riz au moment du repiquage. La maintenance des canaux est assurée par les nombreux paysans tonkinois dont le travail permanent garantit deux récoltes annuelles de riz, sans compter les cultures de légumes ou de fruits et les produits de la pêche. Outre l'agriculture vivrière, le Tonkin produit également du coton, de la soie, de la cannelle, du café. Les ressources minières sont abondantes : charbon, fer étain, zinc, tungstène, etc. La densité de population atteint déjà 400 h/km² en 1899. Le géographe Pierre Gourou a étudié en détail les paysans du delta du Tonkin. Il a dressé les cartes précises des digues et des parcelles en 1936. On dit même que son travail a été exploité par l'aviation américaine pendant la guerre du Vietnam pour pilonner les digues, les saper à la base et les faire céder au moment de la mousson.

Le fleuve Rouge est navigable jusqu'à Lao Cay, à la frontière chinoise, par des bateaux à faible tirant d'eau. On entreprend de construire des voies ferrées reliant Hanoï au port de Haiphong, Hanoï à Saigon via Hué, Hanoï à Langson, à la frontière chinoise et à Lao Cay qui servent au transport des marchandises et à celui de troupes. La carte montre aussi un réseau routier relativement dense avec des routes en construction ou en projet. Haiphong est le grand port de l'Indochine du Nord. Les lignes de navigation le relient à Hong Kong et à l'Europe.

Les 10 millions de Tonkinois ne sont pas tous ruraux. L'empire annamite, comme la Chine, a ses villes et sa bureaucratie mandarinale. La colonisation française s'est appuyée sur les principales cités pour gouverner ce territoire : Hanoï, Langson, Lao Cay, Namdinh et Vinh sont les plus importantes au moment de l'établissement de la carte en 1936.

PLANISPHÈRE

Empire français

Cette carte murale a deux objectifs : d'une part, la représentation de la terre avec les continents et les océans, d'autre part, la représentation et la localisation des colonies françaises. Selon les éditions, le planisphère reste à peu près le même. En revanche, les possessions coloniales ont beaucoup évolué, de l'empire colonial à la décolonisation.

Le planisphère. La projection de Mercator choisie pour le planisphère est une projection cylindrique tangente à l'équateur. Elle est dite conforme parce qu'elle respecte les angles, mais elle déforme les surfaces d'autant plus que l'on s'éloigne de l'équateur. C'est ainsi que le Groenland paraît beaucoup plus grand que l'Inde alors qu'il est en réalité beaucoup plus petit. C'est la première mise en garde de la notice qui accompagne la carte. Les deux mappemondes en cartouche respectent les surfaces mais déforment les continents.

Les cinq continents ont chacun leur teinte. Les cartouches pédagogiques de la légende indiquent les dimensions et la population des continents et établissent des comparaisons simples pour faciliter la mémorisation : l'Europe mesure 10 millions de km², quatre fois moins que l'Asie, trois fois moins que l'Afrique et deux fois moins que l'Amérique du Nord. Sa population est de 467 millions d'habitants. Les océans couvrent les trois quarts du globe. La population mondiale est de 1,9 millard d'habitants. Celle de la France est de 42 millions. Ces chiffres de population varient selon les éditions, ce qui permet de les dater approximativement. Les chiffres des années 1960 donnent 3,3 milliards et 48 millions.

Les possessions françaises. Leur dénomination varie selon la date des planisphères. Le plus ancien sous-titré « Colonies françaises » datait d'avant la Première Guerre mondiale. Celui sous-titré « L'Empire français » présenté ci-contre date des années 1930 ; « l'Union française » (page 64) est inscrite dans la Constitution de 1946. Quant à la « Communauté française » (page 65), elle est inscrite dans celle de 1958 — l'accession à l'indépendance de la plupart des colonies s'opère de 1958 à 1970. La dernière édition de 1966 enregistre la décolonisation en cours. Aujourd'hui, la France ne détient plus que des « poussières d'empire » qui, jusqu'en 2001, forment les DOM-TOM (Départements et Territoires d'Outremer) et depuis, les DROM-COM (Départements et Régions d'Outremer et Collectivités d'Outremer).

L'empire colonial souligné d'un liseré rouge regroupait en 1914 les vieilles colonies du XVIIIᵉ siècle. Dans l'Atlantique : les Antilles, la Guyane, Saint-Pierre-et-Miquelon. Dans l'océan Indien : Madagascar, la Réunion et les cinq comptoirs de l'Inde dont beaucoup se souviennent (Chandernagor, Karikal, Mahé, Pondichéry, Yanaon). L'empire colonial du XIXᵉ siècle commence avec la conquête de l'Algérie en 1830 et se poursuit essentiellement sous la Troisième République. Il comporte des territoires rattachés directement à la métropole et divisés en départements comme l'Algérie, des colonies de peuplement comme les bagnes de Guyane ou de Nouvelle-Calédonie, des colonies de conquête : l'AOF et l'AEF, Madagascar, l'Indochine, Tahiti et enfin des protectorats (Tunisie, Maroc).

Après la Première Guerre mondiale, la France récupère les possessions allemandes du Togo et du Cameroun. En 1939, l'empire colonial mesure 12 millions de km² (20 fois la France) et est peuplé de 69 millions d'habitants, comme l'indique la légende de la carte.

Sur la carte la plus récente, celle de la Communauté française, la dissolution de l'empire colonial est consommée. La guerre d'Algérie s'est achevée en 1962 par l'indépendance. La Communauté française ne comprend plus que six États devenus indépendants en 1960. Il ne reste donc à la France que des vestiges de son empire colonial, qui lui permettent cependant d'être présente sur tous les continents, sauf l'Asie, et sur tous les océans. Le domaine maritime de la France est le deuxième du monde derrière celui des États-Unis.

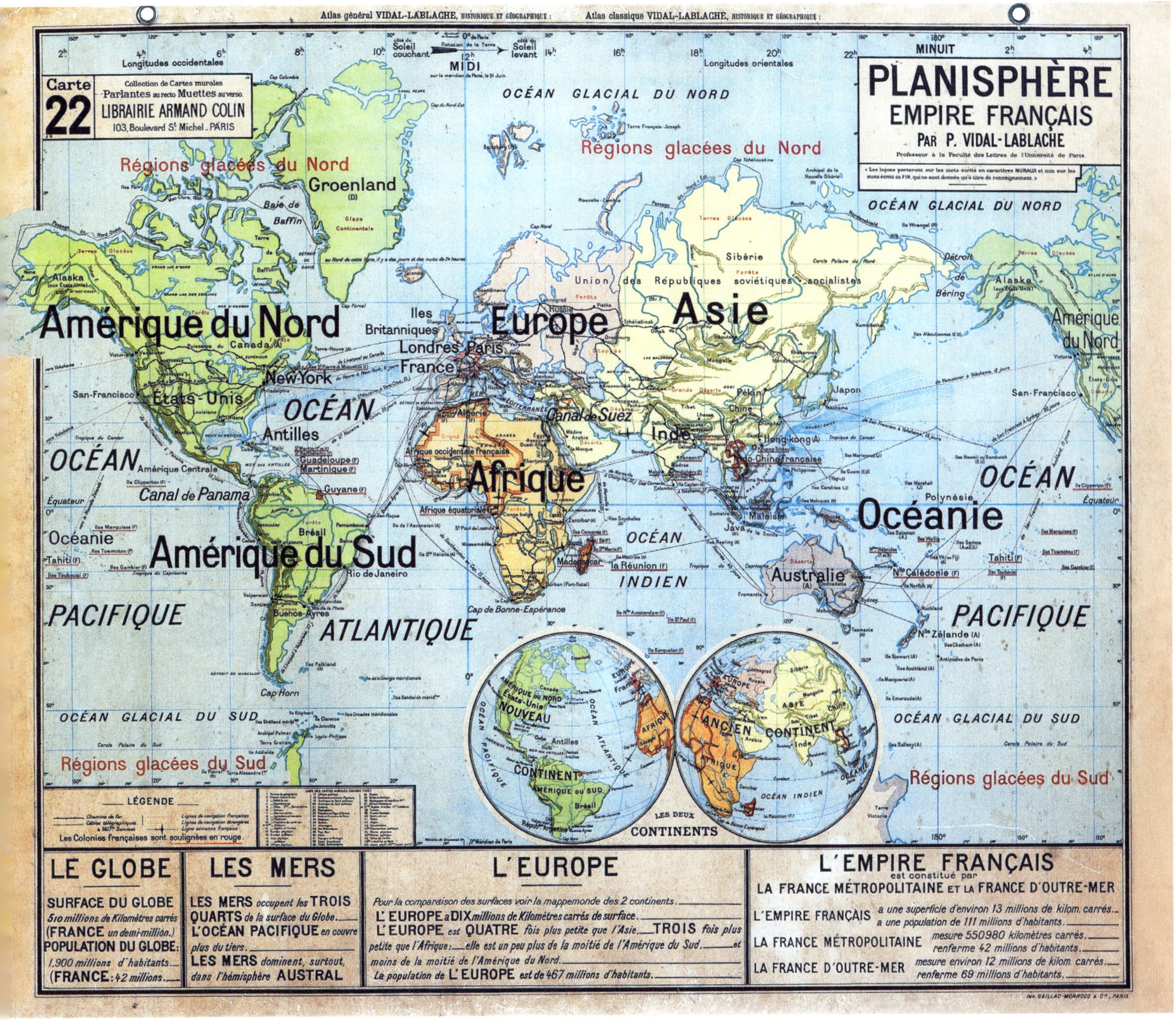
Atlas général VIDAL-LABLACHE, HISTORIQUE ET GÉOGRAPHIQUE : Atlas classique VIDAL-LABLACHE, HISTORIQUE ET GÉOGRAPHIQUE :
Carte 22
Collection de Cartes murales Parlantes au recto Muettes au verso.
LIBRAIRIE ARMAND COLIN
103, Boulevard St Michel. PARIS
PLANISPHÈRE
EMPIRE FRANÇAIS
PAR P. VIDAL-LABLACHE
Professeur à la Faculté des Lettres de l'Université de Paris.
Longitudes occidentales
Longitudes orientales
Soleil couchant
MIDI
Soleil levant
MINUIT
OCÉAN GLACIAL DU NORD
Régions glacées du Nord
Groenland
Baie de Baffin
Alaska
Amérique du Nord
Canada
New-York
San-Francisco
États-Unis
Iles Britanniques
Londres
Paris
France
Europe
Union des Républiques soviétiques socialistes
Sibérie
Asie
Détroit de Béring
OCÉAN
Antilles
Amérique Centrale
Guadeloupe
Martinique
Guyane
Canal de Panama
Équateur
Océanie
Tahiti
Amérique du Sud
Brésil
Rio de Janeiro
Buenos-Ayres
Cap Horn
PACIFIQUE
ATLANTIQUE
Algérie
Canal de Suez
Afrique occidentale française
Afrique
Afrique équatoriale
Madagascar
la Réunion
Cap de Bonne-Espérance
OCÉAN INDIEN
Inde
Chine
Pékin
Japon
Hong-kong
Indo-Chine française
Java
Océanie
Polynésie
Australie
Nle Calédonie
Nle Zélande
OCÉAN GLACIAL DU SUD
Régions glacées du Sud
LES DEUX CONTINENTS
NOUVEAU CONTINENT
ANCIEN CONTINENT
LÉGENDE
Les Colonies françaises sont soulignées en rouge.
LE GLOBE
SURFACE DU GLOBE 510 millions de Kilomètres carrés (FRANCE un demi-million.)
POPULATION DU GLOBE: 1.900 millions d'habitants (FRANCE: 42 millions.
LES MERS
LES MERS occupent les TROIS QUARTS de la surface du Globe.
L'OCÉAN PACIFIQUE en couvre plus du tiers.
LES MERS dominent, surtout, dans l'hémisphère AUSTRAL
L'EUROPE
Pour la comparaison des surfaces voir la mappemonde des 2 continents.
L'EUROPE a DIX millions de Kilomètres carrés de surface.
L'EUROPE est QUATRE fois plus petite que l'Asie, TROIS fois plus petite que l'Afrique; elle est un peu plus de la moitié de l'Amérique du Sud, et moins de la moitié de l'Amérique du Nord.
La population de L'EUROPE est de 467 millions d'habitants.
L'EMPIRE FRANÇAIS
est constitué par
LA FRANCE MÉTROPOLITAINE ET LA FRANCE D'OUTRE-MER
L'EMPIRE FRANÇAIS a une superficie d'environ 13 millions de kilom. carrés. a une population de 111 millions d'habitants.
LA FRANCE MÉTROPOLITAINE mesure 550980 kilomètres carrés. renferme 42 millions d'habitants.
LA FRANCE D'OUTRE-MER mesure environ 12 millions de kilom. carrés. renferme 69 millions d'habitants.

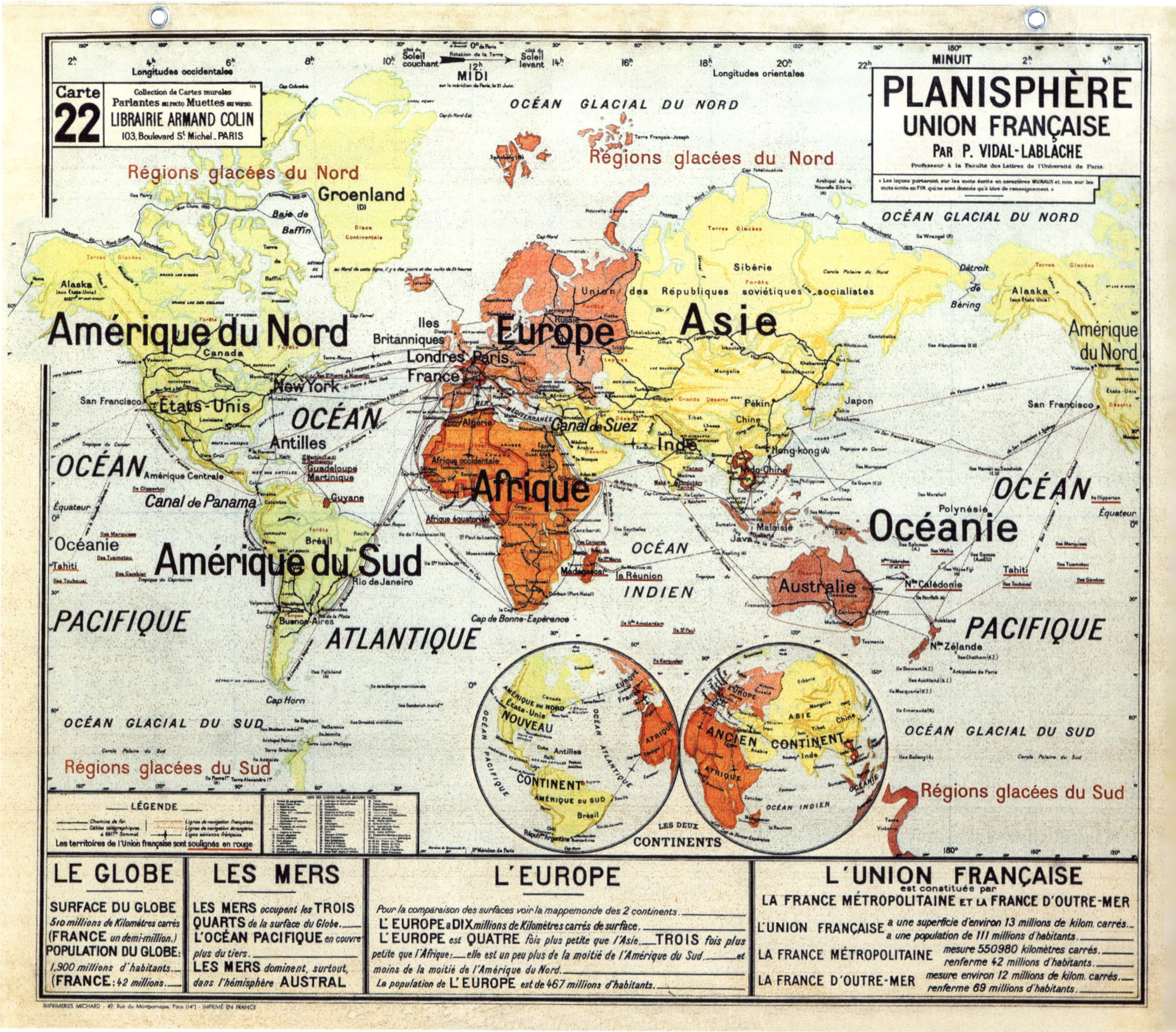

Carte 22
Collection de Cartes murales Parlantes au recto Muettes au verso.
LIBRAIRIE ARMAND COLIN
103, Boulevard St Michel - PARIS
PLANISPHÈRE
UNION FRANÇAISE
PAR P. VIDAL-LABLACHE
MIDI
MINUIT
Longitudes occidentales
Longitudes orientales
OCÉAN GLACIAL DU NORD
Régions glacées du Nord
Groenland
Baie de Baffin
Alaska
Sibérie
Union des Républiques soviétiques socialistes
Détroit de Béring
Amérique du Nord
Iles Britanniques
Londres
Paris
France
Europe
Asie
Canada
New York
San Francisco
États-Unis
OCÉAN
Antilles
Amérique Centrale
Guadeloupe
Martinique
Canal de Panama
Guyane
Afrique occidentale
Afrique
Afrique équatoriale
Canal de Suez
Inde
Pékin
Chine
Japon
Hong-kong
Indo-Chine
Malaisie
Java
Océanie
Polynésie
Australie
Nle Calédonie
Nle Zélande
Tahiti
Amérique du Sud
Brésil
Rio de Janeiro
Buenos-Aires
Cap Horn
Madagascar
la Réunion
OCÉAN INDIEN
PACIFIQUE
ATLANTIQUE
Cap de Bonne-Espérance
OCÉAN GLACIAL DU SUD
Régions glacées du Sud
NOUVEAU CONTINENT
ANCIEN CONTINENT
LES DEUX CONTINENTS
LÉGENDE
Chemins de fer
Câbles télégraphiques
Lignes de navigation françaises
Lignes de navigation étrangères
Ligne aérienne française
Les territoires de l'Union française sont soulignés en rouge
LE GLOBE
SURFACE DU GLOBE
510 millions de Kilomètres carrés
(FRANCE un demi-million.)
POPULATION DU GLOBE:
1.900 millions d'habitants.
(FRANCE: 42 millions.
LES MERS
LES MERS occupent les TROIS QUARTS de la surface du Globe.
L'OCÉAN PACIFIQUE en couvre plus du tiers.
LES MERS dominent, surtout, dans l'hémisphère AUSTRAL
L'EUROPE
Pour la comparaison des surfaces voir la mappemonde des 2 continents.
L'EUROPE a DIX millions de Kilomètres carrés de surface.
L'EUROPE est QUATRE fois plus petite que l'Asie. TROIS fois plus petite que l'Afrique; elle est un peu plus de la moitié de l'Amérique du Sud et moins de la moitié de l'Amérique du Nord.
La population de L'EUROPE est de 467 millions d'habitants.
L'UNION FRANÇAISE
est constituée par
LA FRANCE MÉTROPOLITAINE ET LA FRANCE D'OUTRE-MER
L'UNION FRANÇAISE a une superficie d'environ 13 millions de kilom. carrés. a une population de 111 millions d'habitants.
LA FRANCE MÉTROPOLITAINE mesure 550980 kilomètres carrés. renferme 42 millions d'habitants.
LA FRANCE D'OUTRE-MER mesure environ 12 millions de kilom. carrés. renferme 69 millions d'habitants.
IMPRIMERIES MICHARD - 49, Rue du Montparnasse, Paris (14e) - IMPRIMÉ EN FRANCE

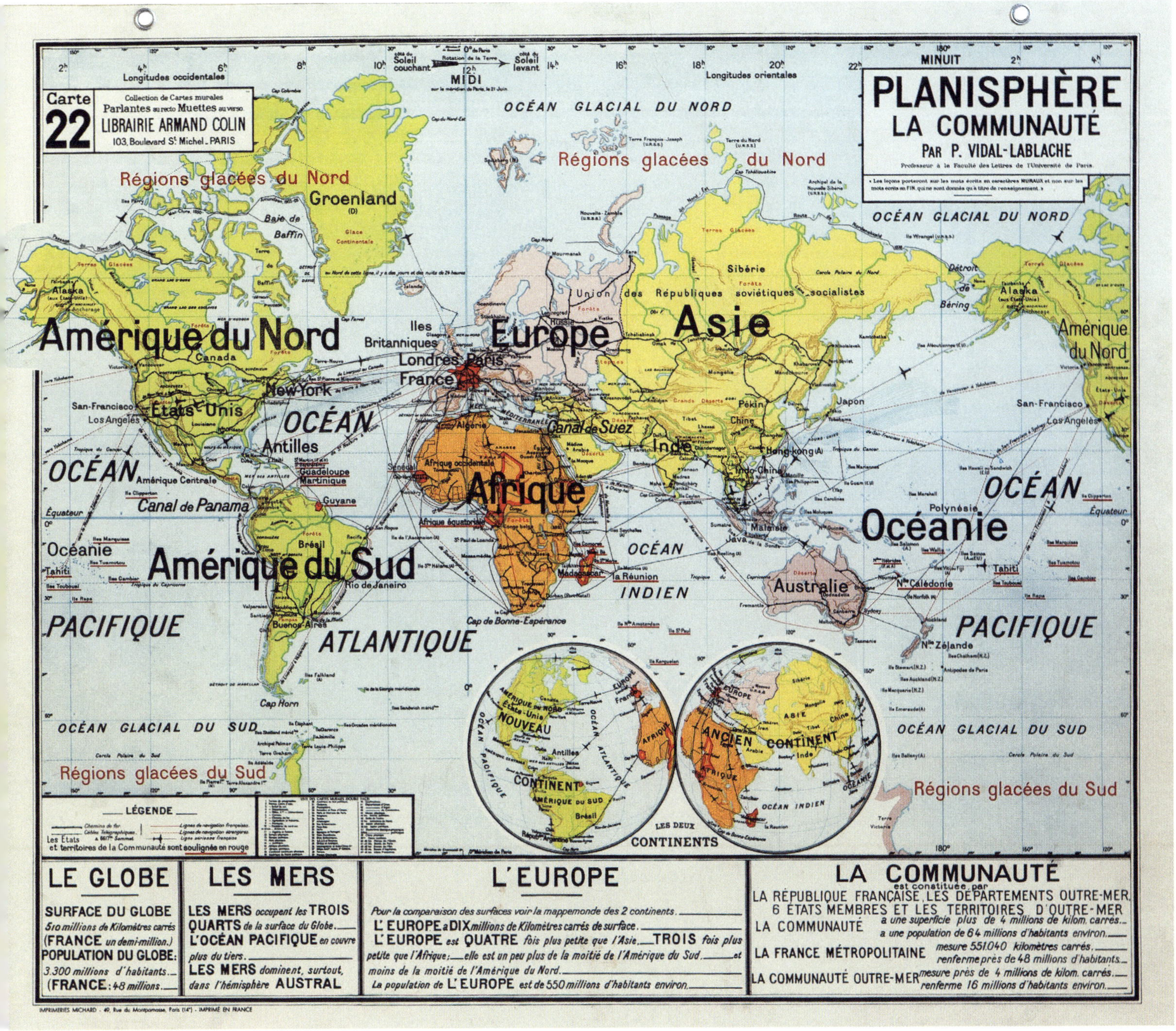
PLANISPHÈRE
LA COMMUNAUTÉ
PAR P. VIDAL-LABLACHE
Carte 22
Collection de Cartes murales
Parlantes au recto Muettes au verso
LIBRAIRIE ARMAND COLIN
103, Boulevard St Michel _ PARIS
MIDI
MINUIT
Longitudes occidentales
Longitudes orientales
OCÉAN GLACIAL DU NORD
Régions glacées du Nord
Groenland
Baie de Baffin
Amérique du Nord
Canada
New-York
États-Unis
San-Francisco
Los Angeles
Antilles
Amérique Centrale
Canal de Panama
Guyane
Amérique du Sud
Brésil
Rio de Janeiro
Buenos-Aires
Cap Horn
Iles Britanniques
Londres
Paris
France
Europe
Union des Républiques soviétiques socialistes
Sibérie
Asie
Chine
Pékin
Japon
Inde
Hong-kong
Indo-Chine
Canal de Suez
Algérie
Afrique occidentale
Afrique
Afrique équatoriale
Madagascar
la Réunion
Cap de Bonne-Espérance
Océanie
Polynésie
Australie
Nle Calédonie
Tahiti
Nle Zélande
OCÉAN
OCÉAN INDIEN
OCÉAN PACIFIQUE
OCÉAN ATLANTIQUE
Équateur
OCÉAN GLACIAL DU SUD
Régions glacées du Sud
NOUVEAU CONTINENT
ANCIEN CONTINENT
LES DEUX CONTINENTS
LÉGENDE
Les États et territoires de la Communauté sont soulignés en rouge
LE GLOBE
SURFACE DU GLOBE
510 millions de Kilomètres carrés
(FRANCE un demi-million.)
POPULATION DU GLOBE:
3.300 millions d'habitants.
(FRANCE: 48 millions.
LES MERS
LES MERS occupent les TROIS QUARTS de la surface du Globe.
L'OCÉAN PACIFIQUE en couvre plus du tiers.
LES MERS dominent, surtout, dans l'hémisphère AUSTRAL
L'EUROPE
Pour la comparaison des surfaces voir la mappemonde des 2 continents.
L'EUROPE a DIX millions de Kilomètres carrés de surface.
L'EUROPE est QUATRE fois plus petite que l'Asie. TROIS fois plus petite que l'Afrique; elle est un peu plus de la moitié de l'Amérique du Sud, et moins de la moitié de l'Amérique du Nord.
La population de L'EUROPE est de 550 millions d'habitants environ.
LA COMMUNAUTÉ
est constituée par
LA RÉPUBLIQUE FRANÇAISE, LES DÉPARTEMENTS OUTRE-MER, 6 ÉTATS MEMBRES ET LES TERRITOIRES D'OUTRE-MER
LA COMMUNAUTÉ a une superficie plus de 4 millions de kilom. carrés. a une population de 64 millions d'habitants environ.
LA FRANCE MÉTROPOLITAINE mesure 551.040 kilomètres carrés. renferme près de 48 millions d'habitants.
LA COMMUNAUTÉ OUTRE-MER mesure près de 4 millions de kilom. carrés. renferme 16 millions d'habitants environ.
IMPRIMERIES MICHARD - 49, Rue du Montparnasse, Paris (14e) - IMPRIMÉ EN FRANCE

ASIE
LAC BAÏKAL
Kamtchatka
DÉSERT DE GOBI
Pékin
Japon
Chine
Yokohama
Chang-hai
KOURO CHIWO
OCÉA
INDO-CHINE
Luçon
Iles Philippines
Manille
Iles Mariannes
Iles Marshall
Iles Carolines
MICRONÉSIE
DÉTROIT DE MALACCA
Singapour
Bornéo
Moluques
Nlle Guinée
Sumatra
Célèbes
INDONÉSIE
Djakarta
ILES DE LA SONDE
Iles Salomon (A)
Java
MÉLANÉSIE
Nlles Hébrides
Iles V
AUSTRALIE
Nouvelle
OCÉAN INDIEN
Sydney
Melbourne

DEUXIÈME PARTIE

◆

Les continents

EUROPE

Relief du sol

La notice datant de 1909 apporte une aide pédagogique à la lecture de la carte. Elle établit des comparaisons pour donner la mesure de son « étendue ». L'Europe (10 millions de km^2) représente un tiers de l'Afrique ou un quart de l'Asie, mais la France « tiendrait 18 fois dans l'Europe ». Le géocentrisme de Vidal s'affiche d'emblée car si l'Europe est petite, elle est au centre du monde ou, comme il l'affirme, « elle est située au point de convergence des continents ». Il insiste sur le fait que l'Oural n'est qu'une limite conventionnelle entre l'Asie et l'Europe, de même au sud, « l'Asie mineure semble être un pont jeté entre l'Europe et l'Asie ». On est loin de ces croyances vulgaires selon lesquelles la géographie définirait des limites indubitables.

La configuration générale de l'Europe met en valeur son appartenance au continent asiatique dont elle n'est qu'un prolongement qui s'effile vers l'ouest, découpée par des mers intérieures, en presqu'îles et en îles. Vidal de la Blache ne parle pas des isthmes entre la mer du Nord et la Méditerranée ou entre la Méditerranée et l'Atlantique comme le fera plus tard Fernand Braudel, mais souligne la faible distance (donnée en lieues) entre ces mers intérieures.

Le relief est décrit pour souligner l'unité et la variété de l'Europe orientale. La typographie accorde la même importance à la plaine russe et aux Alpes. La première occupe la moitié orientale de l'Europe. Elle se confond avec la grande plaine de l'Asie à l'est et avec la plaine allemande à l'ouest. Les élèves devaient ainsi noter que c'est la voie qu'avaient empruntée les invasions asiatiques : Huns, Magyars, Mongols… La partie occidentale de l'Europe est plus variée, alternant plaines et montagnes. Les Alpes s'élèvent au centre de l'Europe de l'Ouest et de ses systèmes montagneux (Jura, Cévennes, Bohême et jusqu'aux Carpates). Les Alpes organisent aussi le système fluvial de l'Europe avec les cours d'eau qui divergent vers l'est (Danube), vers le nord (Rhin), vers le sud (Rhône), vers l'Adriatique (Pô). La Volga, en Russie, est le plus important fleuve d'Europe.

La description des climats souligne encore l'unité du continent européen et sa diversité, puisqu'on passe du climat continental de la Russie aux climats nordiques de la Scandinavie, aux climats tempérés et océaniques de l'Europe de l'Ouest et méditerranéens de l'Europe du Sud.

La nature offre une telle variété que l'Europe « semble un terrain préparé pour servir de théâtre à une civilisation commune ». Et plus loin, la notice ajoute : « Le sol est assez productif (…) pour que l'homme ait pu tirer partout des ressources suffisantes de l'agriculture, et s'habituer ainsi à la vie sédentaire, qui est une condition essentielle de civilisation et de paix. » C'est là une parfaite illustration du déterminisme vidalien.

Atlas général VIDAL-LABLACHE, HISTORIQUE ET GÉOGRAPHIQUE :
Atlas classique VIDAL-LABLACHE, HISTORIQUE ET GÉOGRAPHIQUE :
EUROPE
RELIEF DU SOL
PAR P. VIDAL-LABLACHE
Professeur à la Faculté des Lettres de l'Université de Paris.
Océan Glacial Arctique
Cap Nord
Toundras
Iles Lofoten (N)
LAPONIE
Mer Blanche
Plateau Scandinave
Golfe de Botnie
Finlande
Lac Saïma
Lac Onega
Lac Ladoga
Dvina
Vytchegda
Kama
Viatka
Soukhona
Petchora
ASIE
Monts Ourals
Plaine Russe
Néva
Lac Ilmen
Hauteurs de Valdaï
Volga
Oka
Oural
Mer du Nord
Mer Baltique
Skagerak
Kattegat
Jutland
Lac Vener
Lac Vetter
Lac Peïpous
Dvina de l'Ouest
Plaine Allemande
Vistule
Niémen
Dniéper
Don
Rhin
Elbe
Oder
Weser
Seine
Meuse
Vosges
Forêt Noire
Danube
Bohême
Massif des Tatras
Karpates
Dniester
Jura
Alpes
Pô
Rhône
Alpes de Transilvanie
Danube
Balkans
Mer Noire
Crimée
Mer d'Azov
Steppes
Caucase
Elbrouz
Mer Caspienne
Alpes Dinariques
Mer Adriatique
Apennins
Corse
Sardaigne
Détroit de Bonifacio
Mer Tyrrhénienne
Sicile
Détroit de Messine
Mer Ionienne
M. Rhodope
Bosphore
Archipel
Plateau d'Asie-Mineure
Monts Taurus
Lac de Van
Tigre
Euphrate
ASIE
Syrie
Chypre
M. Liban
Mer Méditerranée
Crète ou Candie
Cap Matapan
Golfe de la Syrte
Mer Morte
Canal de Suez
Atlas
Algérien
Cap Bon
Mer
IQUE
Imp. sur zinc. DUFRÉNOY, Paris.

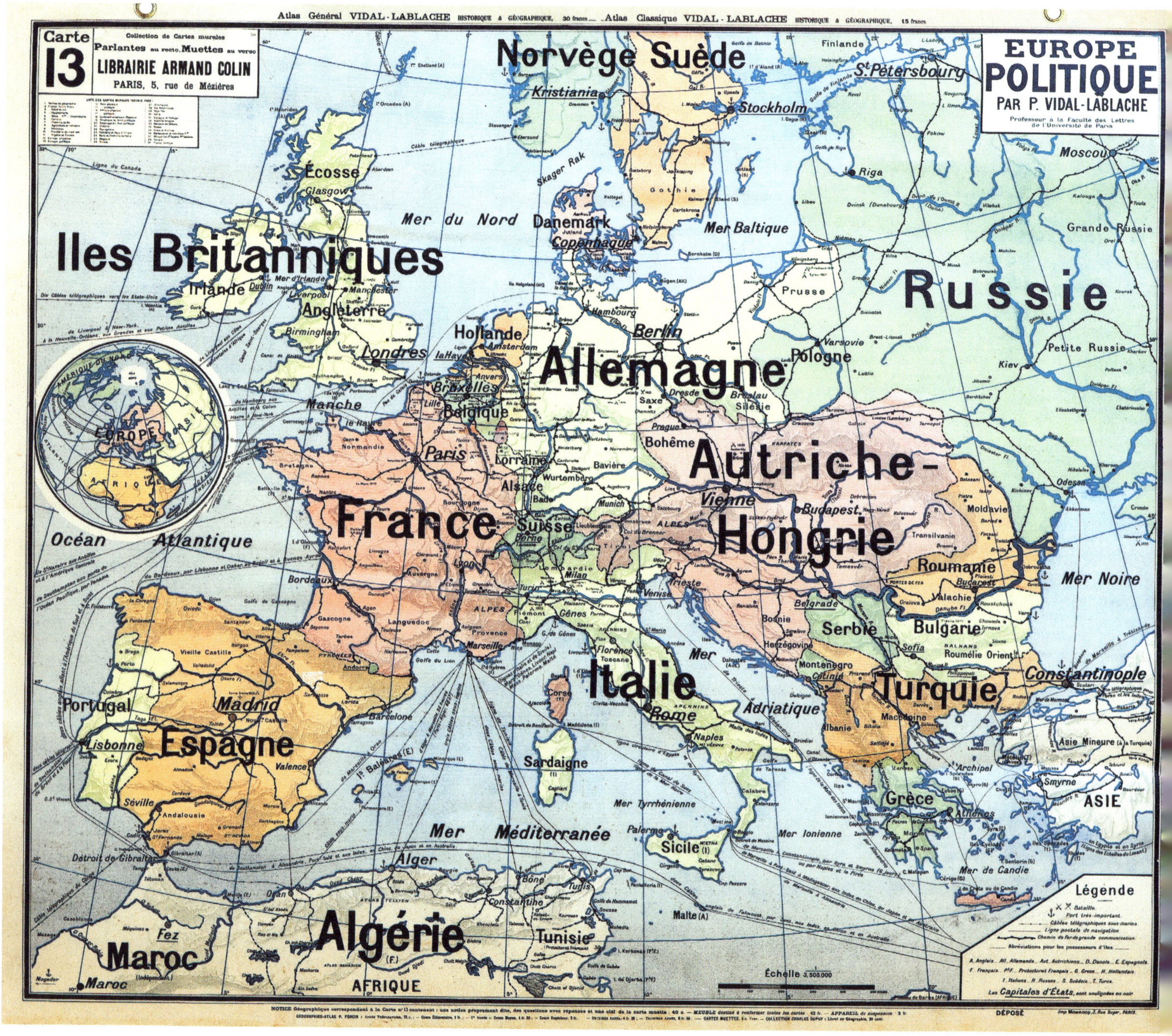
Atlas Général VIDAL-LABLACHE HISTORIQUE & GÉOGRAPHIQUE, 30 francs. Atlas Classique VIDAL-LABLACHE HISTORIQUE & GÉOGRAPHIQUE, 15 francs
Carte 13
Collection de Cartes murales Parlantes au recto, Muettes au verso
LIBRAIRIE ARMAND COLIN
PARIS, 5, rue de Mézières
EUROPE POLITIQUE
PAR P. VIDAL-LABLACHE
Professeur à la Faculté des Lettres de l'Université de Paris
Norvège Suède
Kristiania
Stockholm
Finlande
St Pétersbourg
Moscou
Riga
Mer du Nord
Danemark
Copenhague
Mer Baltique
Skager Rak
Écosse
Glasgow
Iles Britanniques
Irlande
Dublin
Liverpool
Manchester
Angleterre
Birmingham
Londres
Manche
Hollande
Amsterdam
La Haye
Bruxelles
Belgique
Lille
Anvers
Hambourg
Berlin
Prusse
Allemagne
Varsovie
Pologne
Russie
Grande Russie
Petite Russie
Kiev
Saxe
Dresde
Breslau
Silésie
Prague
Bohême
Autriche-Hongrie
Vienne
Budapest
Paris
Normandie
Bretagne
Lorraine
Alsace
Bavière
Wurtemberg
Munich
Bade
France
Suisse
Berne
Océan Atlantique
Bordeaux
Lyon
Marseille
Provence
Languedoc
Gascogne
Moldavie
Odessa
Transilvanie
Roumanie
Bucarest
Valachie
Mer Noire
Bulgarie
Sofia
Serbie
Belgrade
Bosnie
Herzégovine
Montenegro
Roumélie Orient.
Constantinople
Turquie
Macédoine
Albanie
Grèce
Athènes
Asie Mineure
Smyrne
ASIE
Turin
Milan
Gênes
Venise
Trieste
Florence
Toscane
Italie
Rome
Naples
Corse
Sardaigne
Mer Adriatique
Mer Tyrrhénienne
Sicile
Palerme
Malte
Mer Ionienne
Mer de Candie
Mer Méditerranée
Portugal
Lisbonne
Madrid
Espagne
Vieille Castille
Barcelone
Valence
Séville
Andalousie
Gibraltar
Détroit de Gibraltar
Alger
Oran
Bône
Constantine
Tunis
Tunisie
Algérie
Maroc
Fez
AFRIQUE
Échelle 1:3.500.000
Légende
Bataille
Port très important
Câbles télégraphiques sous-marins
Ligne postale de navigation
Chemin de fer de grande communication
Les Capitales d'États sont soulignées en noir
DÉPOSÉ

EUROPE

Carte politique

À chaque édition, la carte politique de l'Europe a été modifiée pour enregistrer les fluctuations étatiques et frontalières du continent, théâtre de guerres continuelles au cours des deux derniers siècles. Ces cartes ont donc avant tout un intérêt historique.

La première carte, ci-contre, donne l'état des lieux à la fin des années 1880. Comme le dit la notice (1909), il n'y a alors que deux républiques en Europe: la France et la Suisse. L'Europe centrale et orientale est partagée entre quatre empires:

• L'empire russe qui englobe la Pologne, la Finlande et les Pays baltes, est dirigé par un tsar au pouvoir absolu.

• L'Empire austro-hongrois qui occupe toute l'Europe centrale englobant la Hongrie, le territoire qui a donné naissance à la Tchécoslovaquie, les « contrées » qui deviendront la Yougoslavie, une partie de la Roumanie, une partie de l'Italie.

• Le Reich allemand, qui comprend le royaume de Prusse, englobe la partie occidentale de la Pologne, l'Alsace-Lorraine prise à la France, la partie sud du Danemark.

• L'Empire ottoman qui comprend encore la Bulgarie, la Serbie, le Monténégro, la Moldavie, la Valachie et le nord de la Grèce.

Les frontières des autres États de l'Europe (îles Britanniques, Norvège, Suède, Espagne et Italie) ne varient pas.

La carte de l'entre-deux-guerres (page 72) qui date probablement de 1921 révèle l'ampleur des modifications territoriales consécutives à la Première Guerre mondiale. Les quatre empires se sont effondrés et ont été dépecés à la suite des traités de paix:

• La Russie a connu la révolution bolchévique de 1917. Elle ne porte pas encore le nom d'URSS. Au traité de Brest-Litovsk, elle a perdu la Pologne, la Finlande, les Pays baltes, la Moldavie et la Valachie. Sa frontière avec la Pologne est celle de la ligne définie en 1919 après la guerre russo-polonaise.

• L'Empire austro-hongrois a disparu, ce qui a permis la naissance de la « Tchéco-Slovaquie », de la Hongrie, de la « Yougo-Slavie », de la Roumanie et de la Bulgarie. L'Italie s'est agrandie du Trentin et du Frioul.

• Le Reich allemand a été transformé en une république (la république de Weimar, établie en 1919). L'Allemagne a perdu l'Alsace-Lorraine, récupérée par la France, et les territoires ont été attribués à la nouvelle Pologne. La Prusse orientale est séparée de l'Allemagne par le couloir de Dantzig.

• L'Empire ottoman a perdu la quasi-totalité des territoires européens, à l'exception de l'immédiat arrière-pays de Constantinople. La Grèce s'en est trouvée agrandie de même que la Bulgarie. Le Monténégro et la Serbie font désormais partie de la Yougoslavie. En revanche, l'Albanie est devenue un État.

La troisième carte (page 73) reflète la situation des rapports de force au lendemain de la Seconde Guerre mondiale:

• La Russie porte le nom d'URSS. Elle s'est agrandie d'une partie de la Pologne, des Pays Baltes mais pas de la Finlande, perdue après la guerre. Elle récupère encore la Moldavie sur la Roumanie.

• L'Allemagne perd définitivement la Prusse orientale au profit de la Pologne qui est limitée à l'ouest par la ligne Oder-Neisse.

• Les autres modifications territoriales sont de moindre ampleur et ne sont pas visibles sur la carte.

Au total, ces trois cartes donnent une bonne image de ce qu'a été le continent avant les tentatives de construction européenne: un terrain de guerres multiples entre des États-nations qui s'affrontent pour des questions territoriales, coloniales ou idéologiques. L'Europe a connu ainsi des périodes de barbaries sans nom: génocide arménien, guerre de 1914-1918 et Shoah au cours de la dernière guerre. On est bien loin de cette terre de civilisation dont parle Vidal de La Blache.

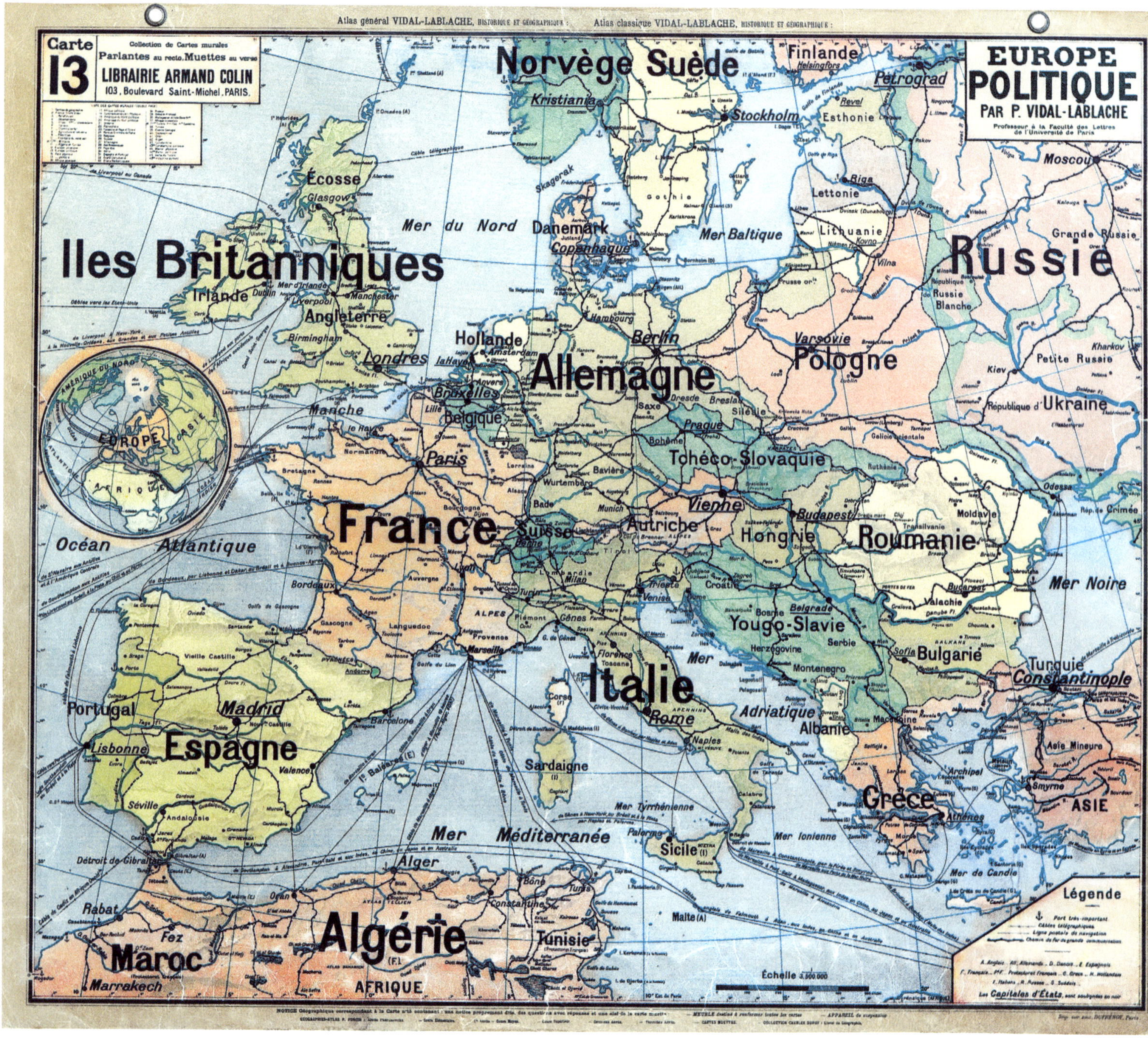
Atlas général VIDAL-LABLACHE, HISTORIQUE ET GÉOGRAPHIQUE : Atlas classique VIDAL-LABLACHE, HISTORIQUE ET GÉOGRAPHIQUE :
Carte 13
Collection de Cartes murales
Parlantes au recto. Muettes au verso
LIBRAIRIE ARMAND COLIN
103, Boulevard Saint-Michel, PARIS.
EUROPE
POLITIQUE
PAR P. VIDAL-LABLACHE
Professeur à la Faculté des Lettres de l'Université de Paris
Norvège
Suède
Finlande
Petrograd
Stockholm
Esthonie
Moscou
Lettonie
Riga
Écosse
Mer du Nord
Danemark
Copenhague
Mer Baltique
Lithuanie
Iles Britanniques
Irlande
Angleterre
Londres
Russie
Grande Russie
Hollande
Berlin
Allemagne
Varsovie
Pologne
Petite Russie
Kiev
Manche
Bruxelles
Belgique
Prague
Tchéco-Slovaquie
Ukraine
Paris
Vienne
Budapest
France
Suisse
Autriche
Hongrie
Roumanie
Océan
Atlantique
Mer Noire
Odessa
Yougo-Slavie
Bulgarie
Marseille
Italie
Rome
Turquie
Constantinople
Portugal
Madrid
Lisbonne
Espagne
Adriatique
Albanie
Sardaigne
Grèce
Athènes
Mer Tyrrhénienne
Mer
Méditerranée
Sicile
ASIE
Alger
Légende
Maroc
Fez
Rabat
Marrakech
Algérie
Tunisie
AFRIQUE
Échelle

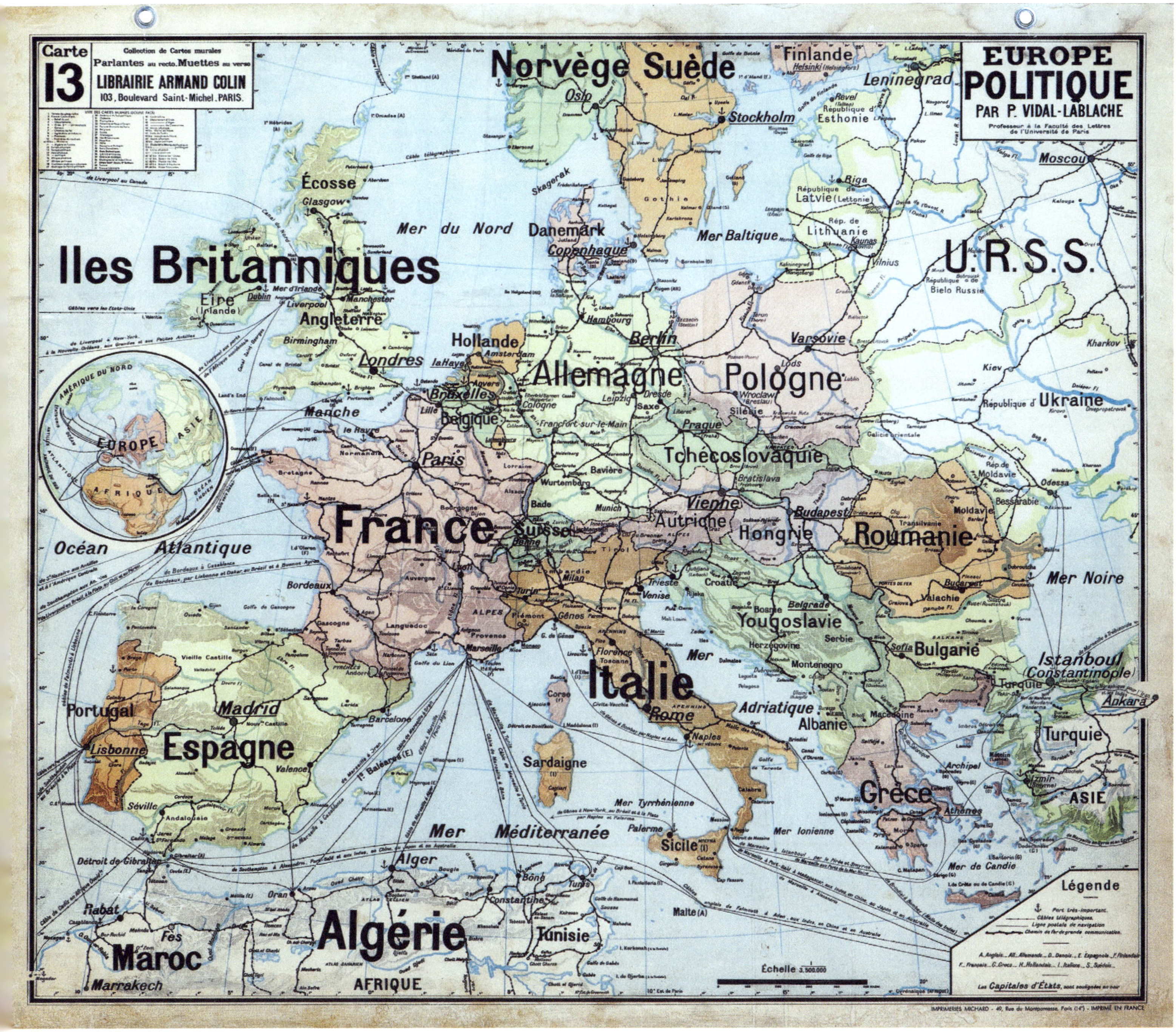
Carte 13
Collection de Cartes murales
Parlantes au recto. Muettes au verso
LIBRAIRIE ARMAND COLIN
103, Boulevard Saint-Michel. PARIS.
EUROPE POLITIQUE
PAR P. VIDAL-LABLACHE
Professeur à la Faculté des Lettres de l'Université de Paris
Norvège
Suède
Finlande
Helsinki
Leningrad
Oslo
Stockholm
Revel
République d'Esthonie
Moscou
Écosse
Glasgow
Skagerak
Mer du Nord
Danemark
Copenhague
Mer Baltique
Riga
République de Lettonie
Rép. de Lithuanie
Kaunas
Vilnius
U.R.S.S.
Iles Britanniques
Eire (Irlande)
Dublin
Liverpool
Manchester
Angleterre
Birmingham
Londres
Hollande
Amsterdam
La Haye
Hambourg
Berlin
Varsovie
Kharkov
Kiev
Allemagne
Pologne
Bruxelles
Belgique
Cologne
Leipzig
Dresde
Saxe
Wroclaw (Breslau)
Silésie
République d'Ukraine
Manche
Francfort-sur-le-Main
Prague
Tchécoslovaquie
Paris
Bavière
Munich
Wurtemberg
Bratislava
Vienne
Autriche
Budapest
Hongrie
Roumanie
Odessa
Moldavie
Bessarabie
AMÉRIQUE DU NORD
EUROPE
ASIE
AFRIQUE
France
Suisse
Berne
Océan Atlantique
Lyon
Bordeaux
Milan
Turin
Trieste
Venise
Croatie
Bucarest
Mer Noire
Valachie
Marseille
Gênes
Belgrade
Yougoslavie
Serbie
Sofia
Bulgarie
Istanboul (Constantinople)
Turquie
Ankara
Vieille Castille
Madrid
Portugal
Lisbonne
Espagne
Valence
Barcelone
Corse
Italie
Rome
Adriatique
Albanie
Naples
Sardaigne
Mer Tyrrhénienne
Grèce
Athènes
Izmir
ASIE
Séville
Andalousie
Mer Méditerranée
Palerme
Sicile
Mer Ionienne
Mer de Candie
Détroit de Gibraltar
Alger
Bône
Tunis
Constantine
Malte
Rabat
Oran
Fès
Maroc
Algérie
Tunisie
Marrakech
AFRIQUE
Échelle 1/3.500.000
Légende
IMPRIMERIES MICHARD - 49, Rue du Montparnasse, Paris (14e) - IMPRIMÉ EN FRANCE

BELGIQUE

Carte physique et agricole

La carte physique et agricole de la Belgique inaugure la série de cartes consacrées aux pays européens. La plupart comportent les deux volets: carte physique et carte politique. Ces cartes étaient destinées aux élèves du Secondaire et non à ceux de l'école primaire. Elles sont de ce fait plus détaillées que les précédentes, aussi bien dans le tracé des cours d'eau que dans les informations données. Cependant, elles comportent aussi la hiérarchie des noms en caractères muraux ou plus petits permettant de dégager les connaissances essentielles que les élèves devaient retenir.

La carte physique de la Belgique révèle le profil topographique du pays, allant du nord-ouest au sud-est, de la plaine maritime de Flandre au massif ancien des Ardennes constitué de roches schisteuses. Elle montre aussi la continuité des plats pays qui existe entre la plaine de Flandre française poldérisée (wateringues), la Flandre belge et la Zélande hollandaise. C'est une basse plaine gagnée sur la mer grâce aux polders parcourus de canaux, souvent bordée de dunes. Le réseau hydrographique qui prend naissance en France est perpendiculaire à la frontière (Yser, Lys, Scarpe, Sambre, Meuse) et converge vers l'Escaut qui s'ouvre sur la mer du Nord par un large estuaire au fond duquel se situe Anvers, ce grand port stratégique. « Celui qui tient les Bouches de l'Escaut et Anvers a un pistolet braqué sur l'Angleterre » affirmait Napoléon.

La canalisation aisée des cours d'eau et le creusement de canaux ont permis, dès le Moyen Âge, de réaliser un système interconnecté de voies fluviales qui ont fait de Gand et de Bruges, bien que situées à l'intérieur des terres, des ports maritimes.

La carte met aussi en évidence le grand bassin minier du Hainaut qui se prolonge dans le bassin minier du Nord. Outre le charbon, la carte mentionne également les forêts des Ardennes, les ressources minérales (carrières de grès et de marbre) et les minerais métalliques (fer, zinc). Quant aux productions agricoles, elles concernent surtout les cultures industrielles (betterave, chicorée, lin, tabac, houblon), les céréales dans la plaine du Brabant et les élevages, bovin, ovin et équin.

LA CARTE MET EN ÉVIDENCE LE GRAND BASSIN MINIER DU HAINAUT QUI SE PROLONGE DANS LE BASSIN MINIER DU NORD

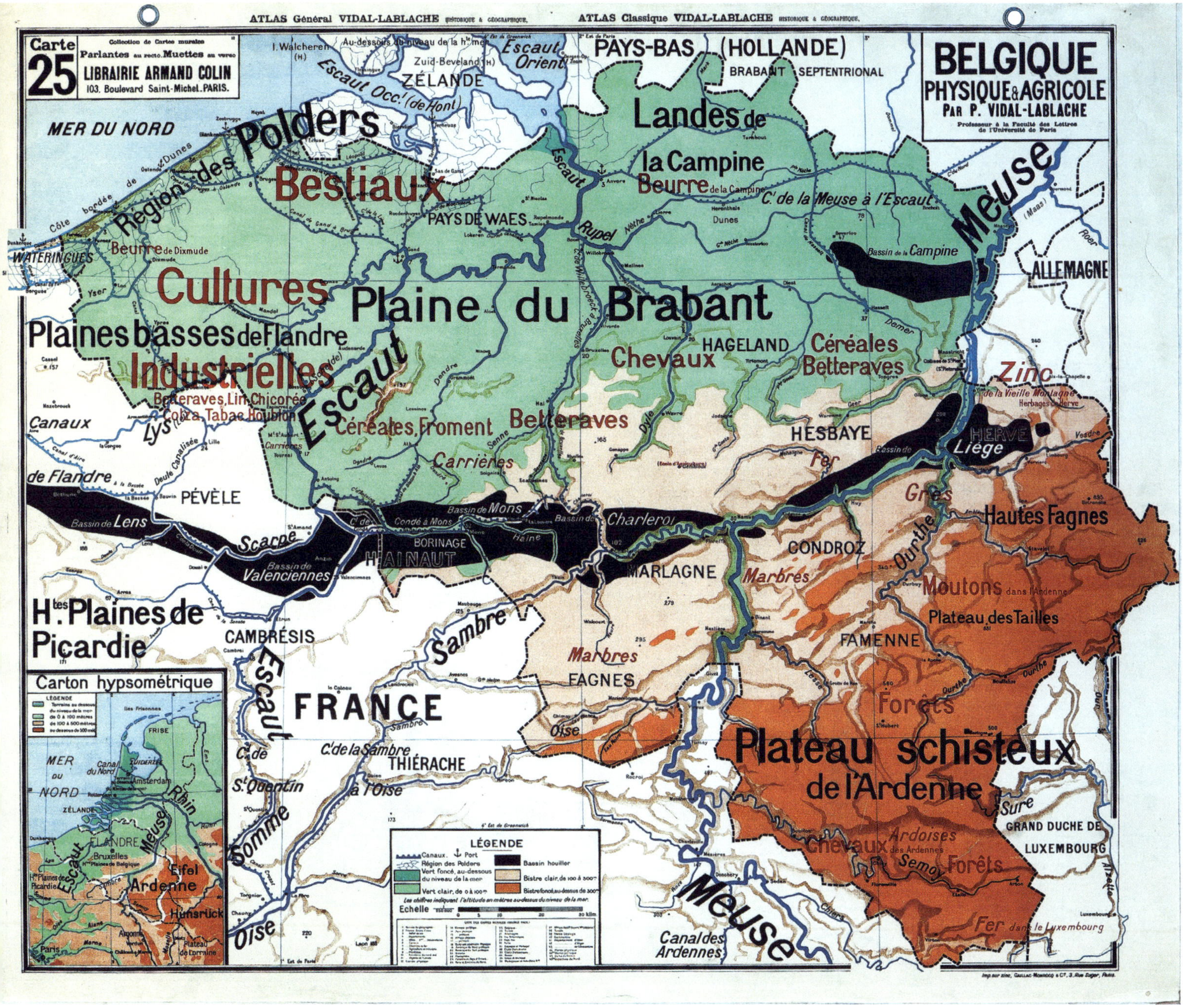

ATLAS Général VIDAL-LABLACHE
ATLAS Classique VIDAL-LABLACHE
Carte 25
LIBRAIRIE ARMAND COLIN
103, Boulevard Saint-Michel, PARIS.
BELGIQUE
PHYSIQUE & AGRICOLE
PAR P. VIDAL-LABLACHE
MER DU NORD
PAYS-BAS (HOLLANDE)
ZÉLANDE
Polders
Bestiaux
Landes de la Campine
Beurre de la Campine
Région des Polders
Cultures Industrielles
Plaines basses de Flandre
Plaine du Brabant
Escaut
Meuse
ALLEMAGNE
HAGELAND
Céréales Betteraves
Chevaux
Zinc
Céréales, Froment
Betteraves
Carrières
HESBAYE
HERVE
Liège
Fer
PÉVÈLE
Hautes Fagnes
CONDROZ
HAINAUT
BORINAGE
MARLAGNE
Marbres
Moutons dans l'Ardenne
Plateau des Tailles
Hᵗᵉˢ Plaines de Picardie
CAMBRÉSIS
FAMENNE
FAGNES
Sambre
FRANCE
Forêts
Plateau schisteux de l'Ardenne
THIÉRACHE
Somme
Oise
GRAND DUCHÉ DE LUXEMBOURG
Ardoises des Ardennes
Semoy
Fer dans le Luxembourg
Canal des Ardennes
Carton hypsométrique
LÉGENDE
Bassin houiller
Région des Polders
Vert foncé, au-dessous du niveau de la mer
Vert clair, de 0 à 100ᵐ
Bistre clair, de 100 à 500ᵐ
Bistre foncé, au-dessus de 500ᵐ

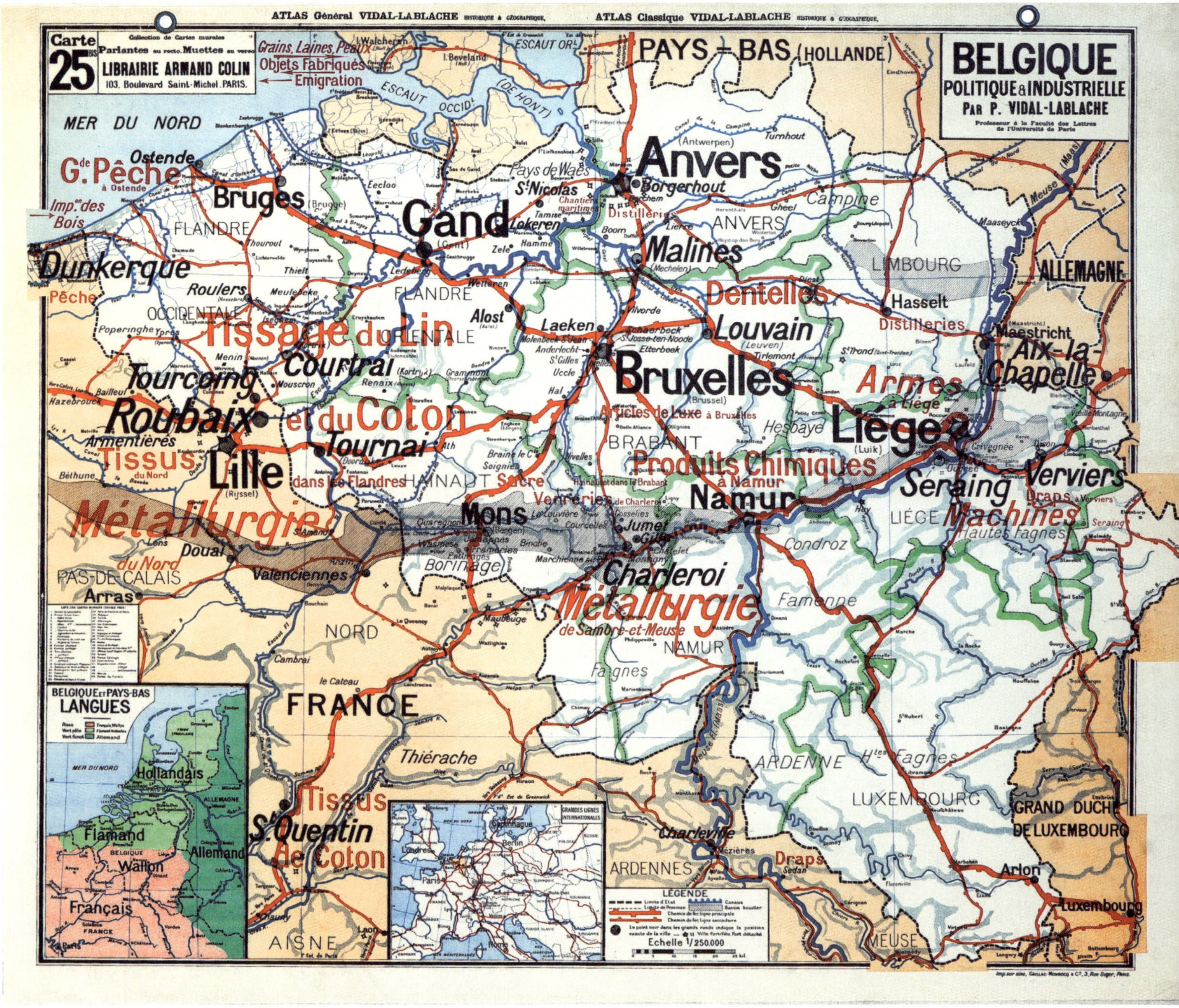
ATLAS Général VIDAL-LABLACHE
ATLAS Classique VIDAL-LABLACHE
Carte 25 bis
Collection de Cartes murales Parlantes au recto. Muettes au verso
LIBRAIRIE ARMAND COLIN
103, Boulevard Saint-Michel. PARIS.
Grains, Laines, Peaux
Objets Fabriqués
Émigration
BELGIQUE
POLITIQUE & INDUSTRIELLE
PAR P. VIDAL-LABLACHE
PAYS-BAS (HOLLANDE)
MER DU NORD
ESCAUT OCCID!
Ostende
Gde Pêche à Ostende
Impon des Bois
Bruges
Gand
Anvers
Borgerhout
Malines
Dunkerque
Pêche
FLANDRE OCCIDENTALE
FLANDRE ORIENTALE
Tissage du Lin et du Coton
Courtrai
Tourcoing
Roubaix
Lille
Armentières
Tissus du Nord
Tournai
dans les Flandres
Métallurgie du Nord
Douai
Valenciennes
Arras
PAS-DE-CALAIS
Mons
Borinage
HAINAUT
Sucre
Verreries
Charleroi
Métallurgie de Sambre-et-Meuse
Bruxelles
Laeken
Alost
Louvain
Dentelles
LIMBOURG
Hasselt
Distilleries
Maestricht
Aix-la-Chapelle
ALLEMAGNE
Articles de Luxe à Bruxelles
BRABANT
Produits Chimiques à Namur
Namur
Liége
Armes à Liége
Seraing
Verviers
Draps à Verviers
Machines
LIÉGE
Hautes Fagnes
Condroz
Famenne
NAMUR
Fagnes
NORD
FRANCE
Thiérache
Tissus de Coton
St Quentin
AISNE
ARDENNES
Charleville
Draps
ARDENNE
LUXEMBOURG
GRAND DUCHÉ DE LUXEMBOURG
Arlon
Luxembourg
MEUSE
BELGIQUE ET PAYS-BAS LANGUES
Hollandais
Flamand
Wallon
Allemand
Français
GRANDES LIGNES INTERNATIONALES
LÉGENDE
Echelle 1/250.000

BELGIQUE

Carte politique et industrielle

Cette carte est beaucoup plus chargée que la précédente. Cela témoigne du haut niveau de développement du pays qui a bénéficié, dès le Moyen Âge, du commerce de la Flandre avec la Lombardie. Ces villes de Flandre avec leur grand-place où se font face le beffroi, symbole des libertés communales, la cathédrale et le palais de justice, offrent une ambiance qui rappelle à la fois les villes italiennes (Bruges) et celles de la mer du Nord ou de la Baltique (cités de la Hanse baltique). La plupart des villes belges montrent ce trait distinctif: Bruges, Gand, Tournai, Malines, Louvain, Bruxelles, Courtrai, Anvers, forment l'ossature du réseau urbain. Elles furent des villes marchandes et industrieuses (textile, métallurgie) et le point de départ d'un capitalisme à l'origine du développement industriel du XIXᵉ siècle. Dès le Moyen Âge également, la métallurgie se spécialisa, le long de la vallée de la Meuse, dans les Ardennes, dans la dinanderie, du nom de la ville de Dinant.

L'exploitation du grand bassin houiller assura au Hainaut (francophone) une industrialisation diversifiée (bassin de Charleroi, Namur, Liège, Borinage) reposant sur les industries chimiques, la sidérurgie, la métallurgie, les armes, les machines, tandis que les industries textiles et les industries agroalimentaires mettaient à profit les productions locales (lin, dentelles, sucre, brasserie, tabac) ou la facilité d'importer des matières premières (coton, minerais métalliques) et produits tropicaux venant des colonies belges en Afrique, en particulier du Congo.

Les évolutions ultérieures furent défavorables au bassin minier comme ailleurs en Europe. La crise du textile, de la sidérurgie et des industries lourdes fut dévastatrice et c'est pourquoi la Flandre (flamingante) en profita pour prendre les rênes de l'innovation technologique, de la banque et de la finance. La localisation des instances de l'Union européenne à Bruxelles acheva de faire de la Flandre la région la plus dynamique et la plus riche. C'est l'une des causes de l'émergence de conflits linguistiques et politiques qui plongent l'unité nationale belge dans l'incertitude.

La Belgique, département français au moment des conquêtes napoléoniennes, faisait partie, du XIVᵉ siècle au XIXᵉ siècle, des Provinces-Unies qui ont appartenu à l'Espagne et à l'Empire des Habsbourg avant de devenir des États indépendants. Les Provinces du Sud, catholiques, se différenciaient des Provinces du Nord, protestantes. Mais l'unité de l'ensemble reposait sur la richesse des villes et des ports, leur architecture identique qui en ont fait des villes-musées et la culture de la liberté qui s'est traduite dans l'art et en particulier dans la peinture, du Moyen Âge au XXᵉ siècle.

PAYS-BAS

Carte physique et agricole

Comme leur nom l'indique, les Pays-Bas (Nederland) sont un plat pays. La couleur verte dominante sur la carte souligne cette spécificité. Un quart de la superficie du pays se trouve au-dessous du niveau de la mer (couleur vert foncé). Le Limbourg, une enclave au sud-est du pays, se situe sur la retombée du massif schisteux rhénan. C'est le point haut des Pays-Bas qui culmine vaillamment à 320 m d'altitude. Au nord, en Frise et en Gueldre, le soubassement de cette plaine est fait des moraines des dernières glaciations. Les sols argileux et sableux remaniés et le climat océanique sont surtout propices à l'élevage. Au sud, la plaine d'alluvions est formée par la coalescence des deltas du Rhin et de la Meuse. Les sols peuvent porter des cultures céréalières comme le signale la carte.

La lutte contre la mer fait partie intégrante de la mentalité des Néerlandais qui n'ont cessé depuis plus d'un millénaire de construire les polders, à la fois pour protéger le pays des inondations et des tempêtes et pour accroître la superficie des terres agricoles. Le dessin de la côte elle-même est le reflet de cette lutte prométhéenne; l'archipel frison est un cordon dunaire qui, du IXᵉ au XVIᵉ siècle, a été rompu lors de la montée des eaux provoquée par une transgression marine et de grandes tempêtes dévastatrices. Cette rupture a entraîné la formation du Zuiderzee qui auparavant était émergé en grande partie. Malgré la répétition des « raz de marée » dramatiques au long des siècles, la conquête des polders reste une constante de l'histoire des Pays-Bas. La carte en est le reflet. Les plus anciens polders correspondent à la teinte vert foncé qui va de la Zélande, formée d'îles enserrées par les bras de la Meuse et du Rhin, jusqu'au Zuiderzee. Le cordon dunaire protège les terres de l'arrière-pays immédiat qui ne sont pourtant pas à l'abri des grandes tempêtes comme il s'en est produit en 1953. C'est néanmoins dans cette zone que se trouvent les plus importantes villes historiques: La Haye, Amsterdam, Delft, Utrecht.

La conquête des polders a pris une plus grande ampleur au XXᵉ siècle avec deux plans monumentaux lancés après les inondations catastrophiques de 1916 et la tempête de 1953. La construction de la grande digue Afsluitdijk en 1932 a transformé le Zuiderzee en un lac d'eau douce, le lac d'Ijssel, qui se rétrécit au fur et à mesure de la mise en valeur des quatre grands polders qui représentent un gain de plus de 200 000 ha de terres agricoles. Le « plan Delta » conçu dans les années 1950 réunit les îles du delta tout en laissant des exutoires pour le passage de l'eau douce. La carte qui dessine ces futurs polders est postérieure à 1932. Les techniques hydrauliques ont changé mais les paysages restent: les digues, les écluses, les moulins à vent qui sont des pompes chargées d'évacuer l'eau vers la mer à marée basse, se retrouvent dans les œuvres des peintres, de Ruysdael à Van Gogh.

Cette tradition de lutte contre les éléments a fait des Néerlandais des hydrauliciens qui sont appelés encore aujourd'hui à apporter leur savoir-faire lors de la construction de digues, de la consolidation des rivages et lors de l'implantation en mer de fermes d'éoliennes. Le réchauffement climatique actuel risque de prolonger cette tradition pour la période à venir. Les Pays-Bas sont évidemment l'un des pays les plus menacés par une montée des eaux océaniques.

Atlas Général VIDAL-LABLACHE HISTORIQUE & GÉOGRAPHIQUE, — Atlas Classique VIDAL-LABLACHE HISTORIQUE & GÉOGRAPHIQUE.

Imp. sur zinc, GAILLAC-MONROCQ & Cie, 3, Rue Suger, PARIS.

Atlas Général VIDAL-LABLACHE HISTORIQUE & GÉOGRAPHIQUE. — Atlas Classique VIDAL-LABLACHE HISTORIQUE & GÉOGRAPHIQUE.

GAILLAC-MONROCQ & Cie, 3, Rue Suger, Paris

PAYS-BAS

Carte politique et industrielle

Les Pays-Bas, en même temps qu'ils maîtrisaient les polders, sont devenus une grande puissance maritime. La vie portuaire a ainsi toujours été intense et a profité du développement du commerce en mer du Nord et dans la Baltique. Ces ports ont fait partie de la Hanse baltique qui a associé, du XIIIe au XVIIe siècle, les villes marchandes de la Baltique, de la mer du Nord et du Rhin.

Comme la carte physique, cette carte révèle la convergence des eaux fluviales du Rhin, de la Meuse et de l'Escaut dans le delta commun en partie submergé. Cette rencontre entre la circulation fluviale et la circulation maritime éclaire la localisation des trois grands ports : Anvers en Belgique, Amsterdam et Rotterdam.

Amsterdam, située sur un ancien bras du Rhin, fut d'abord un port de pêche au hareng du Zuiderzee. Ne dit-on pas qu'Amsterdam est construite sur les caques de harengs ? La ville devint un des grands ports de la mer du Nord à laquelle elle est reliée par un canal. Au XIXe siècle, la marine à vapeur a provoqué l'essor de Rotterdam au détriment d'Amsterdam. Les installations portuaires s'étendent aujourd'hui sur 40 km, jusqu'à l'embouchure du bras du Rhin, et Rotterdam, située au débouché de l'axe rhénan, est devenue le plus grand port européen.

AUX ACTIVITÉS TRADITIONNELLES DE LA PÊCHE ET DE L'INDUSTRIE TEXTILE SE SONT AJOUTÉES LES EXPORTATIONS DE PRODUITS LAITIERS ET LES CULTURES FLORALES

Les Hollandais ont aussi participé à la découverte du Nouveau Monde – on leur doit la fondation de New York, nommée alors New Amsterdam – et à la conquête coloniale, en mettant la main sur l'Insulinde (voir le cartouche). Comme en Angleterre, en Flandre et en Italie, cette activité a donné naissance au XVIIe siècle à une bourgeoisie urbaine riche, entreprenante et cultivée tôt convertie au calvinisme ou au luthéranisme. La prospérité a engendré un important développement culturel, si bien qu'on qualifie ce siècle de « siècle d'or ».

La carte montre le découpage provincial et la localisation des principales villes. Aux activités traditionnelles de la pêche et de l'industrie textile se sont ajoutées les exportations de produits laitiers vers Londres et les cultures florales (tulipes).

ÎLES BRITANNIQUES

Carte physique et agricole

« L'Angleterre est une île » a écrit le géographe André Siegfried, exprimant ainsi que l'insularité est la marque essentielle de l'économie et de la société du pays. La carte qui date de l'entre-deux-guerres est dessinée pour rendre au mieux ce caractère insulaire.

Les deux grandes îles, la Grande-Bretagne et l'Irlande, séparées par le canal du Nord et le canal Saint-Georges, accompagnées des archipels (îles Hébrides et Orcades au nord), sont entourées par l'Atlantique à l'ouest, la mer du Nord à l'est et la Manche au sud. Ces trois espaces maritimes ont été les facteurs majeurs de la puissance du Royaume-Uni par l'ampleur des liaisons qu'ils ont permis avec l'Europe du Nord, l'Europe de l'Ouest et le Nouveau Monde.

Les populations de territoires peuplés par les Celtes puis par les Angles et les Saxons germaniques et, enfin, par les Normands venus de Scandinavie après leur passage en Normandie, ont gardé certains particularismes (Celtes d'Irlande, d'Écosse et du Pays de Galles ; Angles, Saxons et Normands dans le Bassin de Londres). Les îles Britanniques ont été un creuset multiculturel mais l'unification n'a pas été totale. L'insularité se manifeste même sur le plan religieux puisque l'anglicanisme, depuis Henry VIII, est une sorte de mélange de catholicisme et de protestantisme conférant à la couronne britannique une autonomie complète par rapport à la papauté. Les empreintes religieuses restent fortes puisque l'Écosse est demeurée catholique et que protestants et catholiques irlandais se sont opposés dans des guerres civiles jusqu'à une date récente, les aspects religieux se mêlant, il est vrai, à des causes politiques et économiques.

Les vicissitudes de la monarchie – l'Angleterre a été la première à abolir l'absolutisme royal, avec la révolution de Cromwell – et l'établissement d'une monarchie parlementaire dès le XVIIe siècle, expliquent la pérennité de ce système politique. L'insularité favoriserait ainsi le pragmatisme et l'art de faire des réformes avant toute explosion sociale. Selon Max Weber, le protestantisme serait à l'origine de l'éclosion du capitalisme aux Pays-Bas et en Angleterre dès le XVIIe siècle. De plus, l'aristocratie anglaise n'a jamais dérogé en s'engageant dans le commerce et les affaires, contrairement à la noblesse française.

Tocqueville a bien montré, d'une part, la parenté entre l'Angleterre et les États-Unis et, d'autre part, les différences avec la France en ce qui concerne les rapports de l'individu au pouvoir central, à la religion et à l'État, ainsi que la conception du libéralisme, au plan juridique comme au plan économique. Berceau du capitalisme et de la monarchie parlementaire, l'Angleterre a, par ailleurs et par voie de conséquence, été la plus grande puissance coloniale. À la différence de la France, elle s'est dégagée de son empire colonial, non sans violence mais sans guerre (indépendance de l'Inde en 1947, notamment).

L'insularité physique est encore accentuée par le dessin des côtes indentées en de multiples baies, golfes et estuaires qui ont servi d'abris naturels pour l'implantation des ports, points d'ancrage de la puissance maritime et commerciale britannique. Les orientations des vieux massifs calédoniens (Écosse et Irlande) et hercyniens (chaîne pennine, Pays de Galles et Cornouaille) sont à l'origine de ce découpage des côtes. L'étroitesse du Royaume-Uni n'a pas permis la naissance de grands fleuves (la Tamise ne mesure que 340 km) mais les fortes marées dégagent les larges estuaires de leurs alluvions. Londres, Cardiff, Glasgow, Newcastle, centres majeurs de la révolution industrielle, importaient de l'Inde et des autres colonies le coton et diverses matières premières et exportaient vers le monde entier les productions manufacturières anglaises. Les bassins miniers anglais, les Pays noirs, sont devenus les hauts lieux de la révolution industrielle du charbon, de l'acier, du textile (cotonnades) et des innovations technologiques qui l'ont accompagnée.

L'Irlande est restée longtemps à l'écart de la révolution industrielle. Elle a connu des périodes de famine au XIXe siècle (maladie de la pomme de terre) qui ont poussé une partie de la population à l'émigration vers les États-Unis. L'Irlande du Sud, catholique, a obtenu son indépendance entre 1921 et 1933. La République d'Eire ne reconnaît plus la tutelle de la couronne britannique. En revanche, l'Ulster, protestante en majorité, et plus développée, est restée dans le giron du Royaume-Uni.

Carte 28
Collection de Cartes murales
VIDAL-LABLACHE
LIBRAIRIE ARMAND COLIN
PARIS, 103, Boulevard St Michel
ILES BRITANNIQUES
CARTE PHYSIQUE ET AGRICOLE
ET LIEUX HISTORIQUES
PAR P. VIDAL-LABLACHE
Professeur à la Faculté des Lettres
de l'Université de Paris
LEGENDE
de 0 à 200 mètres
de 200 à 500 mètres
au dessus de 500 mètres
Cote d'altitude en mètres
Canaux
Bassins houillers
Echelle de 1/1.000.000
Océan
Atlantique
Cap Wrath
Détroit du Minch
Iles Orcades (A)
Cap Duncansby
Iles Hébrides (A)
Golfe de Moray
Haute Écosse
Landes, Bruyères et Tourbe (de la Haute Écosse)
Archipels côtiers
Ben Nevis
Canal Calédonien
Mts Grampians
Moutons
Avoine (de la Basse-Écosse)
Basse Écosse
Golfe de Lorn
Golfe du Forth
Mer du Nord
Pêche du hareng (en Été)
Canal du Nord
Cantyre
Golfe de la Clyde
Clyde
Tweed
Cap Malin
Mts Cheviot
Vaches
Moutons (des Cheviot)
Tyne
Lin (de l'Ulster)
Lac Neagh
Baie de Donegal
Lac Erne
Erne
Golfe de Solway
Bœufs (de Durham)
Cumberland
Vaches (du Cumberland)
Beurre (de l'Irlande centrale)
Ile de Man (A)
Chaîne Pennine
Cap Flamborough
Plaines d'Irlande
Tourbe (de l'Irlande centrale)
Baie de Morecambe
Chevaux (de l'Angleterre septentrionale)
York
Wolds
Mer d'Irlande
L. Corrib
Canal Royal
Gd Canal
Humber
Blé (du Lincolnshire)
Golfe du Wash
Bde Galway
Ile Anglesey (A)
Mersey
Shannon
Bestiaux
Chevaux
Avoine, Beurre.
(de l'Irlande méridionale)
Mts de Wicklow
Fromages (de Chester)
Mt Snowdon
Grand Tronc
Trent
Pays de Galles
Fen
Bestiaux (de la Basse Angleterre)
Blé
Orge (du Suffolk)
Cap Loop
Monts de Kerry
Golfe de Cardigan
Severn
Barrow
Bde Dingle
Blackwater
Lac de Killarney
Canal St Georges
Bœufs, Moutons (du Pays de Galles)
Bassin de Londres
Tamise
Houblon
Cap Nd Foreland
B. de Bantry
Cap Mizen
Severn (Canal de Bristol)
Pommiers (dans le Devonshire et la Cornouaille)
Moutons (des Downs)
Pas-de-Calais
Cornouaille
I. de Wight (A)
Manche
Cap Land's End
Iles Sorlingues (A)
Iles Normandes (A)
Seine
Somme
FRANCE
RELIEF GÉNÉRAL DE L'EUROPE
PLAINES DU NORD
OCÉAN ATLANTIQUE
PYRÉNÉES
ALPES
CAUCASE
MER MÉDITERRANÉE

Carte 28 BIS.
Collection de Cartes murales
VIDAL-LABLACHE
LIBRAIRIE ARMAND COLIN
PARIS, 103, Boulevard St. Michel.
ILES BRITANNIQUES
CARTE POLITIQUE ET INDUSTRIELLE
PAR P. VIDAL-LABLACHE
Professeur à la Faculté des Lettres de l'Université de Paris.
LÉGENDE
Chemins de fer
Canaux
Lignes de navigation
Villes fortifiées
Le point noir dans les ronds indique la position exacte de la ville.
Echelle de 1/1.000.000
OCÉAN ATLANTIQUE
MER DU NORD
MER D'IRLANDE
MANCHE
ECOSSE
Canal Caledonien
Inverness
Aberdeen
Dundee (Toiles et Tissus de jute)
S. Andrews
Edimbourg
(Librairie)
Leith
Glasgow
(Construction de navires)
(Cotonnades)
Greenock
Paisley
de Leith vers le Danemark et la Norvège
de Liverpool, grande ligne maritime vers le Canada
ULSTER
IRLANDE DU NORD
Londonderry
Belfast
(Tissus de lin)
CONNAUGHT
Région d'élevage
Dublin
ETAT LIBRE D'IRLANDE
(EIRE)
LEINSTER
Limerick
MUNSTER
Cork (Conserves et viandes salées)
Queenstown
I. Valentia
Câbles Télégraphiques vers l'Amérique du Nord
de Liverpool, grande ligne maritime vers New-York
de Liverpool vers l'Amérique du Sud
de Liverpool vers l'Afrique occidentale
Newcastle (Exportation de houille)
S. Shields
Gateshead
Sunderland (Construction de Navires)
Carlisle
(Métallurgie du fer)
Région
Industrielle
Barrow-in-Furness
York
Bradford
Leeds
(Lainages)
Hull (Exportation de Tissus)
de Hull vers la Hollande, l'Allemagne le Danemark, la Norvège et la Russie
Liverpool
(Importation de coton)
Preston
Blackburn
Rochdale
Bolton
Oldham
Salford
Sheffield
(Métallurgie du Fer et Acier)
Stockport
Manchester
(Cotonnades)
Macclesfield (Soieries)
Stoke
(Poteries)
Hanley
Derby
Nottingham
(Cuirs)
Lincoln
PAYS DE GALLES
Wolverhampton
Walsall
Wednesbury
Dudley
Leicester
Norwich
Birmingham
(Métallurgie de l'acier)
Northampton
Région agricole
Ipswich
ANGLETERRE
Merthyr-Tydfil
(Métallurgie du fer)
Milford
Swansea
(Métallurgie du Cuivre)
Cardiff
(Exportation de houille)
Bristol
Bath
Woolwich
(Arsenal)
Rochester
Chatham
(Ports de guerre)
LONDRES
Douvres
Folkestone
Brighton
Southampton
Portsmouth
(Port de guerre)
Mines d'étain (de Cornouaille)
Devonport
Plymouth (Port de guerre)
Calais
Boulogne
Dieppe
FRANCE
Rouen
Cotonnades
Cherbourg (Port de guerre)
le Havre
Iles Normandes
de Londres aux Indes, en Chine, au Japon
de Londres vers l'Australie et la Nlle Zélande
de Southampton aux Antilles, en Amérique centrale
de Southampton vers l'Afrique du Sud
de Southampton vers l'Amérique du Sud
PLANISPHÈRE
EMPIRE BRITANNIQUE
Canada
Inde et Pakistan
Australie
Afrique australe
Imp. Anc. Etabl. DUFRENOY, 49 Rue de Montparnasse, PARIS

ÎLES BRITANNIQUES

Carte politique et industrielle

La carte politique et industrielle qui date vraisemblablement de l'entre-deux-guerres illustre bien l'apogée de la puissance industrielle britannique.

Elle oppose la région agricole du Bassin de Londres spécialisée dans les céréales et l'élevage des bestiaux (voir carte physique) et la grande région industrielle allant de Cardiff à Newcastle où sont concentrées les industries de base (sidérurgie, métallurgie, chimie) et les industries de transformation (textile, machines, constructions mécaniques et électriques). Glasgow, Édimbourg et Dublin sont également des centres de cette première révolution industrielle. Cette industrialisation a engendré une urbanisation qui a fait apparaître les conurbations de Liverpool-Manchester, Leeds-Bradford, Newcastle et Birmingham.

La puissance maritime transparaît à travers l'intensité des liaisons internationales avec les colonies, les États-Unis et l'Europe. L'empire colonial situé sur le globe dans le cartouche, est à son apogée en 1922 avec un quart de la population mondiale, soit 440 millions d'habitants.

Il s'étend sur plus de 30 millions de km^2, du Canada à l'Australie et à la Nouvelle-Zélande, de l'Afrique noire et australe jusqu'à l'Inde, « perle de la couronne » britannique. Ainsi a-t-on pu surnommer le Royaune-Uni « le pays sur lequel le soleil ne se couche jamais ». Rebelle à toute législation unifiée, cet empire est un assemblage de possessions aux statuts divers: dominions, colonies, protectorats, mandats... Servi par la supériorité navale de l'Angleterre, il concourt à la prospérité de la nation. Le pays importe le coton brut et le jute de l'Inde, la laine d'Australie, le blé du Canada. Il exporte des produits manufacturés vers ses colonies et dans le monde entier (Europe, Amérique du Nord et du Sud, Japon). Il impose encore à l'Inde l'économie de traite typique du système colonial qui consiste en l'achat à bas prix de produits bruts (coton) et la vente contrainte de cotonnades, qui a conduit à la ruine l'artisanat cotonnier indien.

Aujourd'hui, ces cartes sont très largement obsolètes. Les Pays noirs sont entrés en crise depuis près d'un demi-siècle. La période thatchérienne a accéléré la fin de l'exploitation des mines et la crise des industries de base a fait basculer les îles Britanniques dans l'ère de la mondialisation.

SUISSE

Carte physique et agricole

Les deux cartes de la Suisse sont parmi les plus intéressantes de la collection. Elles mettent en relief les caractéristiques géographiques et historiques de ce petit pays qui a occupé une place centrale dans l'histoire politique et commerciale de l'Europe.

Le carton indique la position de la Suisse dans l'arc alpin, là où la chaîne s'incurve pour prendre une orientation ouest-est, entre la plaine du Pô et l'Europe rhénane. La carte physique met en évidence le caractère alpin et précise cette position privilégiée. En effet, à l'exception de la bordure jurassienne et de la plaine suisse entre le Jura et les Alpes, la totalité de l'espace helvétique est alpin : les massifs se succèdent de l'ouest vers l'est et du sud au nord, avec une quarantaine de sommets dépassant 4000 m : massif du mont Blanc, Cervin, mont Rose dans les Alpes pennines, Jungfrau dans les Alpes bernoises, Bernina, etc. Ces massifs qui interceptent les dépressions océaniques reçoivent de fortes précipitations (pluie et neige). La Suisse est de la sorte le grand château d'eau de l'Europe qui oriente l'écoulement dans toutes les directions. Au Saint-Gothard naissent le Rhône qui part en direction de l'ouest puis bifurque vers le sud et la Méditerranée, le Rhin qui prend une direction est/ouest avant de bifurquer vers le nord-ouest puis vers le nord à Bâle avant d'utiliser le couloir alsacien et rejoindre la mer du Nord et enfin, l'Inn, affluent du Danube qui coule vers l'est jusqu'à la mer Noire. Le Tessin et l'Adige s'orientent vers le sud et rejoignent le Pô qui se jette dans l'Adriatique.

CE RÉSEAU HYDROGRAPHIQUE RAYONNANT DANS DES DIRECTIONS STRATÉGIQUES A ÉTÉ GUIDÉ PAR DES ACCIDENTS TECTONIQUES.

Ce réseau hydrographique rayonnant dans des directions stratégiques a été guidé par des accidents tectoniques. L'empreinte glaciaire a façonné ces vallées et laissé de nombreux lacs (de Genève, de Neuchâtel, des Quatre Cantons, de Constance, de Zurich…). Loin d'être impénétrables, les Alpes sont aérées par de larges dépressions parfois rectilignes, celles du Valais (Rhône), de la plaine suisse (vallée de l'Aar), de l'Engadine (Inn), de la vallée du Rhin avec le lac de Constance. De plus, ces coupures se raccordent entre elles par des cols qui ont joué un rôle historique essentiel en facilitant la traversée des Alpes du nord au sud et de l'est à l'ouest : col de Tende, col du Mont-Cenis, col du Petit-Saint-Bernard, col du Saint-Gothard, col du Simplon, col du Brenner, col du Tarvis. Le col du Mont-Cenis et celui du Petit-Saint-Bernard ont joué un rôle commercial crucial en mettant en relation la Lombardie et le Piémont avec la Flandre, ces régions majeures de l'économie médiévale. Les foires de Champagne en étaient des étapes obligées. L'ouverture du col du Saint-Gothard au XIIIe siècle a détourné le trafic au profit de la voie rhénane, provoquant le déclin des routes et des foires de Champagne.

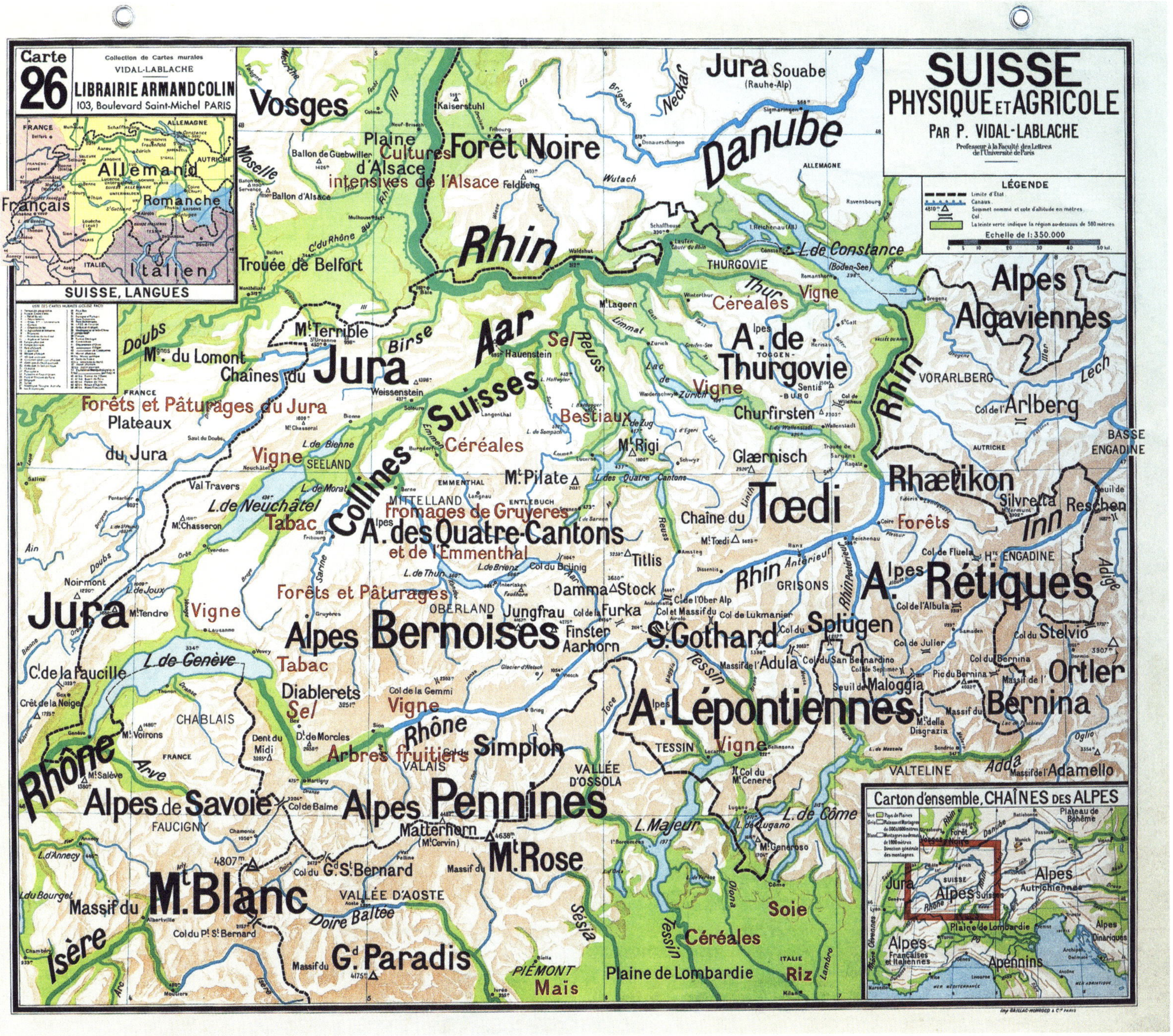
Carte 26
Collection de Cartes murales VIDAL-LABLACHE
LIBRAIRIE ARMAND COLIN
103, Boulevard Saint-Michel PARIS
SUISSE
PHYSIQUE ET AGRICOLE
PAR P. VIDAL-LABLACHE
LÉGENDE
Echelle de 1:350.000
SUISSE, LANGUES
Allemand
Français
Romanche
Italien
Vosges
Plaine d'Alsace
Cultures intensives de l'Alsace
Forêt Noire
Jura Souabe
Danube
Rhin
Trouée de Belfort
L. de Constance
THURGOVIE
Céréales
Vigne
Alpes Algaviennes
Doubs
Mt. Terrible
Mgnes du Lomont
Chaînes du Jura
Aar
Sel
Reuss
A. de Thurgovie
VORARLBERG
Col de l'Arlberg
Forêts et Pâturages du Jura
Plateaux du Jura
Suisses
Bestiaux
Churfirsten
BASSE ENGADINE
Vigne
Collines
Céréales
Mt. Rigi
Glærnisch
Mt. Pilate
Rhætikon
L. de Neuchâtel
Tabac
Fromages de Gruyeres
Tœdi
A. des Quatre-Cantons
et de l'Emmenthal
Forêts
Titlis
Jura
Forêts et Pâturages
Damma
Stock
Rhin
A. Rétiques
Vigne
Alpes Bernoises
Jungfrau
Finster Aarhorn
S. Gothard
Splugen
Stelvio
L. de Genève
Tabac
Adula
Ortler
C. de la Faucille
Diablerets
Sel
Vigne
Rhône
A. Lépontiennes
Bernina
CHABLAIS
Arbres fruitiers
Simplon
Vigne
Rhône
Alpes de Savoie
Alpes Pennines
VALTELINE
Adamello
Carton d'ensemble, CHAÎNES DES ALPES
L. Majeur
L. de Côme
Matterhorn
Mt. Rose
Mt. Blanc
Massif du
VALLÉE D'AOSTE
Doire Baltée
Soie
Isère
Gd. Paradis
Céréales
PIÉMONT
Maïs
Plaine de Lombardie
Riz

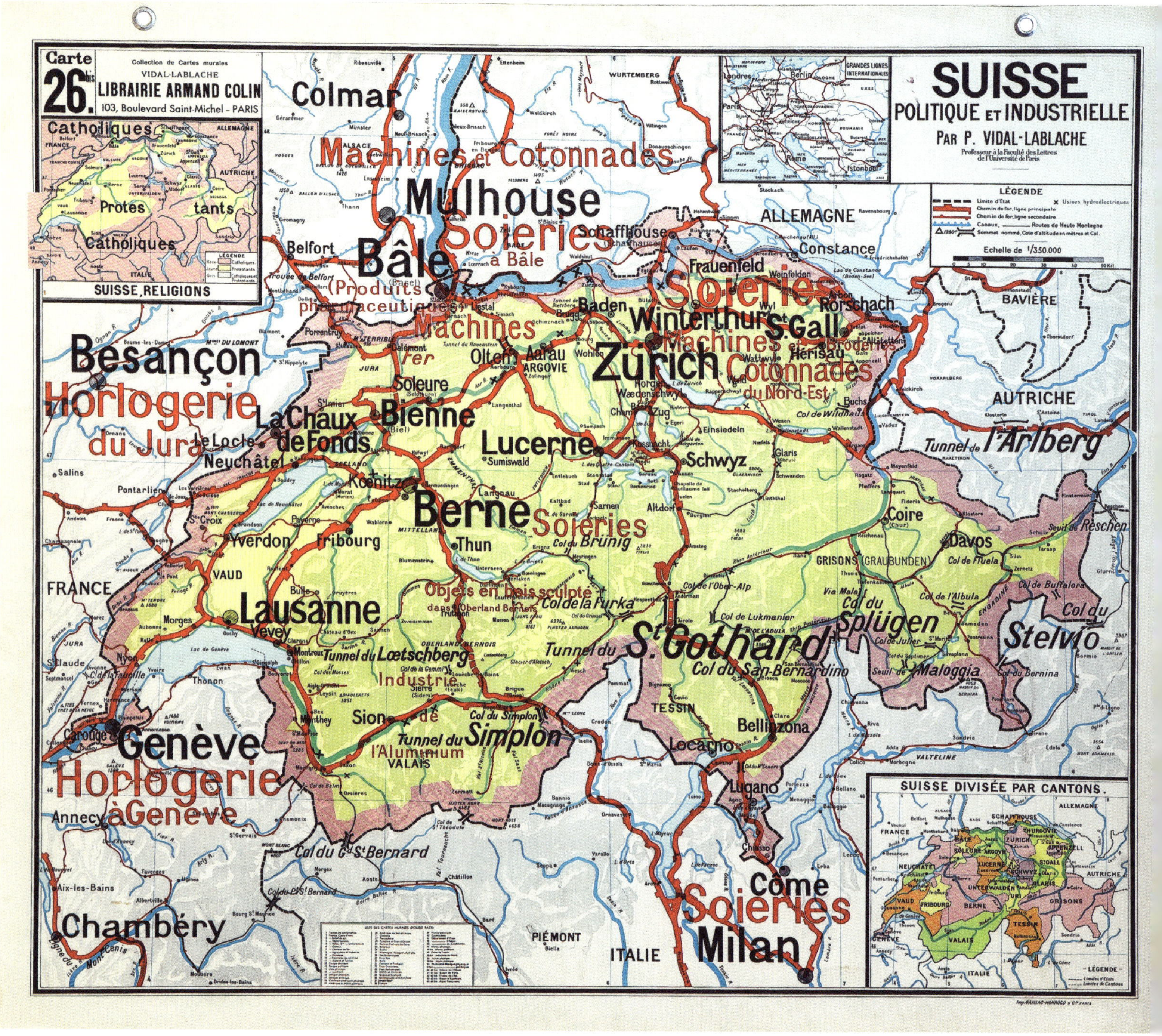
Carte 26.bis
Collection de Cartes murales
VIDAL-LABLACHE
LIBRAIRIE ARMAND COLIN
103, Boulevard Saint-Michel - PARIS
SUISSE
POLITIQUE ET INDUSTRIELLE
PAR P. VIDAL-LABLACHE
Professeur à la Faculté des Lettres de l'Université de Paris
LÉGENDE
Echelle de 1/350.000
SUISSE, RELIGIONS
Catholiques
Protes tants
Catholiques
SUISSE DIVISÉE PAR CANTONS
Colmar
Machines et Cotonnades
Mulhouse
Bâle
Soieries à Bâle
(Produits pharmaceutiques)
Machines
Schaffhouse
ALLEMAGNE
Constance
Frauenfeld
Soieries
Winterthur
S.Gall
Rorschach
Machines et Broderies
Zürich
Cotonnades du Nord-Est
Herisau
Baden
Olten
Aarau
ARGOVIE
BAVIÈRE
AUTRICHE
Tunnel de l'Arlberg
Besançon
Horlogerie du Jura
La Chaux de Fonds
Le Locle
Neuchâtel
Soleure
Bienne
Fer
Lucerne
Schwyz
Berne
Soieries
Thun
Col du Brünig
Coire
Davos
GRISONS (GRAUBUNDEN)
Col de Fluela
Seuil de Reschen
Col de l'Ober-Alp
Col de l'Albula
Col du Splügen
Col du Stelvio
Col de Lukmanier
St Gothard
Tunnel du
Col du San-Bernardino
Seuil de Maloggia
Col du Bernina
Yverdon
Fribourg
VAUD
FRANCE
Lausanne
Vevey
Objets en bois sculpté dans l'Oberland Bernois
Col de la Furka
Tunnel du Lœtschberg
Industrie de l'Aluminium
Sion
Tunnel du Simplon
Col du Simplon
VALAIS
TESSIN
Bellinzona
Locarno
Lugano
Genève
Horlogerie à Genève
Carouge
Annecy
Col du Gd St Bernard
Col du Pt St Bernard
Chambéry
Aix-les-Bains
Côme
Soieries
Milan
PIÉMONT
ITALIE

SUISSE

Carte politique et industrielle

Sur le plan politique, la Suisse a été la première république d'Europe et elle a réussi à maintenir une unité territoriale malgré les nombreuses tentatives des princes et des royaumes riverains pour la dépecer (la guerre de 1914-1918 en a été le dernier avatar, expliquant ainsi sa neutralité revendiquée). Cette unité est d'autant plus remarquable que la Suisse est divisée sur le plan linguistique comme sur le plan religieux. À cet égard, les trois cartouches montrent, d'une part, la distribution des religions catholique et protestante, d'autre part, la division entre les langues française, allemande, italienne et romanche et enfin la structure cantonale de la République helvétique. Cette réussite est, en grande partie, due à la pratique d'une démocratie directe : référendums d'initiative populaire locaux, cantonaux ou nationaux qui ont force de loi et traitent de tous les sujets (politique, environnement, fiscalité).

La richesse légendaire de la Suisse est parfois attribuée à la concentration bancaire et au paradis fiscal qu'elle a été pendant des décennies. Cela ne saurait faire oublier que la Suisse est aussi un pays agricole et industriel à forte compétitivité grâce à son niveau technologique qui ne s'est jamais démenti. Avec les Pays-Bas et le Royaume-Uni, le pays est l'un des berceaux du capitalisme.

Les deux cartes montrent bien les bases de la richesse helvétique. La carte agricole, page 87, révèle la diversité des productions traditionnelles suisses : les montagnes offrent forêts et pâturages pour l'élevage bovin en particulier. Les adrets des vallées portent la vigne et les arbres fruitiers, comme dans le Valais. Les fromages à pâte cuite (gruyère, emmenthal, appenzell…) se marient avec le vin blanc dans ce plat national qu'est la « fondue ». Le protectionnisme met les agriculteurs à l'abri de la concurrence et favorise une production de qualité qui a donné naissance à une puissante industrie agroalimentaire (Nestlé).

La carte industrielle met bien en valeur l'utilisation des vallées et des cols alpins par le chemin de fer. Ce réseau ferroviaire s'articule sur un tissu urbain dense et hiérarchisé dont les centres sont tous, dès le XIXe siècle, très fortement industrialisés, les principaux détenant une position privilégiée dans les assurances et le système bancaire. L'industrie associe l'horlogerie du Jura, la mécanique de précision, la production de machines à Zurich, les industries chimiques et pharmaceutiques à Bâle et les industries plus traditionnelles du textile (soieries).

ITALIE

Carte physique et agricole

L'échelle au 1/1 200 000 et la légende distinguant les courbes de niveaux de 300 m, 500 m et au-dessus de 500 m, font clairement apparaître les traits distinctifs de la péninsule italienne et, en particulier, son caractère montagneux. Elle se rattache à l'Europe par l'arc alpin qui fait frontière entre la France, la Suisse, l'Autriche et même l'ex-Yougoslavie en formant un amphithéâtre dominant la plaine du Pô. Les Apennins prolongent l'arc alpin vers le sud et courent jusqu'à la Calabre et à la Sicile. En constituant l'épine dorsale de la péninsule, il lui donne son orientation nord-ouest/sud-est et ses renflements, ses étirements et ses effilements lui confèrent son allure de botte. La formation récente des Apennins a été accompagnée de phénomènes volcaniques parfois catastrophiques au cours de l'histoire (destructions de Pompéi et d'Herculanum par les éruptions du Vésuve en 79 ap. J.-C.) qui se manifestent encore aujourd'hui par des coulées fréquentes sur les flancs de l'Etna, en Sicile, qui culmine à 3 274 m.

La plaine du Pô s'individualise au nord, entre l'arc alpin et les Apennins, selon une orientation est-ouest. Elle s'évase progressivement vers l'Adriatique et se termine par le delta du Pô. Les alluvions forment la côte sableuse qui dessine des lidos et des lagunes, dont celle de Venise. Le Pô est alimenté par les affluents venus des Apennins sur la rive droite et surtout par les torrents alpins, les Doires, le Tessin et l'Adige, dont les alluvions endiguent le fleuve en exhaussant son lit dans son cours aval.

La profusion de l'eau dans la plaine du Pô a nécessité son drainage. Au XIIe siècle, d'abord, des travaux d'assèchement ont accompagné l'essor des villes. La vigne implantée par les Romains a connu un premier essor (Asti) ainsi que l'élevage et le fromage parmesan. D'autres grands travaux ont été entrepris sous Cavour (ministre de l'agrticulture de 1850 à 1851) pour éradiquer la « malaria » et installer un système d'irrigation en Lombardie. Le climat continental, chaud en été, a permis la mise en valeur agricole de la plaine (rizières de Lombardie, maïs, élevage). Le climat méditerranéen de la péninsule, de la Toscane à la Sicile, oriente l'agriculture vers les cultures traditionnelles (olives, ovins, vignobles) auxquelles s'ajoutent les agrumes en Calabre, en Sardaigne et en Sicile. Le blé dur, nécessaire à la fabrication des pâtes, est mentionné en Sicile seulement. La pêche est elle aussi traditionnelle : pêche au corail sur les côtes de Calabre, pêche au thon en Sardaigne.

La carte montre clairement l'ancrage de l'Italie dans l'Europe alpine et le rôle historique des grands cols alpins qui ont permis la circulation entre l'Europe du Nord et l'Italie du Nord au Moyen Âge, à la Renaissance et qui continuent de jouer ce rôle aujourd'hui.

IMPRIMERIE MICHARD, 49, RUE DU MONTPARNASSE - PARIS 14e

Carte 30 bis
Collection de Cartes murales VIDAL-LABLACHE
LIBRAIRIE ARMAND COLIN
103, Boulevard Saint-Michel. PARIS.
ITALIE
POLITIQUE & INDUSTRIELLE
PAR P. VIDAL-LABLACHE
Professeur à la Faculté des Lettres de l'Université de Paris
ANCIENNES COLONIES ITALIENNES EN AFRIQUE
AUTRICHE
SUISSE
FRANCE
CROATIE
YOUGOSLAVIE
SERBIE
BOSNIE
DALMATIE
MONTÉNÉGRO
ALBANIE
ALGÉRIE
TUNISIE
Soieries (à Côme et à Milan)
Cotonnades
Lainages (à Biella)
Industrie automob.
Industries chimiques (à Turin)
Lainages (à Schio)
Verreries
Gaz
Pétrole
Métallurgie, Filatures
Marbre
Constructions Navales
Arsenal maritime
Acide borique, Travail du cuivre (à Livourne)
Tissus de paille (en Toscane)
Fer (de l'Ile d'Elbe)
Mercure
Soufre
Usine métallurgique (à Terni)
Aluminium
Pétrole
Port de guerre
Zinc
Plomb argentifère (en Sardaigne)
Constructions navales
Arsenal maritime
Soufre
Sel (de Sicile)
Pétrole
Milan
Turin
Gênes
Bergame
Brescia
Vérone
Padoue
Venise
Trieste
Rijeka
Zagreb
Bolzano
Trente
Udine
Ferrare
Modène
Bologne
Parme
Reggio
Alexandrie
Savone
La Spezia
Nice
Livourne
Florence
Ancône
Pérouse
Terni
Rome
Naples
Castellammare
Torre del Greco
Salerne
Foggia
Bari
Brindisi
Tarente
Cosenza
Catanzaro
Messine
Reggio
Palerme
Trapani
Catane
Syracuse
Agrigento
Cagliari
Sassari
Bastia
Ajaccio
Zadar
Sarajevo
Mostar
Pula
Bizerte
Bône
Tunis
LOMBARDIE
PIÉMONT
LIGURIE
ÉMILIE
VÉNÉTIE
ROMAGNE
TOSCANE
MARCHES
OMBRIE
LATIUM
ABRUZZES
CAMPANIE
POUILLE
BASILICATE
CALABRE
SICILE (I)
SARDAIGNE (à l'Italie)
CORSE
ISTRIE
ILLYRIE
MER ADRIATIQUE
MER TYRRHÉNIENNE
MER IONIENNE
MÉDITERRANÉE
de Gênes à New-York, au Brésil et à la Plata
de Gênes, ligne maritime pour l'Inde, et la Chine.
de Brindisi aux Indes
I. Pantelleria (à l'Italie)
ILE DE MALTE (à l'Angleterre)
LÉGENDE
Limites d'États
Limites de Divisions territor.
Chemins de fer, lignes princip.
Chemins de fer, lignes second.
Capitales d'États
Lignes de navigation
Canaux
Echelle de 1/1200000

ITALIE

Carte politique et industrielle

L'Italie est ici représentée dans ses frontières de 1945. Elle a obtenu le maintien du Trentin et du « Tyrol » du Sud et, si elle a perdu l'Istrie, elle conserve Trieste.

Comme sur les cartes des autres pays européens, la représentation des faits économiques semble anachronique. En gros caractères, apparaissent les ressources minérales (soufre, marbre, mercure, zinc, plomb) ou les activités traditionnelles (soieries, industries textiles, chapeaux de paille, verreries de Venise, constructions navales). Les industries métallurgiques sont en bonne place (Terni) mais la mention de l'automobile, pourtant bien présente à Turin, est en lettres si petites qu'elle ne pouvait pas être lue du fond de la classe. Pourtant la carte mentionne le pétrole dans la plaine du Pô, en Sicile et dans les Abruzzes.

Dans le même ordre d'idée, le chemin de fer est le seul mode de transport indiqué alors qu'au moment de l'élaboration de la carte, l'Italie bénéficiait — depuis les années 1930 — d'autoroutes importantes (autoroute des Lacs, autoroute de Milan à Gênes et de Turin à Bologne). Cette exclusivité ferroviaire met néanmoins en évidence les cols alpins comme grandes voies de passage vers l'Europe du Nord puisque la plupart ont été tôt équipés de chemin de fer (Fréjus, Simplon, Saint-Gothard, Brenner, Tarvis).

En revanche, ce que la carte met bien en valeur, c'est l'importance de la vie citadine en Italie. À cet égard, l'opposition entre l'Italie du Nord et l'Italie du Sud, le Mezzogiorno, saute aux yeux. Dans la plaine du Pô et en Toscane, le réseau des villes est très dense. La hiérarchie urbaine du Moyen Âge et de la Renaissance subsiste intégralement. Certaines sont devenues de grands centres industriels modernes: Milan, Turin, Venise, Gênes, Bologne. D'autres sont restées à l'écart de l'industrialisation et leur patrimoine artistique en a fait des villes-musées: Vérone, Padoue, Modène. C'est encore plus vrai en Toscane avec sa capitale Florence et les anciennes cités-républiques ou les centres religieux : Pise, Lucques, Sienne, Assise ou Pérouse. Dans le Mezzogiorno, les capitales, Rome, Naples, Palerme, Catane, dominent un espace presque vide, hormis quelques centres industriels, les ports et les gros bourgs ruraux comme Foggia, dans les Pouilles.

Les lignes de navigation sont encore celles de l'entre-deux-guerres. Elles relient les ports de la presqu'île et des îles (Sicile et Sardaigne) entre eux. Les lignes internationales (anglaise et italienne) relient Venise à l'Inde et Gênes à l'Amérique latine, à la Chine et à l'Inde. La Tunisie est particulièrement bien desservie à partir de Naples et de Gênes en passant par la Sardaigne et la Sicile en raison d'une forte implantation italienne à Bizerte et à Tunis.

La mise à jour de cette carte au lendemain de la Seconde Guerre mondiale est restée très partielle. Le tourisme n'apparaît pas ici alors qu'il est déjà présent sur la « Riviera » qui prolonge la Côte d'Azur ou à Capri.

ESPAGNE ET PORTUGAL

Carte physique et agricole

La notice accompagnant les cartes physique et industrielle de la péninsule Ibérique consacre beaucoup plus de pages à la description du relief qu'aux activités économiques et aux villes. C'est toujours ce préalable physique qui l'emporte dans la géographie de Vidal de La Blache.

La légende distingue trois courbes de niveau : de 0 à 200 m en vert, de 200 à 500 m en bistre et au-dessus de 500 m en blanc, ce qui fait de cette carte un cas particulier. En réalité, le blanc fait bien apparaître les deux grands plateaux de Vieille-Castille et de Nouvelle-Castille, au nord et au sud du Tage, ce fleuve qui, comme le Douro et le Guadiana, se jette dans l'Atlantique après avoir traversé le Portugal, et tout comme le Guadalquivir qui arrose la grande plaine de l'Andalousie. À l'inverse, au nord, l'Èbre coule vers la Méditerranée et construit son delta en Catalogne.

La notice qui date de 1905 insiste sur la massivité de la péninsule et sur son ossature montagneuse. En effet, si l'isthme pyrénéen du golfe de Gascogne au golfe du Lion ne mesure que 400 km, la péninsule forme un quadrilatère imposant, encadré au nord par les Pyrénées, qui se prolongent dans les monts Cantabriques ou Cantabres, et la Cordillère Bétique au sud avec la Sierra Nevada qui culmine à plus de 4000 m. D'autres sierras moins élevées orientent le réseau hydrographique atlantique et séparent les plateaux : Sierra Morena, Sierra de Guadalupe, Sierra de Guadarrama. La côte méditerranéenne est marquée par une succession de caps, de Gibraltar au cap de Creus en passant par les caps de Gata, de Palos, de la Nao, séparés par de larges plaines côtières: Malaga, huerta de Murcie, huerta de Valence, plaine de l'Èbre. La péninsule Ibérique relie ainsi l'Europe à l'Afrique par le « pont » de Gibraltar, les chaînes du Rif formant avec la Cordillère Bétique un arc de cercle que Vidal compare à celui des Carpates.

Cette répartition des montagnes et la massivité des plateaux expliquent la distribution des climats ibériques. Au nord-ouest, les montagnes atlantiques provoquent de fortes précipitations, du Pays basque au nord du Portugal. À l'est, c'est le climat méditerranéen qui domine et qui devient de plus en plus aride en allant vers le sud (Andalousie). Sur les plateaux, un climat continental très contrasté oppose un hiver froid à un été chaud et sec. Ne dit-on pas à propos de Madrid: « neuf mois d'hiver, trois mois d'enfer » ?

La notice prend un ton condescendant pour stigmatiser l'indolence des Espagnols qui exploitent mal le potentiel agricole de leur pays (hormis dans les huertas de Valence et Murcie) et importent bien plus qu'ils n'exportent. Ainsi, la carte indique surtout les vignobles connus (Porto, Jerez, Malaga, Alicante, Navarre), l'élevage du mouton et les cultures fruitières (olives, amandes, oranges, figues).

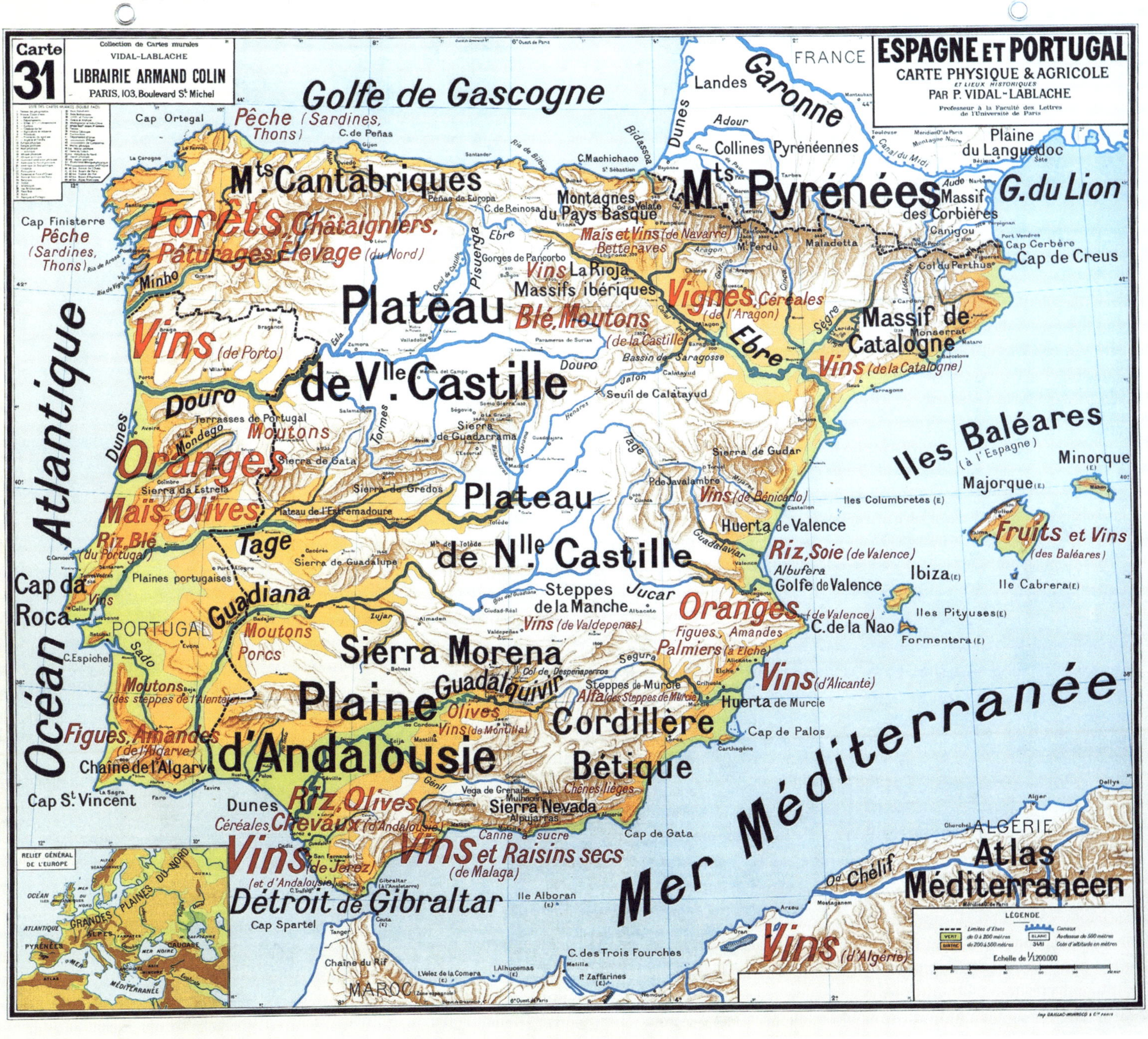
Carte 31
Collection de Cartes murales VIDAL-LABLACHE
LIBRAIRIE ARMAND COLIN
PARIS, 103, Boulevard St Michel
ESPAGNE ET PORTUGAL
CARTE PHYSIQUE & AGRICOLE
ET LIEUX HISTORIQUES
PAR P. VIDAL-LABLACHE
Professeur à la Faculté des Lettres de l'Université de Paris
Golfe de Gascogne
FRANCE
Landes
Garonne
Dunes
Adour
Collines Pyrénéennes
Bidassoa
Plaine du Languedoc
Canal du Midi
G. du Lion
Aude
Massif des Corbières
Canigou
Cap Cerbère
Cap de Creus
Col du Perthus
Cap Ortegal
Pêche (Sardines, Thons)
C. de Peñas
Mts Cantabriques
Mts Pyrénées
C. Machichaco
Montagnes du Pays Basque
C. de Reinosa
Peñas de Europa
Forêts, Châtaigniers,
Pâturages, Élevage (du Nord)
Maïs et Vins (de Navarre)
Betteraves
Aragon
Mt Perdu
Maladetta
Cap Finisterre
Pêche (Sardines, Thons)
Minho
Pisuerga
Ebre
Gorges de Pancorbo
Vins La Rioja
Massifs ibériques
Vignes, Céréales (de l'Aragon)
Sègre
Massif de Catalogne
Monserrat
Plateau
de Vlle Castille
Blé, Moutons (de la Castille)
Bassin de Saragosse
Ebre
Vins (de la Catalogne)
Océan Atlantique
Vins (de Porto)
Douro
Jalon
Seuil de Calatayud
Douro
Terrasses de Portugal
Moutons
Mondego
Dunes
Oranges
Sierra de Gata
Tormes
Sierra de Guadarrama
Tage
Sierra de Gudar
Iles Baléares (à l'Espagne)
Minorque
Majorque
Sierra da Estrela
Sierra de Gredos
Plateau
Maïs, Olives
Plateau de l'Estrémadoure
P. de Javalambre
Vins (de Bénicarlo)
Iles Columbretes
Riz, Blé (du Portugal)
Tage
Sierra de Guadalupe
de Nlle Castille
Huerta de Valence
Guadalaviar
Riz, Soie (de Valence)
Albufera
Golfe de Valence
Fruits et Vins (des Baléares)
Cap da Roca
Plaines portugaises
Vins
Guadiana
Steppes de la Manche
Jucar
Oranges (de Valence)
Ibiza
Ile Cabrera
PORTUGAL
Moutons
Zujar
Vins (de Valdepeñas)
Figues, Amandes
Palmiers (à Elche)
C. de la Nao
Iles Pityuses
Formentera
C. Espichel
Sado
Porcs
Sierra Morena
Segura
Col de Despeñaperros
Vins (d'Alicante)
Moutons (des steppes de l'Alentejo)
Plaine
Guadalquivir
Steppes de Murcie
Alfa (des Steppes de Murcie)
Huerta de Murcie
Olives
Vins (de Montilla)
Cordillère
Cap de Palos
Mer Méditerranée
Figues, Amandes (de l'Algarve)
Chaîne de l'Algarve
d'Andalousie
Bétique
Chênes-lièges
Génil
Vega de Grenade
Sierra Nevada
Alpujarras
Cap St Vincent
Dunes
Riz, Olives
Céréales, Chevaux (d'Andalousie)
Canne à sucre
Cap de Gata
ALGERIE
Atlas Méditerranéen
Vins (de Jerez)
(et d'Andalousie)
Vins et Raisins secs (de Malaga)
Od Chélif
Détroit de Gibraltar
Ile Alboran
Cap Spartel
RELIEF GÉNÉRAL DE L'EUROPE
Chaîne du Rif
C. des Trois Fourches
I. Velez de la Gomera
I. Alhucemas
Is Zaffarines
MAROC
Vins (d'Algérie)
LÉGENDE
Echelle de 1/1,200,000

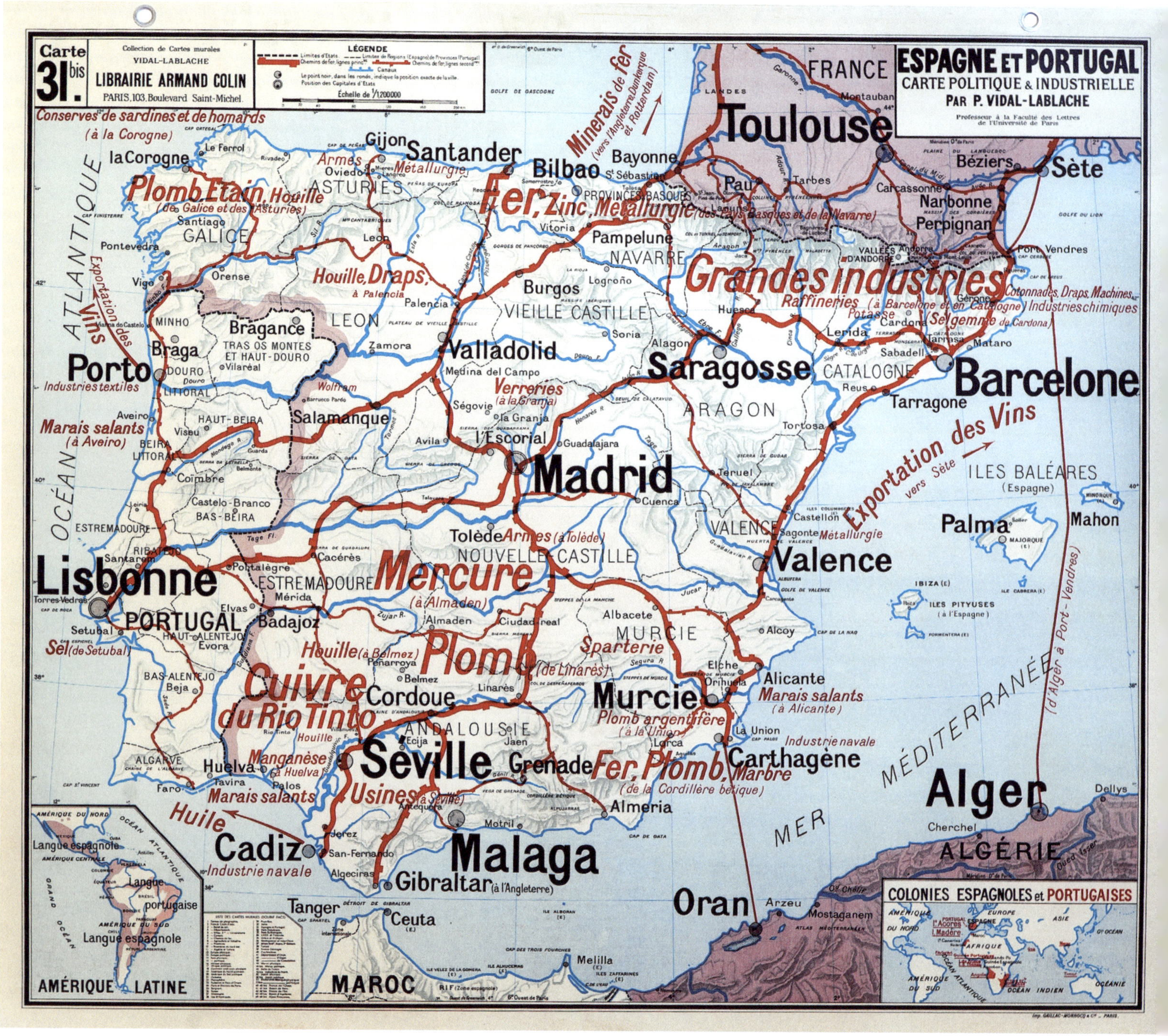

Carte 31 bis
Collection de Cartes murales VIDAL-LABLACHE
LIBRAIRIE ARMAND COLIN
PARIS, 103, Boulevard Saint-Michel.
LÉGENDE
Échelle de 1/1.200000
ESPAGNE ET PORTUGAL
CARTE POLITIQUE & INDUSTRIELLE
PAR P. VIDAL-LABLACHE
Professeur à la Faculté des Lettres de l'Université de Paris
FRANCE
Toulouse
Montauban
Bayonne
Pau
Tarbes
Carcassonne
Narbonne
Béziers
Sète
Perpignan
Port Vendres
Minerais de fer (vers l'Angleterre, Dunkerque et Rotterdam)
Conserves de sardines et de homards (à la Corogne)
Plomb, Etain, Houille (de Galice et des Asturies)
Armes, Métallurgie
Fer, Zinc, Métallurgie (des Pays Basques et de la Navarre)
Houille, Draps, à Palencia
Grandes industries
Raffineries, Potasse (à Barcelone et en Catalogne)
Sel gemme (de Cardona)
Cotonnades, Draps, Machines, Industries chimiques
la Corogne
Le Ferrol
Gijon
Oviedo
ASTURIES
Santander
Bilbao
St Sébastien
PROVINCES BASQUES
Vitoria
Pampelune
NAVARRE
Santiago
GALICE
Pontevedra
Orense
Vigo
Leon
Palencia
Burgos
Logroño
VIEILLE CASTILLE
Huesca
Lerida
Gerone
Tarrasa
Sabadell
Mataro
Cardona
LEON
Bragance
TRAS OS MONTES ET HAUT-DOURO
Vilaréal
MINHO
Braga
Zamora
Valladolid
Soria
Alagon
Saragosse
CATALOGNE
Barcelone
Reus
Tarragone
Porto
Industries textiles
DOURO LITTORAL
Medina del Campo
Verreries (à la Granja)
Ségovie
la Granja
ARAGON
Tortosa
Wolfram
Aveiro
Marais salants (à Aveiro)
HAUT-BEIRA
Viseu
Salamanque
BEIRA LITTORAL
Avila
l'Escorial
Guadalajara
Madrid
Teruel
Exportation des Vins vers Sète
ILES BALÉARES (Espagne)
Palma
Mahon
Coimbre
Castelo-Branco
BAS-BEIRA
Cuenca
Castellon
VALENCE
Sagonte
Métallurgie
ESTREMADOURE
Santarem
RIBATEJO
Tolède
Armes (à Tolède)
NOUVELLE-CASTILLE
Cacérès
Valence
Lisbonne
Portalègre
ESTREMADOURE
Mercure (à Almaden)
Mérida
Torres-Vedras
Elvas
Badajoz
PORTUGAL
Almaden
Ciudad-real
Albacete
MURCIE
Alcoy
IBIZA
ILES PITYUSES (à l'Espagne)
Setubal
Sel (de Setubal)
HAUT-ALENTEJO
Evora
Houille (à Belmez)
Peñarroya
Belmez
Plomb (de Linarès)
Sparterie
Elche
Orihuela
Alicante
Marais salants (à Alicante)
BAS-ALENTEJO
Beja
Cuivre du Rio Tinto
Cordoue
Linarès
Murcie
Plomb argentifère (à la Union)
La Union
Industrie navale
Carthagène
Lorca
ANDALOUSIE
Ecija
Jaen
Houille
Manganèse (à Huelva)
ALGARVE
Huelva
Faro
Tavira
Palos
Marais salants
Séville
Usines (à Séville)
Grenade
Fer, Plomb, Marbre (de la Cordillère bétique)
Almeria
Antequera
MER MÉDITERRANÉE
(d'Alger à Port-Vendres)
Alger
Dellys
Cherchel
ALGÉRIE
Huile
Cadiz
Industrie navale
Jerez
San-Fernando
Algeciras
Gibraltar (à l'Angleterre)
Malaga
Motril
Oran
Arzeu
Mostaganem
Tanger
Ceuta
Melilla
MAROC
OCÉAN ATLANTIQUE
Exportation des Vins
AMÉRIQUE LATINE
Langue espagnole
Langue portugaise
COLONIES ESPAGNOLES et PORTUGAISES

ESPAGNE ET PORTUGAL

Carte politique et industrielle

La carte industrielle (qui date probablement de 1921) recense surtout les ressources naturelles et l'exploitation minière : le fer et le zinc de l'arrière-pays de Bilbao, exportés vers le Royaume-Uni, le plomb et l'étain des Asturies. À ces deux grandes régions industrielles de l'Espagne de l'entre-deux-guerres (métallurgie) s'ajoute celle de Barcelone, capitale économique du royaume (textile, chimie, métallurgie). Plus au sud, on ne voit plus que les productions minières (cuivre de Rio Tinto, mercure et plomb de Castille) et les industries traditionnelles, telles que les armes de Tolède. Les ressources maritimes sont limitées aux marais salants (Alicante et Portugal) et à la pêche à La Corogne en Galice.

Le système de communication se résume ici comme ailleurs aux lignes ferroviaires et aux lignes de navigation. La communication avec la France s'effectue aux deux extrémités de la chaîne pyrénéenne par deux grandes lignes qui se dédoublent pour desservir les villes de la côte méditerranéenne (Barcelone, Valence, Murcie), la capitale Madrid et l'Andalousie (Séville, Malaga, Gibraltar, Cordoue, Cadix) et le Portugal (Lisbonne) via Madrid et Valladolid.

Le commerce extérieur maritime est lui aussi restreint : minerai de fer exporté vers le Royaume-Uni par Bilbao, vin de Porto exporté également vers le Royaume-Uni et vins exportés de Valence vers Sète, en concurrence avec le vin d'Algérie. La seule ligne de navigation indiquée relie Carthagène à Oran où réside une forte population espagnole. Aucune liaison avec le Maroc n'est mentionnée alors que le Rif est encore une colonie espagnole.

Les deux cartouches représentant d'une part, la répartition des langues espagnole et portugaise en Amérique et d'autre part, les colonies espagnoles et portugaises dans le monde, reflètent le déclin de ces deux pays. L'Espagne, qui a perdu toutes ses colonies américaines depuis la première moitié du XIXe siècle, conserve néanmoins une influence linguistique considérable en Amérique latine. Seul le Brésil, ancienne colonie portugaise, est encore lusophone. On retrouve le partage du Nouveau Monde du traité de Tordesillas de 1494 entre Espagne et Portugal qui accordait la part du lion à l'Espagne. Le déclin de celle-ci à partir du XVIIe siècle l'a évincée des partages coloniaux du XIXe siècle. Elle ne possède plus que ses deux territoires marocains du Rio de Oro et du Rif ainsi que les Canaries et la Guinée espagnole. Le Portugal a maintenu sa présence sur la route de l'Amérique et sur les côtes africaines (Açores, Madère, Cap Vert, Guinée, São Tomé, Angola, Afrique orientale portugaise, Goa en Inde, Timor dans l'Insulinde et Macao en Chine).

ALLEMAGNE, POLOGNE, AUTRICHE

Carte physique

La carte physique est cadrée pour situer l'ensemble que forment l'Allemagne, la Pologne et l'Autriche dans l'Europe, ce que montre le cartouche du relief de l'Europe. Plus précisément, l'ensemble est positionné entre la France et la Russie d'une part, entre les Alpes, la mer du Nord et la Baltique d'autre part. Cela permet de placer les Alpes au cœur du dispositif, des Alpes suisses aux Alpes autrichiennes avec le prolongement des Carpates. Viennent ensuite les massifs anciens qui s'étalent au nord, du massif schisteux rhénan et de la Forêt Noire à la Bohême en passant par le Harz, les monts de Thuringe, l'Erz Gebirge et les Sudètes. Ce vaste plan incliné conduit à la grande plaine germano-polonaise, entre la plaine russe et le Bassin parisien pour déboucher sur les mers peu profondes du nord de l'Europe et l'archipel danois.

Ce dispositif topographique explique l'organisation du réseau hydrographique. Le massif alpin apparaît comme le château d'eau de l'Europe. Si la carte ne montre ni le Rhône ni le Pô, les deux autres grands fleuves de l'Europe du Nord prennent leur source dans le système alpin ou à proximité. Le Rhin, tout d'abord, avec son tracé sud-nord qui s'ouvre directement sur la mer du Nord; le Danube, ensuite, qui naît dans la Forêt Noire, mais qui est alpin par ses affluents bavarois et autrichiens. Avec son tracé ouest-est, le Danube poursuit son cours entre les Alpes et la Bohême, entre la plaine hongroise et les Carpates, avant d'atteindre la mer Noire. Les autres fleuves qui parcourent la plaine germano-polonaise offrent des similitudes dans leur cours. Ils sont issus des massifs anciens et coulent selon une direction sud-est/nord-ouest avec des tracés en « baïonnette ». C'est qu'ils se sont installés lors des dernières glaciations, au moment du recul de l'inlandsis scandinave qui laissait des moraines obstruant l'écoulement. D'où ces bifurcations à angle droit qui caractérisent aussi bien la Weser que l'Elbe, l'Oder ou la Vistule. Cette plaine germano-polonaise composée de ces dépôts morainiques n'est pas fertile naturellement, sauf sur ses marges méridionales, à la différence des plateaux limoneux du Bassin parisien.

La carte, telle qu'elle est découpée, montre parfaitement la position stratégique des Alpes et de l'Allemagne entre l'est et l'ouest, entre le sud et le nord et tout le parti potentiel que l'Allemagne a pu en tirer au cours de sa longue histoire. On peut noter qu'à la différence de la carte de la Belgique ou de celle du Royaume-Uni, cette carte physique ne mentionne pas la présence des bassins houillers de la Ruhr ou de Silésie.

La notice qui accompagnait la première carte publiée en 1885 en propose une lecture ultra-patriotique, celle de « l'ennemi héréditaire ». Vidal de La Blache, après avoir insisté sur l'importance du Rhin comme trait d'union entre l'Allemagne du Sud et la mer du Nord, écrit en effet: « On peut dire qu'une partie du poids de l'Allemagne se trouve reportée vers la frontière sud-occidentale : c'est ce qui l'a amenée à nous enlever l'Alsace et une partie de la Lorraine, afin de posséder une sorte de glacis de défense en avant du Rhin. C'est ce qui donnera toujours un caractère d'hostilité aiguë à nos rapports de voisinage. »

Carte
27
Collection de Cartes murales
VIDAL-LABLACHE
LIBRAIRIE ARMAND COLIN
PARIS, 103, Boulevard St Michel
ALLEMAGNE_POLOGNE
AUTRICHE
PHYSIQUE
PAR VIDAL-LABLACHE
MER BALTIQUE
MER
DU NORD
Iles Frisonnes
Iles Frisonnes
Péninsule
Danoise
Archipel Danois
SUÈDE
SCHLESWIG
HOLSTEIN
I. Rügen (All)
Golfe de Poméranie
G. de Danzig
Niémen
Pregel
U. R. S. S.
POMÉRANIE
MECKLEMBOURG
Hautes
Plaines
lacustres
FRISE OR
FRISE OCC
Polders ou Marschen
Elbe
Weser
Ems
Vistule
Narew
Plaine Allemande
Landes de Lunebourg
HANOVRE
ALTMARK
BRANDEBOURG
NEUMARK
Warthe
Bug
Forêt de Bielovieja
PAYS-BAS
POLOGNE
Plaine Polonaise
Oder
(Odra)
Rhin
Meuse
Waal
Teutoburger Wald
Pl. de Westphalie
Harz
ALLEMAGNE
Plaine Saxonne
LUSACE
Pilica
Plateaux de la Pologne
Lysa Gora
Werra
Fulda
Saale
THURINGE
HESSE
Mulde
Ruhr
Massif schisteux Rhénan
F. de Thuringe
Erz Gebirge
Mts des Géants
Plaine de Silésie
Mts Sudètes
San
Plateau de Galicie
Plaine de Galicie
Eifel
Taunus
Moselle
Main
Fichtel Gebirge
Eger
Elbe
Vistule
Bohême
Porte de Moravie
Carpates
Mts Beskides
Ht Tatra
Hunsrück
Odenwald
PALATINAT
FRANCONIE
Jura Franconien
F. de Bohême
Hauteurs de Moravie
TCHÉCOSLOVAQUIE
Plateau de Lorraine
Vallée du Rhin
Plateau de Franconie
Petites Carpates
Morava
Jura
Souabe
FRANCE
Vosges
F. Noire
Plateau Bavarois
Danube
Inn
Isar
Wienerwald
HONGRIE
U.R.S.S.
Échelle de 1/1.100000
Relief Général de l'Europe
Danube
Plateau Souabe
de Bourgogne
AUTRICHE
Alpes Calcaires
Jura
SUISSE
Chaînes des Alpes
Bakony-Wald
HONGRIE
ROUMANIE
Mts Bihar
Hohe Tauern
Alpes Styriennes
Alpes du Tirol
Rhin
Drave
ITALIE
YOUGOSLAVIE

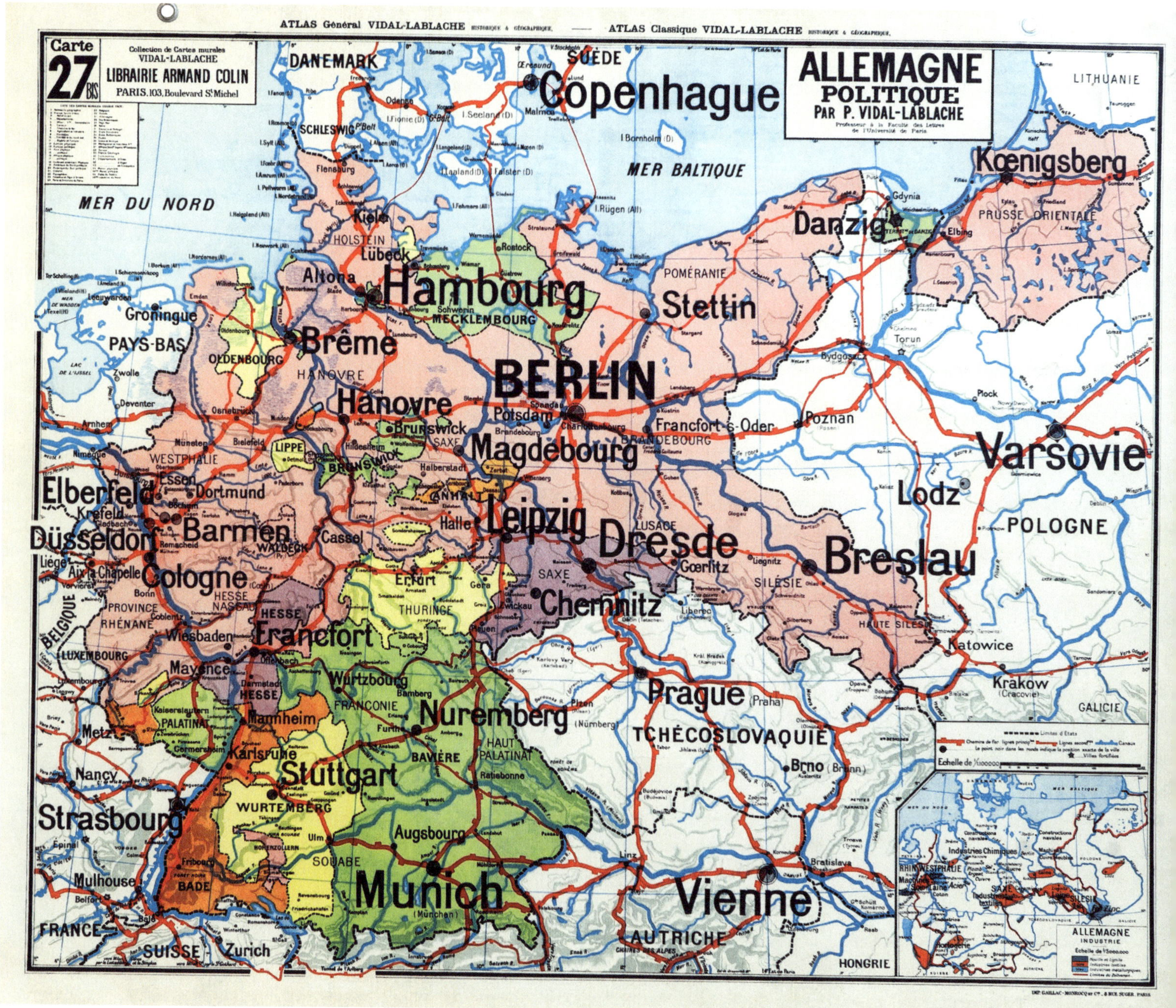
ATLAS Général VIDAL-LABLACHE HISTORIQUE & GÉOGRAPHIQUE — ATLAS Classique VIDAL-LABLACHE HISTORIQUE & GÉOGRAPHIQUE
Carte 27 BIS
Collection de Cartes murales VIDAL-LABLACHE
LIBRAIRIE ARMAND COLIN
PARIS. 103, Boulevard St Michel
ALLEMAGNE
POLITIQUE
PAR P. VIDAL-LABLACHE
Professeur à la Faculté des Lettres de l'Université de Paris
DANEMARK
SUÈDE
Copenhague
LITHUANIE
MER DU NORD
MER BALTIQUE
SCHLESWIG
Kiel
HOLSTEIN
Lübeck
Altona
Hambourg
MECKLEMBOURG
Rostock
Kœnigsberg
Danzig
Gdynia
Elbing
PRUSSE ORIENTALE
POMÉRANIE
Stettin
Groningue
PAYS-BAS
Brême
OLDENBOURG
HANOVRE
BERLIN
Hanovre
Potsdam
Brunswick
Magdebourg
BRANDEBOURG
Francfort s-Oder
Poznan
Torun
Bydgoszcz
Varsovie
Lodz
POLOGNE
WESTPHALIE
LIPPE
Elberfeld
Essen
Dortmund
Krefeld
Düsseldorf
Barmen
Cassel
Halle
Leipzig
Dresde
Breslau
Gœrlitz
SILÉSIE
Liège
Aix-la-Chapelle
Cologne
SAXE
Chemnitz
HAUTE SILÉSIE
Katowice
Krakow (Cracovie)
GALICIE
Erfurt
THURINGE
BELGIQUE
PROVINCE RHÉNANE
HESSE NASSAU
Wiesbaden
Francfort
LUXEMBOURG
Mayence
HESSE
Wurtzbourg
FRANCONIE
Nuremberg
Prague (Praha)
TCHÉCOSLOVAQUIE
Metz
PALATINAT
Mannheim
Karlsruhe
Stuttgart
BAVIÈRE
HAUT PALATINAT
Brno (Brünn)
Nancy
Strasbourg
WURTEMBERG
Augsbourg
Ulm
SOUABE
Munich (München)
Vienne
Bratislava
Mulhouse
Fribourg
BADE
FRANCE
SUISSE
Zurich
AUTRICHE
HONGRIE
ALLEMAGNE INDUSTRIE
MER BALTIQUE
MER DU NORD
RHIN WESTPHALIE
Industries Chimiques
SAXE
SILÉSIE

ALLEMAGNE

Carte politique (1)

Les deux cartes qui suivent pages 101 et 103 ont un intérêt avant tout historique : la première est postérieure au traité de Versailles et à la rétrocession de l'Alsace-Lorraine à la France, la seconde montre l'ampleur des modifications de frontières après la Seconde Guerre mondiale. La première carte, datant de l'entre-deux-guerres, est intitulée « Allemagne politique » et ne porte aucune donnée économique si ce n'est le cartouche « Industrie » qui localise les principaux gisements de houille et de lignite, les grandes régions et villes industrielles. Elle indique néanmoins les infrastructures ferroviaires et la hiérarchie urbaine par la typographie (Berlin, Zurich et Dresde). Et elle souligne dans le cartouche placé à droite les limites du « Zollverein », l'union douanière et commerciale entre les différents États allemands fondée en 1833.

Son intérêt principal réside dans le tableau qu'elle offre du territoire allemand aux lendemains de la guerre de 1914-1918 et sans doute après la prise de pouvoir des nazis. En effet, la Sarre qui a été administrée par la France est redevenue un territoire allemand (la carte est donc postérieure au referendum de 1935 qui a abouti au retrait de la France).

LA SARRE QUI A ÉTÉ ADMINISTRÉE PAR LA FRANCE EST REDEVENUE UN TERRITOIRE ALLEMAND.

Les effets du traité de Versailles apparaissent néanmoins dans toute leur ampleur. Au nord, le Schleswig est rendu au Danemark. À l'ouest, l'Alsace-Lorraine est redevenue française. À l'est, la Poméranie orientale est séparée de la Prusse par le couloir et la ville libre de Danzig. L'Allemagne se voit ainsi amputée de 13% de son territoire d'avant-guerre et de plus d'un neuvième de sa population. À cela, il convient d'ajouter le démantèlement de ses possessions coloniales, la réduction de son armée et la condamnation à de lourdes réparations de guerre.

Le Reich de l'empereur Guillaume II était encore divisé en royaumes (Prusse, Bavière...), duchés (Bade, Hesse...), principautés ou villes libres (Hambourg, Brême, Lübeck) témoignant de son unité récente. L'Allemagne n'est pas encore organisée en Länder comme l'Allemagne fédérale d'aujourd'hui, mais en États ou territoires qui apparaissent sous différentes couleurs sur la carte.

ALLEMAGNE, POLOGNE, AUTRICHE

Carte politique (2)

Les modifications apportées par la Seconde Guerre mondiale sautent aux yeux par comparaison avec la précédente carte. Les frontières de l'ouest sont inchangées. Cependant, la Sarre, en hachures, est une fois encore sous administration française. Elle le restera jusqu'en 1956, date d'un nouveau référendum qui aboutit à sa restitution définitive à l'Allemagne.

En revanche, à l'est, les changements de frontières sont considérables. Le territoire de la Pologne, désormais compact, est repoussé vers l'ouest jusqu'à la ligne Oder-Neisse, englobant la Poméranie orientale et la Poméranie occidentale et, vers le sud, la Silésie de Wroclaw-Breslau.

L'URSS (Union des républiques socialistes soviétiques) reprend ce qu'elle avait perdu en 1919 après la guerre russo-polonaise, ainsi que les Pays baltes, dont Kaliningrad-Koenigsberg. Ces modifications ont contraint les populations des confins frontaliers à changer plusieurs fois de nationalité. La ville de Lwow (Galicie) a ainsi changé d'appartenance à de multiples reprises et ses habitants ont été polonais du XIIIe au XVIIIe siècle, puis autrichiens jusqu'en 1918, à nouveau polonais jusqu'en 1939, puis soviétiques jusqu'en 1989 et enfin ukrainiens (Lviv).

SANS DOUTE LA CARTE EST-ELLE ANTÉRIEURE À LA CRÉATION OFFICIELLE DES DEUX ALLEMAGNES, QUI DATE DE 1949.

L'Allemagne est sur cette carte dans une teinte uniforme mais les Länder sont indiqués par leur nom. La RFA (République fédérale allemande) a été instaurée par la Loi fondamentale de 1953. Elle est une fédération d'États (Länder) ayant une grande marge d'autonomie législative et financière. La carte ne mentionne pas le sigle RFA pas plus que celui de la RDA (République démocratique allemande) et la frontière entre les deux Allemagnes est à peine décelable. Sans doute la carte est-elle antérieure à la création officielle des deux Allemagnes qui date de 1949. L'Allemagne de l'Est correspond à la zone d'occupation soviétique tandis que l'Allemagne de l'Ouest correspond à celle des Alliés occidentaux (États-Unis, Royaume-Uni, France).

Carte 27 bis
Collection de Cartes murales VIDAL-LABLACHE
LIBRAIRIE ARMAND COLIN
PARIS, 103, Boulevard St Michel
ALLEMAGNE _ POLOGNE
AUTRICHE
POLITIQUE
PAR VIDAL-LABLACHE
Professeur à la Faculté des Lettres de l'Université de Paris
MER DU NORD
MER BALTIQUE
DANEMARK
Copenhague
Kalininegrad (Kœnigsberg)
U. R. S. S.
Gdansk
Gdynia
Szczecin (Stettin)
Hambourg
Brême
Kiel
Lübeck
Altona
BERLIN
Potsdam
Hanovre
Brunswick
Magdebourg
Leipzig
Dresde
Chemnitz
Halle
Cassel
Erfurt
Essen
Dortmund
Duisburg
Krefeld
Wuppertal
Düsseldorf
Cologne
Aix-la-Chapelle
Francfort
Wiesbaden
Mayence
Wurtzbourg
Nuremberg
Mannheim
Karlsruhe
Stuttgart
Augsbourg
Munich
Ulm
ALLEMAGNE
PAYS-BAS
Groningue
BELGIQUE
LUXEMBOURG
FRANCE
Metz
Nancy
Strasbourg
Mulhouse
SUISSE
Zurich
Berne
Francfort-s-Oder
Poznan
POLOGNE
Varsovie
Lodz
Wroclaw (Breslau)
Czestochowa
Katowice
Krakow (Cracovie)
Lublin
BIALYSTOK
Prague
TCHÉCOSLOVAQUIE
Brno
Linz
Vienne
AUTRICHE
Graz
Innsbruck
HONGRIE
ITALIE
YOUGOSLAVIE
ALLEMAGNE POLOGNE AUTRICHE INDUSTRIE

ATLAS Général VIDAL-LABLACHE historique & géographique. ATLAS Classique VIDAL-LABLACHE historique & géographique.
Carte 32
Collection de Cartes murales VIDAL-LABLACHE
LIBRAIRIE ARMAND COLIN
PARIS, 103 Boulevard St Michel
ÉTATS DANUBIENS
CARTE PHYSIQUE ET AGRICOLE
ET LIEUX HISTORIQUES
PAR P. VIDAL-LABLACHE
Professeur à la Faculté des Lettres de l'Université de Paris
Plaine Allemande
Plaine Polonaise
Plateaux de Pologne
POLOGNE
Vistule
Oder
Elbe
Plaine de Silésie
SILÉSIE
SAXE
F. de Thuringe
Erz Gebirge
Mts des Géants
M. Sudètes
Blé, Betterave et Cultures Industrielles
Houblon
Fichtel Gebirge
Jura Franconien
Plateau de Franconie
Bohême
Collines de Moravie
F. de Bohême
Moldau
Danube
Plateau Bavarois
Inn
Isar
Lac de Constance
Pommes de Terre
Céréales en Galicie
Plateau de Galicie
RUSSIE
Dniestr
Karpates
Mts Beskides
Tatra
TCHÉCO-SLOVAQUIE
Morava
Waag
Forêts
Vignes
Tisza
AUTRICHE
Forêts dans les Alpes
Élevage des Alpes
Alpes Calcaires
Salzach
Enns
Lac de Neusiedl
HONGRIE
Plaines de Hongrie
Chevaux, Moutons, Blé
Porcs
Lac Balaton
Haut Bassin de Transilvanie
Szamos
MOLDAVIE
Chaînes des Alpes
Alpes Styriennes
Alpes Juliennes
Drave
Save
Maros
Maïs, Blé
ROUMANIE
Alpes de Transilvanie
Défilé des Portes de Fer
Plaine de Valachie
Blé Maïs
Danube
Golfe de Trieste
Adige
Pô
SLAVONIE
YOUGO-SLAVIE
Forêts en Bosnie
Prunes de Serbie
SERBIE
Alpes Dinariques
Monts de Bosnie
Iles Dalmates
Terrasses de Bulgarie
Monts Balkans
BULGARIE
Mer Adriatique
MONTÉNÉGRO
Massif du Rhodope
LÉGENDE
Echelle 1/1.250.000
Relief général de l'Europe

ÉTATS DANUBIENS

Carte physique et agricole

La carte physique met en évidence le compartimentage de cet ensemble des pays danubiens, traversé par les arcs montagneux couverts de forêts des Alpes, des Carpates et des Balkans qui laissent place, entre eux, à de larges plaines agricoles : la plaine hongroise et la plaine roumaine.

Les Alpes autrichiennes se terminent en dominant la plaine de Hongrie, encadrée par le quadrilatère de la Bohême au nord-ouest, un massif ancien qui comporte, sur son pourtour, les bourrelets montagneux de la forêt de Bohême, l'Erz Gebirge (en français, les monts métallifères, riches en étain et argent), les monts Sudètes, peuplés par des populations germaniques ; au nord-est, la plaine de Hongrie est séparée de la plaine polonaise par les monts Tatra qui se prolongent par le grand arc des Carpates et les monts Balkans ; au sud, enfin, la plaine de Hongrie est limitée par les Alpes de Transylvanie et les monts de Bosnie.

LA VIGNE OCCUPE LES PREMIÈRES PENTES DES MONTAGNES.

Ce dispositif montagneux alimente le grand fleuve Danube qui reçoit, à sa sortie des Alpes, sur la rive gauche, la Morava qui vient des Sudètes et facilite la communication avec la Silésie par la porte de Moravie et l'Oder, la Tisza issue des Carpates et, sur la rive droite, les deux grands affluents alpins, la Drave et la Save.

Le Danube, après le grand coude de Budapest, prend une direction nord-sud, puis de nouveau ouest-est avant de passer les Carpates par le défilé des Portes de fer et de pénétrer dans la plaine roumaine et bulgare. Ce défilé avec ses rapides était un obstacle à la navigation fluviale.

La carte indique les principales ressources agricoles. Dans les plaines, les céréales (blé, maïs) sont associées à l'élevage de porcs, de moutons et de chevaux (dans la puszta hongroise). La vigne occupe les premières pentes des montagnes. Les prunes de Serbie servent à la fabrication de l'eau-de-vie, slivovitz serbe ou rakia bulgare. À la culture des roses dans la vallée de la Maritza en Bulgarie s'adjoint celle des mûriers. On remarque enfin que la Save et la Drave servent au flottage du bois exploité dans les Alpes.

AUTRICHE-HONGRIE

Carte politique et industrielle (I)

La première édition, ci-contre, de ces deux cartes est antérieure à la Première Guerre mondiale. L'Empire austro-hongrois des Habsbourg existe encore, réunissant l'empire d'Autriche et le royaume de Hongrie depuis 1867. Budapest est capitale au même titre que Vienne. L'Empire s'étend jusqu'à la Russie et à l'Empire ottoman. La Pologne est encore partagée entre la Prusse, la Russie et l'Empire austro-hongrois. Cette carte peut être datée avec une relative précision dans la mesure où la période de 1885 à 1914 traverse de multiples crises diplomatiques et de guerres dans les Balkans se traduisant par des changements de frontières et des créations d'États. L'Empire ottoman, « l'homme malade de l'Europe », subit les assauts de la Russie, de l'Empire austro-hongrois et se rétrécit progressivement. L'Empire austro-hongrois détient encore un débouché sur la mer Adriatique puisque le Trentin, l'Istrie, Trieste et la Dalmatie sont sous son contrôle. Il recouvre la Bohême déjà industrialisée (verrerie, tissages, brasseries) et la Slovaquie. Il partage la Silésie avec la Prusse et la Russie et bénéficie de gisements de métaux et de charbon (Cracovie). Il s'étend jusqu'à la Galicie avec Lwow (Lemberg). Le royaume de Hongrie a lui aussi un débouché sur l'Adriatique avec la Croatie qui se prolonge jusqu'au-delà de l'arc des Carpates, à la Roumanie et à la Transylvanie. Au sud, l'Empire ottoman domine encore une grande partie des Balkans avec la Macédoine, l'Albanie et la Roumélie orientale. Cependant, le Monténégro, la Serbie et la Bulgarie sont des États indépendants même s'ils sont très rétrécis par rapport à leur configuration ultérieure. On se situe donc dans la période allant de 1895 à 1912, avant les guerres balkaniques qui voient la création de l'Albanie et l'agrandissement vers le sud de la Serbie et de la Bulgarie. Tel quel, l'Empire est le plus vaste pays d'Europe.

La carte fait bien apparaître le rôle du Danube et de ses affluents navigables, la Save et la Drave. Il est le lien principal entre les deux États. Le trafic fluvial est alors contrôlé par la Compagnie autrichienne de navigation et met en relation l'Autriche et la Hongrie avec la mer Noire malgré le passage difficile des Portes de fer entre les Balkans et les Carpates.

Atlas général VIDAL-LABLACHE, historique et géographique : 30 fr. — Atlas classique VIDAL-LABLACHE, historique et géographique : 15 fr.
Carte 32 BIS
Collection de Cartes murales VIDAL-LABLACHE
ARMAND COLIN & Cie
LIBRAIRES-ÉDITEURS
PARIS, 5, rue de Mézières
AUTRICHE-HONGRIE
CARTE POLITIQUE ET INDUSTRIELLE
PAR P. VIDAL-LABLACHE
Leipzig
Dresde
Breslau
Lodz
RUSSIE
PRUSSE
POLOGNE
Tissage dans le District de Reichenberg
Reichenberg
SILÉSIE
ALLEMAGNE
Sucrerie de la Bohême Sep.le
Cracovie
Lwow (Lemberg)
vers Kiev
vers Odessa
Wurtzbourg
Nuremberg
Prague
Pilsen
Houille Fer
Houille Sel de Wieliczka
BOHÊME
Brasserie de Pilsen
Verrerie de la Bohême Mérid.le
C.ie Autrichienne
MORAVIE
Brünn
Draps de Brünn
Pétrole de Galicie
GALICIE
Ratisbonne
vers Paris
Augsbourg
Munich
AUTRICHE
VIENNE
Pozsony
Argent Or Cuivre
Tokai
Czernowitz
Fer Plomb Houille
BUDA PEST
Meuneries de Hongrie
Debreczen
Kolozsvar
TRANSYLVANIE
SUISSE
Graz
Keczkemét
HONGRIE
Szegedin
Hod-Mezö-Vasarhely
Or Argent Sel de Transylvanie
Trieste
Agram
CROATIE
Houille de Pecz
Szabadka
Temesvar
Brasso
ITALIE
Venise
C.ie Autrichienne de Navigation
SLAVONIE
Houille et Fer du Banat
MER ADRIATIQUE
Belgrade
Bucarest
ROUMANIE
BOSNIE
Saraïevo
SERBIE
C.ie Autrichienne de Navigation
Lignes du Lloyd Autrichien de Trieste à Constantinople, Alexandrie, Calcutta
Sofia
BULGARIE
Philippopoli
ROUMÉLIE ORIENTALE
MONTÉNÉGRO
Cetinié
Scutari
TURQUIE
ITALIE
LÉGENDE
Echelle 1:1.250.000
GRANDES LIGNES INTERNATIONALES

Atlas général VIDAL-LABLACHE, historique et géographique : — Atlas classique VIDAL-LABLACHE, historique et géographique :
Carte 32 BIS
Collection de Cartes murales VIDAL-LABLACHE
LIBRAIRIE ARMAND COLIN
PARIS, 103, Boulevard St Michel
ÉTATS DANUBIENS
CARTE POLITIQUE ET INDUSTRIELLE
PAR P. VIDAL-LABLACHE
Professeur à la Faculté des Lettres de l'Université de Paris
Leipzig
Dresde
Breslau
Lodz
POLOGNE
ALLEMAGNE
SAXE
Tissage dans le District de Reichenberg
Reichenberg (Liberec)
Sucrerie de la Bohême Sepale
Cracovie (Krakow)
Houille Fer
Prague (Praha)
Pilsen (Plzen)
Lwow (Lemberg)
Brasserie de Pilsen
Houille
Sel de Wieliczka
BOHÊME
MORAVIE
Fer Zinc de Silésie
Verrerie de la Bohême
Draps de Brno
Brno (Brünn)
TCHÉCO-SLOVAQUIE
Argent Or Cuivre
Pétrole de Galicie
GALICIE
RUSSIE
vers Kiev
vers Odessa
vers Paris
Ratisbonne
Augsbourg
Munich
Vienne
Bratislava
Cie Danubienne
Czernowitz
BUKOVINE
Fer Plomb Houille de Styrie
Tissage de Vorarlberg
AUTRICHE
SUISSE
TIROL
STYRIE
CARINTHIE
Graz
Budapest
Debreczen
Meuneries de Hongrie
MOLDAVIE
Cluj (Kolozsvar)
Or et Argent
TRANSILVANIE
HONGRIE
Szegedin
Hod-Mezö-Vasarhely
Arad
Mercure d'Idria
Trieste
Commerce des Bois à Trieste
Houille de Pécs
Ljoubljana
CROATIE
CARNIOLE
Subotica (Szabadka)
ROUMANIE
Brashov
ITALIE
Venise
Zagreb (Agram)
SLAVONIE
Houille et Fer du Banat
Novi Sad
Cie Danubienne de Navigation
Fiume
Bucarest
Orsova
Belgrade
Banialouka
YOUGO-SLAVIE
BOSNIE
SERBIE
Craïova
VALACHIE
Giourgiou
Vidin
Roustchouk
Zara
DALMATIE
Saraievo
Sibenic
C. Danubienne de Navigation
Mostar
HERZÉGOVINE
Nich
Sofia
BULGARIE
MER ADRIATIQUE
Doubrovnik
MONTENEGRO
Cetinié
Prizrend
ALBANIE
Scutari
Philippopoli
vers Constantinople
ITALIE
LÉGENDE
Echelle 1/1.250.000
GRANDES LIGNES INTERNATIONALES
Londres
Paris
Rome
Moscou
Constantinople
AFRIQUE
ASIE

ÉTATS DANUBIENS

Carte politique et industrielle (2)

Cette seconde carte est postérieure à la guerre de 1914-1918. Elle s'intitule États danubiens et non plus Autriche-Hongrie. Par comparaison, elle permet de mesurer l'ampleur des transformations frontalières provoquées par le dépeçage de l'Empire austro-hongrois et de l'Empire ottoman, à la suite de la Première Guerre mondiale, et entérinées par les traités de Sèvres et de Trianon (1919-1920).

L'Autriche et la Hongrie sont devenues des petits États enclavés, sans accès à la mer. L'Italie a récupéré le Trentin et Trieste. La « Tchéco-slovaquie », comme il est écrit, est constituée en État. La Pologne existe à nouveau et récupère la Silésie du Sud (Cracovie) et la Galicie (Lwow). La Roumanie couvre l'ensemble des Carpates et s'étend jusqu'au Danube qui forme la frontière avec la Bulgarie. Celle-ci récupère la Roumélie orientale. À l'ouest, la « Yougo-Slavie » voit le jour sous la forme d'un royaume organisé en une fédération de territoires anciennement dominés par l'Empire ottoman : Slovénie, Croatie, Serbie, Bosnie-Herzégovine, Monténégro. L'Albanie, en revanche, reste indépendante.

Autre signe de l'affaiblissement de l'Autriche : la navigation sur le Danube n'est plus contrôlée par une compagnie autrichienne mais elle a désormais un statut international (Compagnie danubienne de navigation).

Les vicissitudes de cette région d'Europe ne sont pas terminées en 1920. La Seconde Guerre mondiale apportera encore de profondes modifications dans les frontières de la Pologne, de l'Allemagne et de l'URSS.

La disparition de la Yougoslavie après les terribles guerres civiles des années 1990-2000 s'accompagnera de la création de cinq nouveaux petits États de l'ex-fédération : Slovénie, Croatie, Bosnie, Kosovo, Monténégro, qui demanderont leur adhésion à l'Union européenne.

L'exacerbation des nationalismes menace la pérennité de cette aire séculaire de cohabitation et de métissage entre des cultures, des religions et des peuples. Église orthodoxe, synagogue, mosquée et cathédrale se côtoient à Sarajevo, Mostar, Zagreb ou Dubrovnik.

ÉTATS BALKANIQUES

Carte physique

Cette carte représente la péninsule des Balkans qui se raccorde au nord à l'Europe danubienne. La péninsule s'étire de la Hongrie et de la Roumanie jusqu'à la Grèce et comporte la « Yougo-Slavie », la Bulgarie, l'Albanie, la Turquie d'Europe et la Grèce.

La carte physique, grâce à des teintes plus marquées, facilite la lecture du relief et de l'hydrographie. L'arc des Carpates qui se prolonge dans les monts Balkans et les monts Rhodope s'individualise à l'est, tandis que les prolongements des Alpes (Alpes juliennes et Alpes dinariques) à l'ouest se raccordent aux chaînes bosniaques. Le Char Dagh et les montagnes du Pinde forment l'ossature de la péninsule grecque.

Le compartimentage du relief de la péninsule balkanique et le rôle de refuge qu'ont joué les montagnes dans la région expliquent la diversité des populations (Slaves du sud, Hongrois, Grecs, Monténégrins, Kosovars, Turcs, Bulgares) et des religions (musulmane, catholique, orthodoxe) qui se disputent le territoire, au gré de l'influence des puissances extérieures (Autriche, Allemagne, France, Russie, Empire ottoman). De plus, la situation de la péninsule des Balkans, entre l'Adriatique et la mer Égée, à proximité des détroits des Dardanelles qui communiquent avec la mer Noire, donne la mesure de la complexité des problèmes qui se posent à la région depuis des siècles.

LA CARTE PHYSIQUE, GRÂCE À DES TEINTES PLUS MARQUÉES, FACILITE LA LECTURE DU RELIEF ET DE L'HYDROGRAPHIE.

Cette carte est postérieure aux accords de Trianon et de Sèvres (1919-1920) qui ont créé la Yougoslavie et modifié profondément les frontières et les dimensions de la Roumanie et de la Bulgarie. La frontière avec la Russie est fixée au Dniepr, ce qui permet de préciser la date de l'édition : elle est postérieure à 1920 mais antérieure à 1923, date de création de l'URSS. La Roumanie comprend encore la Moldavie et la Bessarabie.

L'Empire ottoman a dominé cette péninsule depuis le XVe siècle jusqu'au début du XXe siècle. Le siège de Vienne (1529), la victoire navale de Lépante en 1571 et la bataille de Vienne en 1683 marquent l'avancée ultime de la domination ottomane en Europe. Elles sont devenues le symbole de la lutte entre l'Europe chrétienne et l'Islam, dans le prolongement des croisades. Il a fallu attendre 1830 pour que la Grèce retrouve une relative indépendance et qu'Athènes renaisse après une longue décadence. Le génocide arménien (1915-1916) et l'exode d'une partie de la population en sont un autre épisode dramatique.

ÉTATS BALKANIQUES
Carte 33
Collection de Cartes murales VIDAL-LABLACHE
LIBRAIRIE ARMAND COLIN
PARIS, 103 Boulevard St Michel
TCHÉCOSLOVAQUIE
Grande Schütt
AUTRICHE
Monts Bakony
Lac Balaton
Plaine de Hongrie
Chevaux Moutons de Hongrie
Tabac de Hongrie
HONGRIE
Blé
Theiss
Karpates
Forêts de Bukovine
Prout
Dniestr
RUSSIE
Somesh
Haut Bassin de Transilvanie
Bœufs, Porcs de Transilvanie
ROUMANIE
Mt Bihar
Crish
Blé en Moldavie et Bessarabie
Bessarabie
Maïs, Vins, Chevaux de Bessarabie
Alpes Juliennes
Drave
Vignes de Croatie
CROATIE
Mt Nevoso
Bois de Chênes
Monts de Pozeega
SLAVONIE
Save
Maïs, Blé de la Bačka et du Banat
Mouresh
Oltu
Forêts de Transilvanie
Moutons
Alpes de Transilvanie
Vignobles
Danube
SYRMIE
Mt Kapela
Défilé des Portes de Fer
Plaine de Valachie
Blé, Maïs
Dobroudja
Blé de Dobroudja
Alpes Dinariques
Forêts en Bosnie
BOSNIE
Chaînes de Bosnie
Prunes de Serbie
Morava Serbe
Vignes, Mûriers, Oliviers de Dalmatie
DALMATIE
YOUGOSLAVIE
Blé, Maïs, Vins, Porcs
Terrasses de Bulgarie
Bois de Chênes
Mer Noire
Iles Dalmates
HERZÉGOVINE
Mt Durmitor
MONTÉNÉGRO
SERBIE
Monts Balkans
Blé, Moutons, Chèvres de Bulgarie
Cap Emine
Passe de Chipka
Roses, Mûriers, Maïs de Roumélie
Mt Vitoch
Bches de Kotor (Cattaro)
Alpes Albanaises
Plaine de Kosovo
Maritsa
Mt Rila
Mer Adriatique
Char Dagh
Forêts du Rhodope
BULGARIE
Strandja Dag
Bosphore
Mt Gargano
Plaine de la Pouille
ALBANIE
Massif du Rhodope
Coton
TURQUIE
ITALIE
Forêts Moutons d'Albanie
Vardar
Tabac, Coton de Macédoine
Riz
Chkoumbi R.
Lac d'Ochrida
Plaine de Macédoine
Tekir Dag
Mer de Marmara
G. d'Orfano
Thasos (G.)
Samothrace (G.)
G. de Saros
Cap Glossa
Chaînes du Pinde
Chalcidique
Imbros (T.)
ASIE MINEURE
G. de Tarente
Canal d'Otrante
Golfe de Salonique
Mt Athos
Dardanelles
Mt Pollino
C. Sta Maria di Leuca
Mt Olympe
Mt Ossa
Lemnos (G.)
Mts de Calabre
Corfou (G.)
Vignes, Oliviers de Corfou
Plaine de Thessalie
Élevage en Thessalie
Mt Pélion
Mytilène (G.)
Mer Ionienne
Golfe d'Arta
GRÈCE
Sporades du Nord (G.)
Eubée
Archipel
Skyros (G.)
LÉGENDE
Échelle 1/1.200.000
ÉTATS BALKANIQUES
ROUMANIE, YOUGOSLAVIE, BULGARIE, TURQUIE
CARTE PHYSIQUE
PAR P. VIDAL-LABLACHE
Professeur à la Faculté des Lettres de l'Université de Paris

Carte 33 BIS
Collection de Cartes murales VIDAL-LABLACHE
LIBRAIRIE ARMAND COLIN
PARIS, 103 Boulevard St Michel
ÉTATS BALKANIQUES
TCHÉCOSLOVAQUIE
RUSSIE
AUTRICHE
HONGRIE
ROUMANIE
YOUGOSLAVIE
BULGARIE
ALBANIE
GRÈCE
TURQUIE
ITALIE
MER ADRIATIQUE
MER NOIRE
MER IONIENNE
ARCHIPEL
Budapest
Bratislava
Graz
Klagenfurt
Debreczen
Szeged
Hod-Mezo-Vasárhely
Czernowitz
Iassy
Kichinev
Odessa
Clouj
Galatz
Braïla
Ploieshti
Bucarest
Craïova
Giourgiou
Silistra
Constantza
Roussé
Varna
Sofia
Plovdiv
Edirne
Istanboul
Gallipoli
Brousse
Scutari
Belgrade
Zagreb
Liubliana
Fiume
Trieste
Zara
Sibenik
Saraïevo
Mostar
Doubrovnik
Cétinié
Scutari
Skoplié
Nich
Bitolie
Salonique
Durazzo
Tirana
Jannina
Corfou
Larissa
Volo
Bari
Brindisi
Tarente
Novi Sad
Brod
Banialouka
Novipazar
Mitrovitsa
TRANSILVANIE
VALACHIE
MOLDAVIE
BUKOVINE
BESSARABIE
DOBROUDJA
BANAT
BOSNIE
CROATIE
SLAVONIE
DALMATIE
SERBIE
MONTÉNÉGRO
MACÉDOINE
THRACE
ÉPIRE
LÉGENDE
Échelle 1/1.200.000
ÉTATS BALKANIQUES
ROUMANIE, YOUGOSLAVIE
BULGARIE, TURQUIE.
PAR P. VIDAL-LABLACHE
Professeur à la Faculté des Lettres de l'Université de Paris.

ÉTATS BALKANIQUES

Roumanie, Yougoslavie, Bulgarie, Turquie

La carte politique ne montre aucune activité industrielle. En revanche, les infrastructures ferroviaires sont denses. L'Allemagne et l'Autriche ont concentré leurs efforts pour contrôler à la fois le trafic fluvial sur le Danube et ses affluents et pour s'ouvrir par la voie ferrée des débouchés vers la mer Noire et la Méditerranée.

Toutes les capitales des nouveaux États sont ainsi desservies par la grande voie venant de Vienne. Budapest apparaît ainsi comme un vaste carrefour fluvial et ferroviaire vers la Yougoslavie, la Roumanie, la Bulgarie, la Grèce et la Turquie. La navigation maritime allie un cabotage de port à port le long des côtes et de grandes lignes à destination de l'Inde et de l'Extrême-Orient par le canal de Suez.

ON PEUT DISTINGUER LE NORD DOMINÉ PAR LES SLAVES ET LE SUD DOMINÉ PAR LES GRECS.

La péninsule balkanique est la partie d'Europe où les populations sont le plus divisées par la race ou la langue, la religion et les affinités politiques, explique Vidal. On peut distinguer le Nord dominé par les Slaves et le Sud dominé par les Grecs. La Turquie ne s'est maintenue qu'en Thrace pour conserver Istanbul (nommée Constantinople jusqu'à 1923) et les détroits.

Au moment de l'élaboration de ces cartes, cette région sort de cette longue situation troublée. La domination ottomane a peu à voir avec la colonisation que les puissances européennes ont fait subir aux autres continents. Si certains peuples ont été partiellement convertis à la religion musulmane (Kosovo, Albanie), la plupart ont conservé leur religion et leurs langues. Ces pays sont cependant restés à l'écart de la révolution industrielle, à l'exception de ceux qui sont passés sous contrôle autrichien depuis le XVIIIe siècle, comme la Slovénie. C'est pourquoi les indications données par la carte agricole signalent en Grèce une économie méditerranéenne traditionnelle (blé, olives, moutons). Ailleurs, forêts sur les montagnes, céréales dans les plaines et élevage constituent les bases de l'autosubsistance. Les roses de Bulgarie, le coton de Turquie sont les seules spécialisations commerciales mentionnées.

RUSSIE ET ÉTATS BALTES

Carte physique et agricole

La massivité de la Russie d'Europe frappe au premier coup d'œil lorsqu'on la compare à l'Europe occidentale. Limitée conventionnellement à l'Oural, elle s'étend de l'océan Glacial arctique à la mer Noire et à la mer Caspienne sur 3000km. La grande plaine russe prolonge la plaine germano-polonaise et se présente comme une immense cuvette inclinée vers l'océan Arctique, bordée par le rebord des Carpates à l'ouest, les plateaux de la péninsule de Kola au nord-ouest, les monts Oural à l'est et le Caucase au sud. Au centre, le plateau central de Russie ne dépasse pas 300m. Il joue cependant un rôle de château d'eau en donnant naissance à plusieurs grands fleuves qui divergent dans toutes les directions: la Volga alimentée par l'Oka se jette dans la mer Caspienne; le Don et le Dniepr dans la mer Noire; la Dvina vers la mer Baltique. Ces cours d'eau navigables sont reliés entre eux par des canaux. Le système des Cinq mers a été une des gloires de l'URSS. Le climat continental avec des hivers très froids qui provoquent le gel des cours d'eau est évidemment un obstacle à la navigation fluviale. De plus, la débâcle printanière entraîne des inondations dans les plaines environnantes avec le phénomène de la raspoutitsa (boue provoquée par le dégel). Les difficultés de circulation terrestre et fluviale ont longtemps contrarié la mise en valeur du territoire. En revanche, l'accent mis dès les débuts du régime soviétique sur l'hydroélectricité s'est traduit par la construction de grands barrages et de puissantes centrales sur la Volga et le Don, en particulier.

Une grande partie de la Russie d'Europe a été couverte par les glaciations du quaternaire et les sols morainiques sont souvent argileux et graveleux, ce qui ne fut pas un avantage pour la valorisation agricole. La taïga, cette forêt faite de bouleaux et de conifères, couvre d'immenses superficies comme le montre la carte. Sur ces terres une fois défrichées, les herbages favorisent l'élevage des bovins et des chevaux, on y cultive les céréales pauvres (seigle, avoine), les pommes de terre qui sont une des bases de l'alimentation et s'y développent des cultures industrielles (chanvre, lin), à l'origine d'une importante industrie textile.

Au sud, en Ukraine principalement, les lœss ont été déposés lors des glaciations. L'humus laissé par la formation végétale naturelle auxquels ils étaient associés a permis la formation de sols noirs (terres noires ou tchernoziom) qui portent bien les céréales comme le blé et le maïs ou la betterave sucrière. Sur les piémonts des montagnes du sud et dans les plaines intérieures, le climat devient méditerranéen et presque tropical en étéet permet la culture de la vigne et même du coton (Crimée, Caucase).

La pêche dans les cours d'eau et dans les mers est une activité traditionnelle dans cette Russie d'Europe. Elle apportait à l'alimentation traditionnelle une part des protéines indispensables: hareng de la Baltique, esturgeon à l'embouchure de la Volga (caviar).

Atlas général VIDAL-LABLACHE, HISTORIQUE ET GÉOGRAPHIQUE : - Atlas classique VIDAL-LABLACHE, HISTORIQUE ET GÉOGRAPHIQUE :
Carte 34
Collection de Cartes murales VIDAL-LABLACHE
LIBRAIRIE ARMAND COLIN
PARIS, 103, Boulevard St Michel
RUSSIE ET ÉTATS BALTES
CARTE PHYSIQUE ET AGRICOLE
LIEUX HISTORIQUES
PAR P. VIDAL-LABLACHE
Professeur à la Faculté des Lettres de l'Université de Paris
Océan Glacial
Chasse des Phoques
Elevage des Rennes chez les Lapons
Toundras
Péninsule de Kola
Mer Blanche
Elevage des Rennes chez les Samoïèdes
Monts Timans
Plaine de Sibérie
ASIE
Ob
Terrasses de Suède
Golfe de Botnie
Table granitique de Finlande
FINLANDE
Lac Onega
Lac Ladoga
G. de Finlande
Dvina
Monts Ourals
Zone des Forêts
Mer Baltique
Culture du Lin
Hauteurs de Valdaï
ESTHONIE
LATVIE
LITHUANIE
PRUSSE OR.
POLOGNE
Volga
Kama
Passe de l'Oural
Bassin de Moscou
Avoine Seigle de la Russie centrale
Oka
Elevage des Bœufs et des Chevaux
Plateau de la Volga
Chanvre
Pripet
Terres Noires
Plateau central de Russie
Blé
Oural
Vistule
Chaines des Karpates
Culture de la Betterave
Dniestr
Dniepr
Don
Donetz
Steppes Salines au-dessous du niveau de la Méditerranée
Lac Elton Salines
HONGRIE
ROUMANIE
Alpes de Transilvanie
Prut
Zone des Steppes
Danube
Pêcheries Mer d'Azov
Crimée
Manytch
Elevage des Moutons
Pêcheries de la Caspienne
Mer d'Aral
Plateau désert d'Oust-Ourt
Amou
Cap Chersonèse
Vins de Crimée
Mer Noire
Caucase
Mt Elbrouz
Mt Kasbek
Vignes Coton Mûriers de la Transcaucasie
GÉORGIE
Massif d'Arménie
ARMÉNIE
AZERBAÏDJAN
PERSE
Mer Caspienne 26m au-dessous du niveau de la mer Noire
Kara-Bougaz
Presqu'île d'Apchéron
Koura
Araxe
TURQUIE D'ASIE
Relief général de l'Europe
Russie
Mer Noire
LEGENDE
Échelle 1/3.400.000

IMPRIMERIES MICHARD - 49, Rue du Montparnasse, Paris (14e) - IMPRIMÉ EN FRANCE

URSS ET FINLANDE

Carte politique et industrielle

La carte politique et industrielle date de l'après-Seconde Guerre mondiale. Les frontières sont identiques et la structure de l'URSS des années 1960 est clairement lisible. La Russie d'Europe constitue le cœur politique et industriel de l'URSS et elle est la principale République de l'Union qui comprend, en outre, les Républiques soviétiques des Pays Baltes (Estonie, Lituanie, Lettonie), la Biélorussie, l'Ukraine, la Moldavie, la Géorgie, l'Azerbaïdjan, l'Arménie, le Kazakhstan («République des Kazakhs»), l'Ouzbékistan et le Turkménistan. La carte localise les républiques « autonomes », organisées sur une base ethnique (république des Bachkirs dans l'Oural, républiques des Tatars, des Oudmourtes, des Tchouvaches, des Tchérémisses sur la Volga). Cette autonomie était toute relative et se limitait souvent à des aspects linguistiques et folkloriques, comme on le sait. Cette structure administrative a été conservée dans la CEI (la Communauté des États indépendants) actuelle, hormis pour les Pays Baltes qui sont devenus indépendants et sont entrés dans l'Union européenne dès 2004.

LA STRUCTURE DE L'URSS DES ANNÉES 1960 EST CLAIREMENT LISIBLE.

La carte industrielle est largement dépassée aujourd'hui. Elle montre l'état des lieux au début du grand effort d'industrialisation de l'URSS à partir des ressources naturelles, avec le combinat du Donbass en Ukraine qui bénéficiait de la présence de charbon et de mines de fer et a provoqué le développement des anciennes villes et des villes nouvelles dans le quadrilatère Kharkov-Rostov-Tarangrog-Dniepropetrovsk (industries de base, sidérurgie, métallurgie, chimie, mécanique). De même, dans l'Oural, le charbon, le fer et le sel ont été les bases d'une industrialisation accélérée pendant la guerre à la suite du transfert des industries situées dans la zone envahie par les troupes nazies: Sverdlovsk, Oufa, Perm (Molotov), Magnitogorsk. Les villes de la Volga ont bénéficié de l'hydroélectricité pour se développer rapidement: Kazan, Gorki, Kouïbychev, Saratov et Stalingrad. Les deux capitales, Moscou et Léningrad, durement éprouvées pendant la guerre, sont sans doute en train de se repeupler et de s'industrialiser au moment de l'édition de la carte.

La toponymie permet en effet d'en préciser la date. Les changements de noms dus aux modifications de frontières et aux événements politiques n'ont pas manqué. Ainsi, Saint-Pétersbourg est devenue Pétrograd jusqu'en 1924, puis Léningrad (1924-1991), puis de nouveau Saint-Pétersbourg après la chute de l'URSS. Stalingrad est devenue quant à elle Volgograd sous Khrouchtchev, en 1961.

ASIE

Carte physique

Vidal de La Blache a choisi la projection Lambert pour représenter l'Asie physique. Elle est dite conforme parce qu'elle respecte les angles et les formes. Les méridiens rayonnent autour du pôle et l'équateur forme un arc de cercle. La carte est ainsi centrée sur le grand système montagneux de l'Himalaya-Pamir-Tibet, appelé le Toit du monde.

Cette projection permet de situer l'Asie dans la répartition des continents et des océans. Si l'Asie s'individualise aisément, c'est qu'elle est entourée des océans Pacifique, Indien, Atlantique et Arctique. En revanche, la carte montre une fois encore à quel point les continents ne sont pas des réalités géographiques mais des conventions établies pour désigner et localiser les terres émergées. Ainsi, l'Europe apparaît bien comme un subcontinent de l'Asie, l'Oural ne constituant en aucune façon une coupure. De même, l'Afrique se rattache à l'Asie par le pont de l'Arabie et à l'ouest, à l'Europe par le détroit de Gibraltar. De même encore, les péninsules de l'« Indo-Chine » et de la Malaisie se prolongent dans ledit « continent » Océanie, fait d'îles et de presqu'îles autour de l'Australie. L'Amérique, elle-même, se rattache à l'Asie par le détroit de Béring. Vidal de La Blache n'a jamais dessiné les frontières entre les continents comme le font certains atlas aujourd'hui. Les continents sont des « inventions ».

Comme pour l'Europe physique, la représentation graphique vise à faire apparaître les grands ensembles orographiques, les montagnes et les plaines, les continuités et les discontinuités.

• L'immensité du continent saute aux yeux puisqu'on sait maintenant qu'il contiendrait quatre fois l'Europe (plus de 40000 km^2). Son extension en latitude, de l'océan Arctique à l'équateur, et en longitude, de l'océan Pacifique à l'Afrique, est immédiatement lisible.

• Le système montagneux qui s'organise autour de la grande chaîne arquée des monts himalayens et des vastes plateaux du Pamir, du Tibet, du désert du Gobi, de l'Iran et de l'Arabie, apparaît bien comme le Toit du monde. Des chaînes de montagnes, Altaï, Tian Chan, prolongent l'Himalaya au nord et, au sud, d'autres guirlandes montagneuses forment les péninsules indochinoise et thaïlandaise. Même le Caucase se raccorde au système himalayen. On ignorait à l'époque de Vidal que la surrection de l'Himalaya provenait de la collision et de la subduction de la plaque indienne avec la plaque asiatique, qui explique la forme du subcontinent indien et la présence de la plaine indo-gangétique.

• La continuité et l'immensité caractérisent aussi la grande plaine de Sibérie et ses prolongements au-delà de l'Oural dans la plaine russe et au sud-est, dans les steppes de l'Asie centrale (plaine du Turkestan) et la mer Caspienne.

L'hydrographie telle qu'elle est dessinée se comprend dans son rapport avec le relief. Le « toit du monde » est un immense château d'eau d'où rayonnent les grands fleuves sibériens : Lena, Ienisseï, Ob ; les grands fleuves de la Chine et de l'Indochine : Hoang Ho, Yang Tsé Kiang, Mékong ; et ceux de la péninsule indienne : Indus, Gange, Brahmapoutre.

La carte ne donne aucune indication sur les climats de l'Asie qui non seulement expliquent l'approvisionnement en eau des fleuves, mais sont aussi un facteur décisif des « genres de vie » de l'Asie du Sud-Est. Le climat de mousson, en particulier, avec sa saison des pluies et sa saison sèche est une « condition naturelle » de la riziculture, de la « civilisation du riz » pour reprendre une formule d'un autre géographe disciple de Vidal, Pierre Gourou. De fait, les climats, dans leurs traits communs (continentalité) et leur variété (du climat glacial de Sibérie aux climats équatoriaux de Malaisie), sont décrits dans la notice accompagnant la carte.

Carte 14
Collection de Cartes murales Parlantes au recto, Muettes au verso
LIBRAIRIE ARMAND COLIN
103, Boulevard Saint-Michel, PARIS.
ASIE
PHYSIQUE
PAR P. VIDAL-LABLACHE
Océan Glacial Arctique
Océan Atlantique
Détroit de Béring
Mer de Béring
Passage du Nord-Est
Presqu'île de Kamtchatka
Mer d'Okhotsk
Plaine de Sibérie
Iénisei Fl.
Obi Fl.
M de Kara
FRANCE
EUROPE
M. Méditerranée
Monts Ourals
Mer Noire
Mont Caucase
Asie Mineure
Mer Caspienne
Steppe des Kirghiz
Lac d'Aral
Plaine du Turkestan
Mts Altaï
Lac Baïkal
Amour Fl.
Mer du Japon
Japon
Ile Yéso
Ile Nippon
Désert de Gobi
Presqu'île de Corée
Mer Jaune
Plaine de Chine
Hoang-ho Fl.
Yang-tse-kiang Fl.
Océan Pacifique
Mts Tian-Chan
Nœud du Pamir
Monts Hindou-Kouch
Plateau du Tibet
Plateau de l'Iran
Mésopotamie
Mer Morte
Désert de Syrie
Euphrate Fl.
AFRIQUE
Mer Rouge
Golfe Persique
Arabie
Détroit de Bab-el-Mandeb
Golfe d'Aden
Mts Himalaya
Indus Fl.
Hindoustan
Gange Fl.
Plaine de l'Inde
Décan
Golfe du Bengale
Golfe d'Oman
Ile de Ceylan
Indo-Chine
Mer de Chine
Iles Philippines
Détroit de Malacca
Presqu'île de Malacca
Bornéo
EQUATEUR
OCÉANIE
Sumatra
Archipel de la Sonde
Océan Indien
Australie
PLANISPHÈRE PHYSIQUE
LÉGENDE POUR LE COLORIS
ÉCHELLE DE 1:12.500.000

Carte 15
LIBRAIRIE ARMAND COLIN
103, Boulevard St Michel PARIS.
ASIE
POLITIQUE
PAR P. VIDAL-LABLACHE
Sibérie
RÉGION DE LA TOUNDRA
UNION DES RÉPUBLIQUES SOVIÉTIQUES SOCIALISTES
EUROPE
France
Paris
Angleterre
Allemagne
Marseille
Italie
Moscou
Léningrad
Istanboul
Turquie
Alexandrie
Canal de Suez
Egypte
AFRIQUE
Arabie Saoudienne
La Mecque
Aden
Djibouti
Iran
Afghanistan
Pakistan
Karatchi
Inde
Delhi
Bombay
Calcutta
Madras
Ceylan
Colombo
Tibet
Mongolie
Mandchourie
Pékin
Tien-tsin
Chang-haï
Chine
Hongkong
Canton
Japon
Tokio
Yokohama
Osaka
Corée
Kamtchatka
Birmanie
Siam
Indochine
Saigon
Iles Philippines
Singapour
Sumatra
Bornéo
Indonésie
Java
Australie
Nlle Guinée
Coton, Riz
Jute, Thé, Blé
Opium
Soie, Thé, Cotonnades
Soie brute, Thé
Sucre, Café
OCÉAN INDIEN
OCÉAN PACIFIQUE
RACES DE L'ASIE

ASIE

Carte politique

Il est aisé de dater cette carte politique de l'Asie d'après la configuration du tracé des frontières. En effet, la partition de l'Inde avec la création de l'État du Pakistan séparé en un Pakistan occidental et un Pakistan oriental est déjà réalisée. La carte est donc postérieure à mars 1947. L'État d'Israël n'est pas indiqué, signe qu'elle est antérieure au vote du partage de la Palestine à l'ONU en novembre 1947. La Corée est encore unifiée, l'Indochine appartient toujours à la France, de même que les « Comptoirs de l'Inde » que tous les petits Français de l'époque connaissent par cœur : Chandernagor, Pondichéry, Yanaon, Karikal, Mahé. Curieusement, le territoire de l'URSS est partagé entre sa partie asiatique et sa partie européenne comme si l'Oural était une frontière effective. De plus, les Républiques d'Asie centrale (Kazakhstan, Ouzbékistan, Kirghizistan) sont d'une couleur différente et leurs limites restent floues.

Le cartouche porte en titre « Races de l'Asie » et renvoie à un chapitre de l'enseignement de la géographie à l'école primaire et dans le Secondaire qui a perduré jusque dans les années 1960. Il consistait à attribuer aux races ce qui relève des « genres de vie », des religions, des civilisations et de leur degré d'avancement ou de retard. La notice accompagnant la carte précise que deux types généraux de populations existent en Asie : « L'un est celui qu'on appelle "caucasique" ou, aujourd'hui, de provenance méditerranéenne ; l'autre qui est de type "mongolique" s'éloigne bien davantage des traits européens. (...) Lorsqu'il apparut à l'Europe, avec les cavaliers d'Attila, il y causa une surprise mêlée de terreur. » Cette vision raciste de l'humanité qui a profondément marqué l'enseignement primaire et secondaire est aujourd'hui heureusement abandonnée.

La carte se veut aussi économique. On y indique les principales ressources naturelles et agricoles et les grandes exportations. L'Asie apparaît ainsi comme un ensemble faiblement industrialisé et livré encore à l'économie de traite. L'exploitation du pétrole du Moyen-Orient est encore limitée à l'Arabie saoudite, à l'Iran aux abords du golfe Persique, au nord de l'Irak, sous la coupe des grandes compagnies anglo-hollandaises, et aux gisements de Bakou. Les ressources de la Sibérie se limitent au gisement de houille de ce qui deviendra le Kouzbass, à l'or et au platine. Les productions du Japon se bornent au charbon, au riz, à la pêche et le pays exporte de la soie, du thé et des cotonnades. De même, l'Inde cultive du blé, du coton, du thé, du jute et du poivre, nourrissant ainsi un grand courant d'exportation vers l'Europe. De plus, l'opium produit en toute liberté pendant la colonisation anglaise alimente un commerce licite vers la Chine, rappelant ainsi la guerre de l'opium qui avait opposé, de 1839 à 1860, la Chine impériale aux puissances coloniales voulant imposer, entre autres, la liberté du commerce de ce stupéfiant (Royaume-Uni, France, Belgique et Russie). La riziculture caractérisant l'Asie des Moussons transparaît à travers la notation de la production de riz en Chine, aux Philippines, en Indochine, en Inde ou en Birmanie.

Cette carte sera rapidement dépassée par les évolutions qui se produiront au cours des Trente Glorieuses, aussi bien sur le plan politique (décolonisation, révolution chinoise, hégémonie américaine), que militaire (guerre de Corée, guerre du Vietnam) et économique (miracle japonais, nouveaux « dragons » : Taïwan, Corée du Sud...).

CHINE

Carte physique

Les deux cartes de la Chine qui suivent, comme celle des États-Unis, ne sont pas de Paul Vidal de La Blache mais d'Emmanuel de Martonne, son disciple. Elles sont vraisemblablement postérieures à la Première Guerre mondiale mais antérieures à la Révolution chinoise de 1949, à la sécession de Formose et à la guerre de Corée (1953) puisque la presqu'île est encore unifiée. Elles traduisent donc la situation de l'entre-deux-guerres, avant l'invasion japonaise de la Mandchourie en 1931.

La carte physique plante le décor de ce vaste pays qui est composé de trois ensembles : au sud-ouest, la montagne himalayenne ; en périphérie, un ensemble de hauts plateaux qui dépassent 1000 m et des plaines qui s'étalent de la Mandchourie au golfe du Tonkin. L'Himalaya constitue l'ossature principale de la Chine avec ses chaînes en éventail : l'Himalaya proprement dit au sud et l'AltynTagh-Nan Chan au nord, qui encadrent le haut plateau du Tibet. À l'ouest, les chaînes du Tian Chan et de l'Altaï, qui se raccordent à l'Himalaya, ceinturent les déserts de Takla Makan et de Dzoungarie. Au sud-est, l'Himalaya se subdivise en chaînes qui bifurquent vers le sud pour former la péninsule indochinoise. Au nord, les monts Tsin Ling ont leur prolongement jusqu'à la presqu'île de Chan Toung. En contrebas des chaînes himalayennes s'étendent de hauts plateaux : désert de Gobi, le grand plateau de lœss traversé par le Hoang Ho ; au sud des monts Tsin Ling, on retrouve des plateaux de taille plus réduite et le grand bassin de Se Tchouen (bassin rouge). La Grande Plaine de la Chine occupe le reste du territoire jusqu'à la mer de Chine. Elle est traversée par les trois grands fleuves Hoang Ho, Yang Tsé Kiang et Si Kiang qui construisent de vastes deltas.

Ce réseau hydrographique est nourri par les abondantes précipitations reçues par le complexe montagneux de l'Himalaya. Le climat de mousson caractérise une grande partie de la Chine. Ses deux saisons, une sèche de décembre à juin, l'autre humide, qui provoque de fortes inondations. La maîtrise de l'eau associée à la culture du riz est un des fondements de la civilisation chinoise. On a pu parler à ce propos de « civilisation hydraulique ». La maîtrise de l'eau impliquait en effet le lancement de grands travaux pour la construction et l'entretien annuel des digues. Cela supposait la mobilisation et l'organisation d'une main-d'œuvre dont il fallait assurer la subsistance. La riziculture était adaptée à ce rythme saisonnier de submersion des parcelles et nécessitait une action collective pour assurer leur inondation de l'amont vers l'aval. La culture du riz associée à la pêche offrait ainsi à la population la base de sa nourriture. Il est probable qu'au Xe siècle, par exemple, la diffusion d'une nouvelle variété de riz à rendement élevé a provoqué le doublement de la population en un siècle. Ce système rizicole impliquait par ailleurs un État organisé, avec une administration qualifiée et lettrée (mandarins), recrutée parfois dans la paysannerie. L'Empire du milieu doit sa pérennité en partie à cette cohésion, malgré tous les changements de dynasties et les invasions qu'il a subies.

Le climat de mousson est loin d'être uniforme. Il se dégrade rapidement vers le nord et vers l'ouest, à l'abri de la mousson grâce à l'Himalaya. Les plateaux deviennent alors désertiques (Mongolie, Takla Makan). Par ailleurs, les variations de températures sont considérables selon l'altitude et la latitude. Le Tibet dont l'altitude dépasse parfois 5000 m est glacé en hiver. Les températures tropicales caractérisent les régions méridionales tandis qu'au nord, en Manchourie, comme dans le désert de Gobi, les hivers sont très rigoureux. De plus, les sols ont des qualités agronomiques très variées. Si les lœss des Hoang Ho sont réputés fertiles et si les alluvions des grandes plaines fluviales favorisent les grandes cultures et la riziculture, en revanche, les régions de steppes sèches ne permettent qu'un élevage extensif (Mongolie). La carte physique et agricole rend assez bien compte de ces disparités. C'est la Grande Plaine qui porte l'essentiel des activités agricoles avec le riz, dans les deltas, mais aussi le blé, la canne à sucre, le coton et le thé.

Carte 52
Collection de Cartes murales VIDAL-LABLACHE
LIBRAIRIE ARMAND COLIN
PARIS, 103 Boulevard St Michel
CHINE PHYSIQUE
PAR EMM. DE MARTONNE
Professeur à la Faculté des Lettres de l'Université de Paris
Hauteurs
Profondeurs
Échelle de 1/5 000 000
U. R. S. S.
Monts Saïan
Lac Baïkal
Plateau du Vitim
Monts Iablonovy
Amour Fl.
Monts de la Boureïa
Sikhota Aline
Lac Balkhach
Altaï russe
Tannou-ola
Altaï mongol
Mts Khangaï
Tarbagataï
Mts de Dzoungarie
DZOUNGARIE
Mt Alexandre
Issyk-koul
Tien-chan
SIN KIANG
MONGOLIE
Chameaux
DÉSERT DE GOBI (OU CHAMO)
Grand Khingan
Plaine de Mandchourie
Soja
Millet
Blé
Petit Khingan
M. DU JAPON
Golfe de Corée
CORÉE
Hondo
JAPON
Sikok
Kiou siou
Pamir
DÉSERT DE TAKLA-MAKAN
Moutons
Lob-nor
Altyn-tagh
Nan-chan
Chameaux
Fleuve Jaune
(Houang-ho)
ORDOS
Moutons
Kouen-Lun
Karakoroum
Indus Fl.
TSAÏDAM
Koukou-nor
TSINGHAÏ
Plateau du Tibet
Yaks
Himalaya
Transhimalaya
Mt Everest
Plaine du Gange
Gange
Brahmapoutre
INDE
PAKISTAN OR
Mts Tang-la
SIKANG
Bayen-ka-la-chan
Bovins
Mt Tsin-ling
Alpes du Sé-tchouen
Bassin Rouge
Tabac
Soie
Sucre
Fleuve Bleu
(Yang-tsé-kiang)
CHINE
Thé
Plateau du Chan si
Taï hang chan
Grande Plaine
Coton
BLÉ
Arachides
Soie
Elevage
Coton
Blé Riz
Soie
Thé
Golfe du Tchili
MER JAUNE
MER DE CHINE ORIENTALE
Iles Riou-kiou
OCÉAN PACIFIQUE
Nan-chan
Soie
Riz
Ramie
Si kiang
Sucre
Soie
Ile Formose
Sucre
Hts plateaux du Yun-nan
Hts plateaux du Kouei tchéou
BIRMANIE
Mts Arakan
Mt Pégou
Indochine
G. du Bengale
Golfe du Tonkin
Haïnan
M. DE CHINE MÉRIDIONALE
I. Luçon
PHILIPPINES
THAÏLANDE
Plaine de Siam
Mékong
Iles Paracels
IMPRIMERIES MICHARD - 49, Rue du Montparnasse, Paris (14e) - IMPRIMÉ EN FRANCE

Carte
52 BIS
Collection de Cartes murales
VIDAL-LABLACHE
LIBRAIRIE ARMAND COLIN
PARIS, 103 Boulevard St Michel
CHINE
POLITIQUE
PAR EMM. DE MARTONNE
Professeur à la Faculté des Lettres de l'Université de Paris
LÉGENDE
Échelle de 1/5 000 000
U. R. S. S.
KAZAKHSTAN
KIRGHIZISTAN
MONGOLIE
SIN KIANG
TIBET
TSINGHAÏ
KAN SOU
NORD-OUEST
DÉSERT DE GOBI
MANDCHOURIE
MONGOLIE INTÉRIEURE
NORD-EST
CORÉE
JAPON
INDE
NÉPAL
BHOUTAN
PAKISTAN ORIENTL
BIRMANIE
THAÏLANDE
SUD-OUEST
SUD-CENTRE
EST
NORD
M. DU JAPON
M. DE CHINE ORIENTALE
M. DE CHINE MÉRIDIONALE
OCÉAN PACIFIQUE
ILES PHILIPPINES
Pékin
Tientsin
Moukden
Kharbine
Vladivostok
Séoul
Kobé
Tsing tao
Nankin
Chang haï
Hankéou
Tchong king
Tcheng tou
Sian
Lan tchéou
Kun ming
Canton
Hong kong
Macao
Fou tchéou
Amoy
Taïpeh
Hanoï
Rangoun
Manille
Delhi
Ouroumtchi
Irkoutsk
Oulan Bator
Alma Ata
MADE IN FRANCE

CHINE

Carte politique

La carte politique fournit peu de données en dehors du système ferroviaire et du système urbain. Elle signale les gisements de charbon de Manchourie, du Chan Tong, du Chan Si, du Hou Nan, noms des anciennes provinces, et quelques gisements de métaux : fer, wolfram (tungstène), mercure. La seule mention industrielle concerne la sidérurgie de Hang Keou. Pourtant, en Manchourie, les Japonais avaient déjà implanté des usines sidérurgiques à An Chan et à Moukden pendant leur occupation, à partir de 1931.

En revanche, la densité et la hiérarchie des villes apparaissent nettement grâce à la typographie. Les anciennes capitales de la Chine sont encore de très grandes villes: Pékin, Nankin, Sian, Hang Tcheou. Les autres villes à forte densité sont des capitales de provinces devenues industrielles : Kharbin, Moukden en Manchourie, Tien Tsin au sud-est de Pékin, Tsing Tao, Hankou ou Tchong King dans le Se Tchouen. Ce sont les ports qui ont connu le plus fort dynamisme depuis l'ouverture forcée de la Chine aux puissances coloniales européennes au XIXe siècle : Shanghaï, Canton, Hong Kong (possession anglaise), Macao (possession portugaise).

LA CARTE POLITIQUE FOURNIT PEU DE DONNÉES EN DEHORS DU SYSTÈME FERROVIAIRE ET DU SYSTÈME URBAIN.

La distribution des villes montre la tripartition du pays : Chine littorale, Chine intérieure et Chine périphérique. La densité de population diminue du littoral pacifique vers l'intérieur, du centre économique et politique où dominent les Hans, vers la périphérie, faiblement peuplée. Là vivent des peuples de langues et de religions différentes (Tibet, Dzougarie, Mongolie).

Le système ferroviaire a été construit par les différentes puissances intéressées par la Chine : Royaume-Uni, France, Belgique, Russie, Japon. Les deux lignes nord/sud relient les grandes villes du nord aux villes du sud (Pékin-Canton) et aux ports de Shanghaï et de Canton.

Au total, la Chine apparaît à travers les données de la carte comme un ancien empire, berceau d'une brillante civilisation urbaine quadri-millénaire, sortant à peine de la période de domination par les grandes puissances européennes.

JAPON

Carte physique

Les deux cartes du Japon, comme celles des États-Unis et de la Chine, sont tardives dans la collection et leur auteur est, comme pour la Chine, non pas Vidal de La Blache mais Étienne de Martonne. On peut les dater de l'entre-deux-guerres. En effet, la Corée, Formose, la presqu'île de Liaodong, la moitié sud de l'île de Sakhaline et l'archipel des Kouriles appartiennent au Japon, une situation qui découle de deux guerres : la guerre sino-japonaise de 1894-1895 et la guerre russo-japonaise de 1904-1905. En 1931, le Japon envahit la Manchourie puis, à partir de 1937, toute la plaine chinoise de Pékin à Shanghaï et tous les ports. Ces frontières ne seront remises en question qu'après la Deuxième Guerre mondiale, la révolution chinoise de 1949 et la guerre de Corée.

Les deux cartes physique et politique ne sont pas à la même échelle. La carte physique est à une échelle plus réduite pour montrer l'insertion de l'archipel japonais dans le Pacifique, sur la façade orientale de l'Asie. La carte politique est centrée sur l'archipel.

La carte physique met en évidence le rapport de l'archipel avec le continent asiatique et avec les autres archipels du Pacifique. On voit comment l'île de Yeso (Hokkaido) s'articule avec l'île de Sakhaline et avec l'archipel des Kouriles. La grande île du Hondo forme un arc qui, au sud, n'est séparé de la Corée que par le détroit. Les deux îles de Sikok et de Kiou Siou en sont des appendices qui se prolongent dans l'arc de Riou Kiou. Les quatre îles du Japon présentent une épine dorsale montagneuse qui porte de nombreux volcans. Le carton, en bas à droite, montre l'intensité des tremblements de terre avec un pic au centre de l'archipel. Comment s'expliquent ces particularités ? De Martonne, plus encore que Vidal, accorde une importance particulière à la géomorphologie. Aucune des cartes physiques de la collection n'indique comme celle-ci les courbes bathymétriques (profondeur des océans). La carte physique du Japon comporte ainsi des données inhabituelles. Le cartouche, en haut à gauche, met en évidence la ceinture de feu du Pacifique, avec les arcs de volcans et les arcs dessinés par les archipels tout autour de l'océan, dont celui de l'archipel japonais avec ses prolongements (Kouriles, Riou Kiou, Arc des Bonin). La carte indique aussi la fosse Tuscarora, appelée aujourd'hui fosse du Japon, qui se subdivise en fosse des Kouriles au nord et fosse des Mariannes au sud. Dans l'entre-deux-guerres, la théorie de la dérive des continents de Wegener était rejetée par les géophysiciens. Depuis, les progrès réalisés grâce aux satellites et aux navires spécialisés dans les fonds océaniques ont permis de refonder cette théorie sous le nom de « tectonique des plaques ». La plaque continentale du Pacifique entre en subduction avec les plaques continentales de Sibérie, d'Australie et d'Amérique. Ce conflit entraîne à la fois des séismes, le volcanisme et la présence des fosses sous-marines.

Dans le même souci de scientificité, De Martonne donne des indications concernant le climat de mousson, cas unique dans la collection. Il distingue en particulier la façade pacifique du Japon et celle donnant sur la mer du Japon. La première reçoit les flux des régions tropicales : la mousson est très abondante. Sur la façade occidentale, la mousson d'hiver qui vient du continent traverse la mer du Japon et se charge en humidité : elle est alors neigeuse. En été, la nébulosité est suffisamment forte pour générer une mousson pluvieuse. En hiver, la mousson diminue en traversant les montagnes de l'archipel. Sur le continent, l'opposition saisonnière ne subit aucune perturbation : la saison pluvieuse en été alterne avec la saison sèche en hiver.

Carte 50
Collection de Cartes murales VIDAL-LABLACHE
LIBRAIRIE ARMAND COLIN
103, Boulevard Saint-Michel . PARIS.
Volcans du Pacifique
Échelle 1/72.000.000e
JAPON
CARTE PHYSIQUE
PAR EMM. DE MARTONNE
Professeur à la Sorbonne
KAMTCHATKA
Détroit des Kouriles
C. Lopatka
Paramouchir
MER D'OKHOTSK
SAKHALINE
(KARAFOUTO)
C. Patience
I. Bolchoï Chantar
C. Elisabet
SIBÉRIE
Amour Fl.
Manche de Tartarie
Arc des Kouriles
Fosse du Tuscarora
Dét.t de la Boussole
Ouroup
Itouroup
Kounasiri
Sikotan
C. Noïchap
Baie d'Aniva
Cap Siretoko
Dét.t de La Pérouse
Cap Soya
Rebounsiri
C. Siretoko
YESO
(HOKKAIDO)
Mt Hidaka
B.e des Volcans
C. Yerimo
Okousiri
Péninsule d'Osima
C. Siriya
Dét. de Tsougarou
MONGOLIE
Mts Khingan
MANDCHOURIE
Soungari
Oussouri
Sikhota Aline
L. Khanka
Chan Aline
Toumen R.
B.e de Pierre le Grand
Liao-ho
Yalou-kiang
C. Bruat
MER DU JAPON
G. de Broughton
G. du Liao-ho
Golfe de Pe-tchi-li
Baie de Corée
CHINE
Hoang-ho
Péninsule du Chan-toung
C. Chan-toung
Baie de Kiao-tcheou
CORÉE (CHOSEN)
Matsou Sima
I. Liancourt
Oki Sima
C. Klonar
Sado Sima
Mt de Kitakami
B.e de Sendaï
Bandaï-san
HONDO
Tokio
Fouzi-Yama
OCÉAN PACIFIQUE
Grand Canal
Anciennes bouches du Hoang-ho
MER JAUNE
Tsou-Sima
Détroit de Corée
I. Quelpaert
Hirado Sima
Goto Sima
Yang-tse-K.g
Bouches du Yang-tse-kiang
Golfe de Hang-tcheou
Tchou-san
MER DE CHINE ORIENTALE
SIKOK
KIOU-SIOU
Chaînes de Kouma-Kii
Détroit de Van Diémen
Tanega Sima
Yakou Sima
C. Mouroto
C. Sivo
Sitsi To (les 7 îles)
Hatsidjio Sima
I. Smith
I. Ponafidin
Amamiono Sima
Groupe du Nord
Takouno Sima
Groupe du Milieu
Okinava Sima
Groupe du Sud
Arc des Riou Kiou
Fosse des Riou-Kiou
Dét.t de Formose
I.s Pescadores
Niitaka-Yama 4145
FORMOSE (J)
Botel Tobago
I.s Borodino
I.s Bonin (Ogasavara)
Arc des Bonin
I.s Volcanos
Tropique du Cancer
LÉGENDE
Profondeurs
de 0 à 200 mètres
de 200 à 2000 m.
de 2000 à 4000 m.
de 4000 à 7000 m.
au-dessous de 8000 m.
Hauteurs
de 0 à 200 mètres
de 200 à 1000 m.
au-dessus de 1000 m.
Limites politiques
Échelle 1/3.300.000e
MER DU JAPON
YESO
HONDO
Gifou (516)
Tokio (90)
Nagoya (240)
SIKOK
KIOU-SIOU
Nombre de Tremblements de terre par an
Côtes affectées par les raz de marée
10 par an
50
100
200 et plus
Échelle 1/15.000.000
Imp. sur zinc, DUFRÉNOY, Paris

Atlas général VIDAL-LABLACHE, HISTORIQUE ET GÉOGRAPHIQUE :
Atlas classique VIDAL-LABLACHE, HISTORIQUE ET GÉOGRAPHIQUE :
Carte 50 BIS
Collection de Cartes murales VIDAL-LABLACHE
LIBRAIRIE ARMAND COLIN
PARIS, 103, Boulevard St Michel
MANDCHOURIE
Kharbine
Tsitsikar
Tao-nan
Kirin
Ningouta
Moukden
Charbon
CHENG-KING
JEHOL
Pékin
HO-PEI
Tien-tsin
Vladivostok
Spassk
Nikolskoïé
Baie de Pierre le G.
Golfe de Pe-tchi-li
Daïren (Dalni)
Or
Teng-tchéou
CHAN TOUNG
Cuivre
Charbon
Tsi-nan
MER DU JAPON
Graphite
Séoul
CORÉE (CHOSEN) (au Japon)
Graphite
Fousan
Matsou Sima (J)
Oki Sima (J)
Kanazava
Kioto
Kobe
Osaka
Hirosima
Fer
Tungstène
SIKOK
KIOU-SIOU
Foukouoka
Nagasaki
Charbon
Fer
Kagosima
Koumamoto
MER JAUNE
CHINE
KIANG-SOU
Nankin
Tchin-kiang
Charbon
Sou-tchéou
Chang-haï
Hang-tchéou
Ning-po
TCHÉ-KIANG
Charbon
MER DE CHINE ORIENTALE
I. Quelpaert (J)
Tanega Sima
Yakou Sima
LÉGENDE
Positions des Capitales d'États
Chemins de fer
Câbles sous-marins
Échelle 1/2.250.000

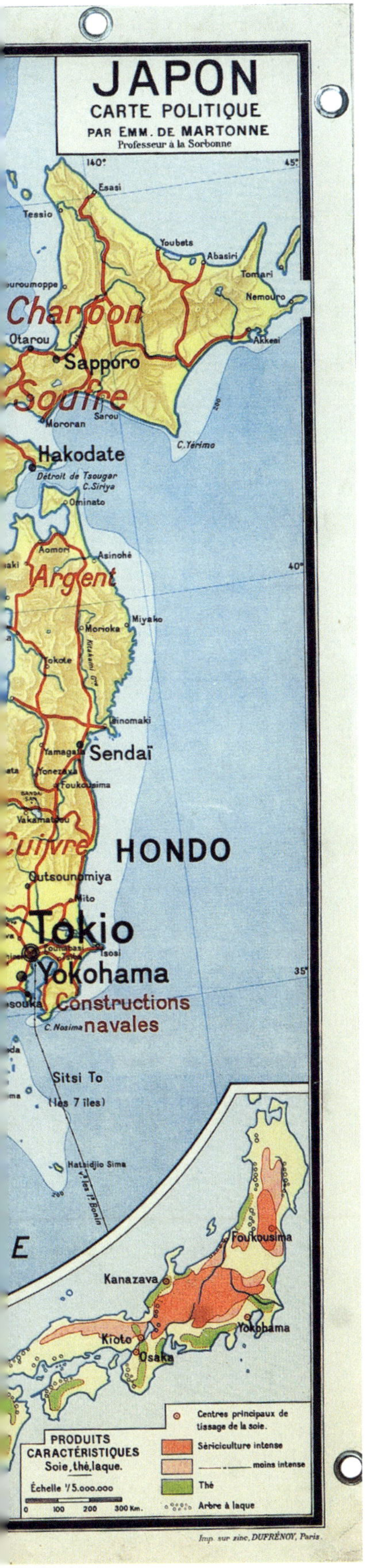

JAPON

Carte politique

Après la guerre russo-japonaise de 1905, le Japon établit son protectorat sur la Corée. En 1910, il l'annexe purement et simplement jusqu'en 1945, date à laquelle la Corée est partagée en deux zones d'occupation, soviétique et américaine. Cette carte date donc de la période de l'annexion, c'est-à-dire l'entre-deux-guerres.

La Corée était alors utilisée comme réservoir à la fois de main-d'œuvre et de soldats et ses mines de charbon et de graphite compensaient la faiblesse du Japon en ressources énergétiques et minières. C'est ce qui fera sa force au cours des Trente Glorieuses : en important des matières premières et en exportant des produits manufacturés, le Japon établira sa puissance commerciale sur la valeur ajoutée réalisée par son industrie.

Outre les ressources minérales (charbon, soufre, cuivre, fer), la carte n'indique que le réseau ferroviaire et le réseau des villes. Néanmoins, le cartouche distingue les produits agricoles caractéristiques (soie, thé et arbres à laque) et leur localisation. La sériciculture se localise sur les pentes des montagnes, la culture du thé sur les versants aux pentes plus faibles. Le riz n'est pas mentionné. Le Japon a peu de ressources minières et énergétiques.

Le Japon depuis l'ère Meiji (1868-1912) qui fut celle de l'ouverture et de la révolution industrielle, a vu sa population augmenter très rapidement. C'est la province du Hondo qui connaît les plus fortes densités tandis que le Yeso (Hokkaido) ou le Sikok sont beaucoup moins peuplés. Cela se perçoit à travers les villes, leur densité et leur hiérarchie : Tokyo, Osaka, Kioto, Kobé, Nagoya, sont, comme aujourd'hui, les principales villes du Japon.

Les Japonais distinguent un Japon de « l'envers » tourné vers la mer du Japon, et un Japon de « l'endroit », tourné vers le Pacifique. Les principaux ports et les capitales se situent sur « l'endroit », ouvert sur le reste du monde. Cette opposition enracinée dans la culture nippone est présente jusque dans la conception des maisons.

OCÉANIE

La carte qui date des années 1950 pourrait s'intituler tout autant « océan Pacifique » puisque le « continent » Océanie se situe entièrement dans le Pacifique et qu'il est constitué par des archipels et de grandes îles comme l'Australie qui a néanmoins une dimension continentale. On voit à quel point « l'invention » de ce continent est conventionnelle. L'ensemble couvre 8,5 millions de km^2 dont 7,7 pour la seule Australie.

Les explorateurs européens ont tardé à découvrir ces terres lointaines. C'est au XVIIIe siècle seulement que James Cook pour l'Angleterre, Lapérouse, Bougainville ou Dumont d'Urville pour la France, ont découvert les archipels, dressé les cartes, étudié la faune, la flore et les populations des îles qu'ils exploraient. Rapidement, l'Océanie est devenue un théâtre d'affrontement entre les puissances européennes – Royaume-Uni, Pays-Bas, Portugal, France et États-Unis – dans la course aux colonies ou pour la maîtrise des routes maritimes. Les Pays-Bas ont ainsi pris possession de l'Indonésie et le Royaume-Uni a mis la main sur l'Australie et sur les escales stratégiques des détroits de la Sonde.

L'Océanie est située entre l'Asie et l'Amérique et n'est accessible qu'après de longues semaines de navigation. Ainsi, le détroit de Malacca entre Sumatra et la Malaisie a très tôt acquis une importance stratégique pour les transports maritimes vers la Chine et le Japon, et ce n'est pas un hasard si Singapour ou Shanghai sont aujourd'hui parmi les plus grands ports du monde.

La carte s'efforce, avec logique, de montrer les routes maritimes et les ressources de l'Océanie et, principalement, celles qui intéressent les pays européens. Le carton à droite présente les routes maritimes de l'Europe vers l'Océanie tandis que la carte, par des flèches rouges, précise la nature des exportations. Par son extension en latitude et sa position océanique, l'Océanie connaît à la fois des climats tropicaux humides, comme en Indonésie ou dans les Philippines, tropicaux secs comme en Australie continentale et enfin des climats tempérés océaniques comme en Nouvelle-Zélande. Les productions et les exportations vers la France offrent un large éventail allant des épices et du café de l'Indonésie aux moutons et aux bovins de l'Australie et de la Nouvelle-Zélande.

Aujourd'hui, l'Australie fait toujours partie du Commonwealth, comme Singapour, et le Royaume-Uni n'a rétrocédé Hong Kong à la Chine qu'en 1997. La France quant à elle contrôle la Nouvelle-Calédonie et Tahiti tandis que les îles Hawaï sont devenues l'un des 50 États américains.

L'Océanie reste aujourd'hui un enjeu géostratégique pour les nouvelles puissances mondiales : le Japon, les États-Unis et la Chine se sont substitués aux anciennes puissances européennes.

OCÉANIE
PAR P. VIDAL-LABLACHE
Professeur à la Faculté des Lettres de l'Université de Paris
Sibérie
TERRES GLACÉES
DÉTROIT DE BÉRING
Territoire d'Alaska (E-U)
MER DE BÉRING
Kamtchatka
Iles Aléoutiennes (E.U)
AMÉRIQUE DU NORD
Canada
Japon
Yokohama
OCÉAN PACIFIQUE
San-Francisco
États-Unis
Californie
Mexique
Iles Sandwich (E.U.)
Hawaii (E.U.)
Philippines
Iles Mariannes
Iles Marshall
Iles Carolines
MICRONÉSIE
Iles Gilbert (A)
Nlle Guinée
AMÉRIQUE CENTRALE
CANAL DE PANAMA
ÉQUATEUR
Iles Marquises
Iles Salomon (A)
MÉLANÉSIE
Iles Viti
Nlles Hébrides
POLYNÉSIE
Iles Samoa
Iles Tonga
Ile Tahiti (F.)
Iles Tuamotou
AMÉRIQUE DU SUD
Nouvelle-Calédonie (F.)
Nickel
Sydney
Moutons
Blé
Nouvelle Zélande
Tasmanie
Valparaiso
Chili
CAP HORN
Légende
Abréviations
(A) Anglais
(P) Portugais
(Ch) Chiliens
(E.U) États-Unis
(J) Japon
(Eq) Équateur
(F) Union Française
(H) Hollandais
(M) Mexicains
Routes d'Europe en Océanie
FRANCE
Canal de Suez
Détroit de Malacca
Océan Indien
AUSTRALIE
Melbourne
Sydney
Nlle CALÉDONIE (F.)
Nlle ZÉLANDE
JAPON
San-Francisco
New-York
Océan Pacifique
Océan Atlantique
Imp. Anc. Etabl.ts DUFRENOY, 49 Rue du Montparnasse, PARIS

Carte 16
Collection de Cartes murales Parlantes au recto. Muettes au verso
LIBRAIRIE ARMAND COLIN
103, Boulevard Saint-Michel, PARIS
AFRIQUE PHYSIQUE
Par P. VIDAL-LABLACHE
Iles Açores (P)
Détr. de Gibraltar
Ile Madère (P)
Iles Canaries (E)
Iles du Cap Vert (P)
Cap Vert
M. Méditerranée
Mer Noire
Mer Caspienne
Plateau d'Asie Mineure
Plateau de l'Iran
BERBÉRIE
Mt Atlas
Région des dunes
Sahara
Djebel Ahaggar
Grand Désert
Désert de Libye
Isthme de Suez
Mt Sinaï
Nil Fl.
Mer Rouge
Golfe d'Oman
ARABIE
Désert de Roba El-Khali
Sénégal Fl.
Niger Fl.
Lac Tchad
Zone de Savanes
Soudan
Région agricole
Massif d'Abyssinie
G. d'Aden
C. Guardafui
Plateau du Fouta-Djalon
Mt Cameroun
Golfe de Guinée
ÉQUATEUR
Estuaire du Gabon
Congo Fl.
Bassin Central
Région Forestière
Nil Blanc Fl.
L. Rodolphe
Mt Kénia
L. Victoria (Oukéréoué)
Mt Kilimandjaro
Plateau-lacustre
L. Tanganika
I. Zanzibar (A)
Iles Seychelles (A)
Océan Indien
Océan Atlantique
L. Nyassa
Canal de Mozambique
Zambèze Fl.
Chutes Victoria
Limpopo Fl.
Désert de Kalahari
Draken Berg
Orange Fl.
Terrasses du Cap
Cap de Bonne-Espérance
Ile de Madagascar (F)
Iles Mascareignes
Ile de la Réunion (F)
Légende
Echelle : 1/10.000.000
Kilomètres
Europe
Asie
Afrique
Amérique
La Terre dans l'Espace
FRANCE
à l'échelle de cette carte

AFRIQUE

Carte physique

La carte physique de l'Afrique est destinée à permettre aux élèves de retenir les traits essentiels de la situation du continent par rapport à l'Europe, à l'Asie et à l'Amérique (cartouche). On lit dans la notice de 1908 que « l'Afrique est moins grande que l'Asie mais trois fois plus grande que l'Europe ». Le tracé de l'équateur et des deux tropiques fait apparaître la fausse symétrie entre la partie massive de l'Afrique, au nord de l'équateur, et la partie méridionale triangulaire qui se termine au cap de Bonne-Espérance. L'Afrique semble une île entourée de l'océan Atlantique, de la Méditerranée, de l'océan Indien et de l'océan Glacial antarctique, rattachée à l'Asie par le seul isthme de Suez.

À l'exception des chaînes de l'Atlas et de la Berbérie, le relief de l'Afrique est fait de vastes plateaux plus ou moins élevés, comme le Sahara et le Soudan, surmontés parfois de massifs volcaniques tel le Kilimandjaro, le point culminant, ou creusés de dépressions, à l'image du lac Tchad. Le rift, ce grand fossé tectonique qui court de la mer Morte jusqu'aux Grands Lacs africains, en passant pas la mer Rouge, est nettement perceptible.

La carte n'est pas accompagnée d'un carton offrant des données climatiques simples qui pourtant sont importantes pour comprendre la répartition de la population africaine. Quelques notations peuvent néanmoins être déduites de sa nomenclature. D'abord, l'équateur entouré des régions de climat tropical humide caractérisé par une température élevée constante et par des précipitations abondantes. Entre l'équateur et les tropiques, on trouve les climats tropicaux à deux saisons, l'une sèche et l'autre humide. Le couvert végétal naturel est alors la savane où se mêlent les hautes herbes et des formations arborées. Au nord et au sud des tropiques se développent les régions du Sahel (deux saisons avec une saison sèche de longue durée) et celles des déserts arides (Sahara, Kalahari). Enfin, l'Afrique du Nord et l'Afrique du Sud connaissent des climats de type méditerranéen.

Le réseau hydrographique se comprend à partir des données orographiques et des données climatiques. Il est constitué de grands émissaires fluviaux qui vont des hautes terres sous climat équatorial ou tropical vers les océans et la mer. La région des Grands Lacs donne ainsi naissance aux trois fleuves principaux de l'Afrique, le Nil, qui se jette dans la Méditerranée en traversant des régions désertiques, le Congo dont le cours entier bénéficie des fortes précipitations tropicales, ainsi que le Zambèze dont l'embouchure se situe dans le canal du Mozambique (océan Indien). Le Niger est un autre grand fleuve africain qui prend sa source dans les montagnes du Fouta Djalon abondamment arrosées et se perdrait dans le désert s'il ne dessinait un coude vers le sud qui le fait pénétrer dans les régions tropicales humides. C'est le sort dévolu au Chari qui alimente le lac Tchad et aux cours d'eau qui se perdent dans le Kalahari. Sénégal, Orange et oueds méditerranéens sont des cours d'eau de moindre importance.

Cette base physique ainsi posée paraît suffisante à Vidal de La Blache pour aborder la carte de l'Afrique politique.

AFRIQUE

Carte politique (I)

La notice accompagnant la première carte publiée en 1885 faisait le récit des explorations, des conquêtes et des luttes d'influence des différentes puissances européennes en dévoilant les raisons de la conquête coloniale de l'Afrique.

En premier lieu, l'immensité du continent et ses faibles densités de population sont présentés : 160 millions d'habitants pour 30 millions de km². Viennent ensuite les races qui vont du teint brun au nord, au teint jaune des Hottentots et au teint noir des « nègres aux cheveux crépus et aux lèvres épaisses ». Quelques ethnies sont mentionnées sur la carte : les Touaregs, les Peuls, les Massaï et les Hottentots. Quant aux religions, on distingue le « mahométisme » qui domine dans tout le nord de l'Afrique et progresse vers le sud au point « d'assiéger le Sénégal », « accompagné d'explosions de fanatisme contre les Européens ». Mais « la grande masse des populations nègres reste livrée au paganisme ». Heureusement, explique la notice, « quelques missions catholiques ou protestantes essayent de répandre quelques civilisations ». Selon Vidal, la première raison de la colonisation est donc bien la mission civilisatrice. En réalité, cette mission apparaît surtout comme le prétexte à la domination économique et politique.

La carte ci-contre date de l'entre-deux-guerres. L'Afrique est alors un continent entièrement colonisé. Depuis 1914, le partage de l'Afrique entre les puissances européennes est à peu près achevé. Certaines puissances se sont taillé la part du lion tandis que d'autres sont arrivées trop tard et se trouvent lésées. Parmi les premières, il y a le Royaume-Uni dont la zone d'influence s'étend sur le flanc oriental de l'Afrique, de l'Égypte à l'Afrique du Sud, sans compter le Nigeria, la Sierra Leone et la Côte de l'Or dans le golfe de Guinée. La France vient au second rang, avec une zone d'influence qui porte sur la partie occidentale de l'Afrique, du Maroc et de l'Afrique du Nord jusqu'au golfe de Guinée. Ces possessions sont rassemblées en deux ensembles : l'AOF (Afrique occidentale française créée en 1895) et l'AEF (Afrique équatoriale française fondée en 1910). En outre, la France a mis la main sur la grande île de Madagascar, l'archipel des Comores et l'île de la Réunion. La Belgique, minuscule pays européen, possède d'immenses territoires et, en particulier, le Congo, qui englobe alors le Rwanda et le Burundi. L'Italie détient l'Érythrée et la Somalie et elle a des visées sur la Libye et sur l'Éthiopie. L'Espagne et le Portugal ne sont pas mal lotis puisque la première possède le nord du Maroc et le Rio Del Oro et le second, l'Angola et le Mozambique.

Parmi les pays désavantagés dans le partage, il y a surtout l'Allemagne qui s'est intéressée tardivement (fin du XIXe siècle) à l'Afrique mais a réussi à s'emparer du Sud-Ouest africain (aujourd'hui Namibie), du Tanganyika (aujourd'hui Tanzanie), du Cameroun et du Togo. En 1921, l'Allemagne vaincue perd toutes ses colonies africaines : la Namibie et la Tanzanie échoient au Royaume-Uni tandis que le Cameroun et le Togo sont placés sous mandat français.

La carte n'indique pas les ressources (minérales ou agricoles) de l'Afrique mais la notice révèle la variété des gisements de l'Afrique du Sud (or, diamants) ou du Congo dont on a dit qu'il était un « scandale géologique », tant ses richesses sont abondantes et diversifiées.

Atlas général VIDAL-LABLACHE, historique et géographique :
Atlas classique VIDAL-LABLACHE, historique et géographique :
Carte 17
Collection de Cartes murales Parlantes au recto Muettes au verso
LIBRAIRIE ARMAND COLIN
PARIS, 103, Boulevard Saint-Michel.
AFRIQUE POLITIQUE
Par P. VIDAL-LABLACHE
France
EUROPE
Russie
Portugal
Espagne
Alger
Tunis
Tunisie
MÉDITERRANÉE
Asie Mineure
Iran
ASIE
Inde
Iles Açores
Ile Madère
Maroc
Algérie
Libye
Alexandrie
Suez (Canal de)
le Caire
Egypte
Iles Canaries
OCÉAN
Arabie
la Mecque
SAHARA
TRIBUS NOMADES DU SAHARA
Iles du Cap Vert
Mauritanie
Tombouctou
Afrique occid.le française
Soudan anglo-égyptien
St Louis
Dakar
Sénégal
Arachides
Gomme
Caoutchouc
Noix de Kola
Café
Soudan
SOUDAN
Ethiopie
(Abyssinie)
Addis-Abeba
Somalie anglaise
Somalie italienne
Café, Peaux
Aden
Nigeria
Cameroun
Oubangui-Chari
Côte d'Ivoire
Libéria
Sierra-Leone
Lagos
Caoutchouc
Huile de palme
Cacao
Libreville
Gabon
Moyen Congo
Afrique équator.le fr.se
Congo belge
Kenia
Nairobi
OCÉAN INDIEN
Clous de Girofle
ATLANTIQUE
Ivoire, Caoutchouc
Ile de l'Ascension
St Paul de Loanda
Angola
Benguella
Sultanat de Zanzibar
Afrique orient.le (M.A)
Iles Comores
Diégo-Suarez
Peaux, Cire, Conserves
Vanille, Graphite
Rhodesia
Mozambique
Afrique or.le portugaise
Madagascar (F)
Tananarive
Tamatave
Ile Maurice
la Réunion
Sucre
Ile Ste Hélène
Diamants
Plumes d'Autruche
Laine
Sud-Ouest africain
Cuivre
Protectorat du Betchouana
Transvaal
Johannesburg
Lourenço Marquez
Orange
Natal
Or, Diamants
Afrique du Sud angl.se
Durban
Capetown
Colonie du Cap
Echelle 1/10.000.000
Europe
Asie
Afrique
La Terre dans l'Espace
FRANCE
à l'échelle de cette carte

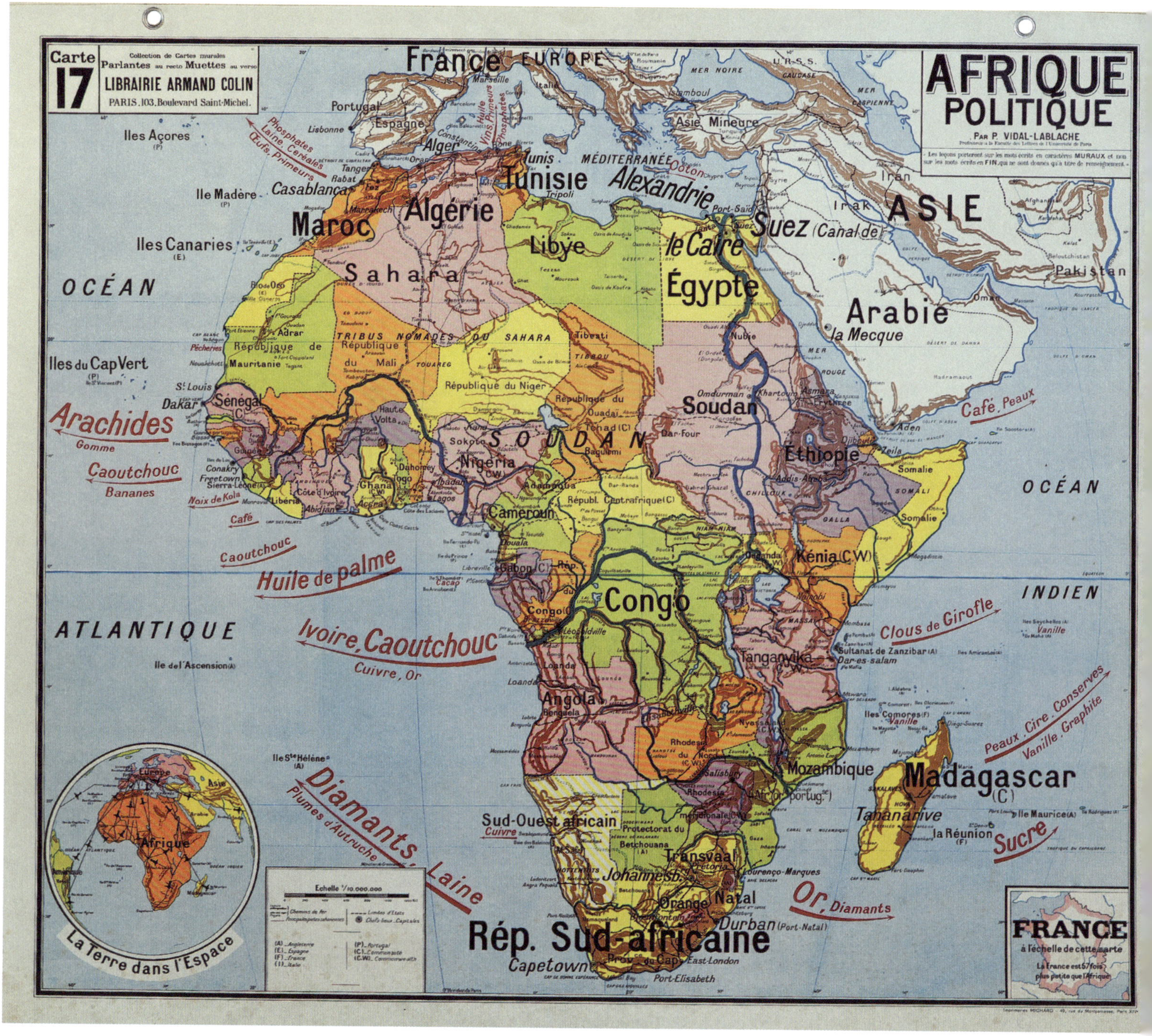
Carte 17
Collection de Cartes murales Parlantes au recto Muettes au verso
LIBRAIRIE ARMAND COLIN
PARIS, 103, Boulevard Saint-Michel.
AFRIQUE POLITIQUE
Par P. VIDAL-LABLACHE
France
EUROPE
Portugal
Espagne
Lisbonne
Iles Açores (P)
Ile Madère (P)
Iles Canaries (E)
Phosphates Laine, Céréales Œufs, Primeurs
Vins, Primeurs Huile Phosphates
Casablanca
Maroc
Algérie
Tunisie
Alger
Tripoli
Libye
MÉDITERRANÉE
Alexandrie
Coton
Port-Saïd
Suez (Canal de)
le Caire
Égypte
Sahara
Asie Mineure
MER NOIRE
Irak
ASIE
Arabie
la Mecque
Pakistan
OCÉAN
République de Mauritanie
TRIBUS NOMADES DU SAHARA
République du Mali
République du Niger
Tibesti
Iles du Cap Vert (P)
St Louis
Dakar
Sénégal
Arachides
Gomme
Caoutchouc
Bananes
Noix de Kola
Café
Conakry
Freetown
Sierra-Leone
Côte d'Ivoire
Libéria
Abidjan
Ghana
Togo
Dahomey
Haute Volta
SOUDAN
Nigéria (C.W.)
République du Ouadaï
Tchad (C)
Soudan
Khartoum
Omdurman
Nubie
Ethiopie
Café, Peaux
Aden
Somalie
OCÉAN
Républ. Centrafrique (C)
Cameroun
Caoutchouc
Huile de palme
Gabon
Congo
Kénia (C.W.)
INDIEN
Ivoire, Caoutchouc
Cuivre, Or
ATLANTIQUE
Ile de l'Ascension (A)
Léopoldville
Tanganyika
Sultanat de Zanzibar (A)
Dar-es-salam
Clous de Girofle
Angola
Iles Comores (F)
Peaux, Cire, Conserves Vanille, Graphite
Rhodesia du Nord (C.W.)
Mozambique
Madagascar (C)
Tananarive
Ile Maurice (A)
la Réunion (F)
Sucre
Ile Ste Hélène (A)
Diamants, Laine
Plumes d'Autruche
Sud-Ouest africain
Cuivre
Protectorat du Betchouana
Transvaal
Johannesburg
Lourenço-Marques
Natal
Orange
Durban (Port-Natal)
Or, Diamants
Rép. Sud-africaine
Capetown
East-London
Port-Elisabeth
Europe
Asie
Afrique
La Terre dans l'Espace
Echelle 1/10.000.000
FRANCE
à l'échelle de cette carte
La France est 57 fois plus petite que l'Afrique

AFRIQUE

Carte politique (2)

La deuxième carte consacrée à l'Afrique est contemporaine du grand mouvement de décolonisation qui va de 1947 à 1962 et qui voit l'accession à l'indépendance de la quasi-totalité des États africains.

On retrouve dans cette carte une partie des frontières actuelles, mais le morcellement des pays continue au cours de la seconde moitié du XXe siècle : Namibie (1990), Érythrée (1993) ou encore Soudan du Sud (2011). D'ailleurs, la légende indique encore l'appartenance de certains pays à des puissances extérieures : l'Angola et le Mozambique sont encore sous domination portugaise (jusqu'en 1975), le Rio Del Oro appartient encore à l'Espagne (jusqu'à la Marche verte de Hassan II en 1975 qui aboutit au rattachement des Provinces du Sud au Maroc). Certains pays d'Afrique du Sud sont ici toujours sous administration britannique (Betchouana) et d'autres font encore partie du Commonwealth : Rhodésie du Nord, Tanganyika, Kenya, Nigeria, Ghana.

L'ANGOLA ET LE MOZAMBIQUE SONT ENCORE SOUS DOMINATION PORTUGAISE (JUSQU'EN 1975), LE RIO DEL ORO APPARTIENT ENCORE À L'ESPAGNE.

La Communauté française, qui a remplacé l'Union française depuis 1958 (voir pages 64 et 65), comprend le Gabon, le Sénégal, le Tchad, etc., qui n'ont pas encore opté pour l'indépendance.

La carte en revanche montre les grandes exportations coloniales qui vont de l'arachide exportée de Dakar vers Marseille au caoutchouc produit par l'hévéa dont les graines ont été récemment importées d'Amérique, de l'huile de palme qui sert à la fabrication industrielle du savon (de Marseille) au café du golfe de Guinée et d'Éthiopie, aux épices (girofle de Zanzibar, vanille des îles de l'océan Indien) et à la canne à sucre de la Réunion. Comme pour l'Asie, il s'agit bien évidemment d'une économie de traite. Les lignes de chemins de fer, très peu denses sauf en Afrique du Nord et en Afrique du Sud, sont perpendiculaires à la côte. Elles relient l'intérieur aux ports exportateurs. Ce dispositif est significatif de cette économie coloniale.

CONTINENT AMÉRICAIN

Carte physique

Le type de projection utilisé par Vidal de La Blache est dite équatoriale. Ce choix répond à la caractéristique majeure du continent: une symétrie approximative nord/sud et est/ouest. L'équateur est représenté par une droite, de même que le méridien 78° ouest. De part et d'autre de ces deux droites, les parallèles et les méridiens sont courbes de façon à déformer le moins possible les surfaces. L'extension en latitude du continent, de l'océan Glacial arctique à l'océan Glacial antarctique de part et d'autre de l'équateur est immédiatement visible, de même que la symétrie décalée des deux triangles formés par l'Amérique du Nord et l'Amérique du Sud. Entre le nord du Groenland et le cap Horn, la distance dépasse 15 000 km. La superficie de l'Amérique est du même ordre de grandeur que celle de l'Asie (42 millions de km^2), mais on ne retrouve en rien ici la massivité du continent asiatique.

La représentation du relief en fonction des courbes de niveau fait clairement apparaître l'épine dorsale montagneuse de l'Alaska et des Rocheuses au nord, et de la cordillère des Andes au sud, reliées par la cordillère de l'Amérique centrale qui se rétrécit sur l'isthme de Panama, seul passage possible et exploité par le canal éponyme entre océans Atlantique et Pacifique. De façon similaire, de vastes plateaux et plaines donnent leur forme triangulaire aux deux sous-continents. Entre les bourrelets montagneux des Appalaches et des Rocheuses au nord, de la Serra do Mar et de la cordillère des Andes au sud, se dessinent de vastes gouttières utilisées par le réseau hydrographique organisé par de très grands fleuves: l'Amazone (6900 km) et le Paraná au sud, le Mississippi (6800 km avec son affluent le Missouri) et le Mackenzie au nord.

La carte, pas plus que le cartouche qui situe l'Amérique sur le globe terrestre, ne donne des indications sur les climats du continent.

La répartition des deux sous-continents de part et d'autre de l'équateur jusqu'aux latitudes polaires, permet cependant d'approcher la variété des climats américains et des formations végétales. Le climat tropical humide de l'Amazonie s'accompagne de la « forêt vierge » nommée *selva* et des savanes (*llanos*). Les climats tropicaux à deux saisons caractérisent l'Amérique centrale et le sud du Brésil, mais on passe rapidement à des climats tropicaux plus arides dans le nord du Mexique et le sud des États-Unis ainsi que dans la Pampa argentine. Les climats continentaux froids de type sibérien affectent le Grand Nord canadien et l'inlandsis du Groenland, un glacier continental. La carte montre, en outre, les grands courants océaniques, chauds et froids, qui expliquent certaines particularités climatiques régionales. Le Gulf Stream réchauffe les côtes du nord-est des États-Unis avant d'apporter sa tiédeur aux côtes occidentales de l'Europe. Le courant du Labrador refroidit les côtes du nord-est du Canada (Labrador). Du côté du Pacifique, le courant de Californie et le courant du Pérou refroidissent et dessèchent les côtes de Californie et celles du Chili, au point de désertifier ces régions (Vallée de la Mort, désert de l'Atacama).

Les cartes suivantes, de l'Amérique du Nord et de l'Amérique du Sud, plus détaillées, donnent davantage de précisions sur les formations végétales : *barren grounds* dans le Grand Nord canadien, toundra en Alaska, forêts autour de la baie d'Hudson, désert du Texas; forêts vierges de l'Amazonie, *llanos* et *pampas* en Amérique du Sud.

IMPRIMERIES MICHARD - 49, Rue du Montparnasse, Paris (14e) - IMPRIMÉ EN FRANCE

Atlas Général VIDAL-LABLACHE
Atlas Classique VIDAL-LABLACHE
Carte 19
Librairie Armand Colin
103, Boulevard Saint-Michel, PARIS
AMÉRIQUE
DU NORD
POLITIQUE
PAR P. VIDAL-LABLACHE
Professeur à la Faculté des Lettres de l'Université de Paris
Alaska
Pêcheries de Phoques
GROENLAND
BARREN GROUNDS (TERRES GLACÉES)
ESQUIMAUX
OCÉAN ATLANTIQUE
MER D'HUDSON
LABRADOR
TERRE-NEUVE (A)
Blé, Bois, venant du Canada (A)
OCÉAN PACIFIQUE
Vancouver
Puissance du
Canada (A)
Seattle
Winnipeg
Québec
Montréal
Pétrole, Farine, Bois
Portland
Boston
Toronto
Blé, Viandes, Pétrole, Bois
Machines des États-Unis
Minneapolis
Chicago
New-York
Philadelphie
Baltimore
Washington
Pittsburg
Cleveland
Buffalo
San-Francisco
Denver
St Louis
Cincinnati
Louisville
Los Angeles
États-Unis
Coton brut, Tabac, venant des États-Unis
Atlanta
Nlle Orléans
Café, Sucre, Cacao, venant des Antilles
Galveston
GOLFE DU MEXIQUE
OCÉAN ATLANTIQUE
ANTILLES
Mexique
Argent, Or, Bois précieux, venant du Mexique
la Havane
CUBA
St Domingue
Haïti
LA GUADELOUPE (F)
LA MARTINIQUE (F)
LA JAMAÏQUE (A)
OCÉAN PACIFIQUE
Mexico
la Vera-Cruz
Guatemala
Honduras
Nicaragua
Salvador
Costa-Rica
Panama
Bois de teinture, Bois précieux, Cacao, Bananes de l'Amérique centrale
Venezuela
Colombie
Brésil
CANAL DE PANAMA
L'AMÉRIQUE DU NORD SUR LE GLOBE
Amérique du Nord
Amérique Centrale
Amérique du Sud
Océan Atlantique
France à l'Echelle de cette carte
LA FRANCE
LÉGENDE
Echelle 1/8,500,000

AMÉRIQUE DU NORD

Carte politique

L'Amérique du Nord offre une dissymétrie nette entre la façade atlantique et la façade pacifique. La façade atlantique est celle de la colonisation par les puissances européennes (Royaume-Uni, France, Pays-Bas, Espagne). C'est sur cette côte que sont arrivés les premiers colons européens et, à partir de la fin du XIXe siècle, qu'ont convergé les grandes vagues d'immigration. Ces dernières ont provoqué une urbanisation rapide qui se propage d'est en ouest, ce que montre bien la carte. Comme sur les autres cartes continentales, ne sont indiquées ici que les matières premières et les ressources naturelles : bois, blé, coton, or, argent, canne à sucre, pêcherie de phoque de l'Alaska, morue de Terre-Neuve). Le pétrole commence à être exploité mais en Pennsylvanie seulement et non pas au Texas ou dans la prairie canadienne comme il le sera plus tard.

Cependant, la révolution industrielle est en cours. Les trois lignes de chemin de fer reliant les villes du nord-est des États-Unis à la côte pacifique sont déjà en place : la *Northern Pacific* de Chicago à Seattle, la *Central Pacific* de New York à San Francisco et la *Southern Pacific* de Chicago à Los Angeles. La marche de la colonisation du territoire d'est en ouest s'est opérée. La conquête de la « Frontière » est donc à peu près achevée, les Indiens éliminés et l'exploitation de la prairie par l'élevage extensif nourrit les abattoirs de Chicago qui exportent la viande par les ports du Nord-Est. Les ceintures du blé et du maïs sont bien visibles. La houille de Pennsylvanie est exploitée, de même que le fer des Grands Lacs qui alimente la sidérurgie des villes de Chicago, Cleveland ou Pittsburgh. En revanche, Detroit, qui deviendra la capitale de l'automobile avec Ford, en particulier, n'est pas mentionnée : l'automobile, en effet, en est encore à ses débuts. La Mégalopolis, cette grande région urbaine du nord-est des États-Unis, est en formation. La capitale, Washington, est à peine perceptible. La participation de l'Amérique à la guerre de 1914-1918 n'a pas encore provoqué le doublement de sa capacité industrielle. La hiérarchie des villes place bien New York et Chicago en tête, alors que Los Angeles est toujours une ville secondaire, dépassée par San Francisco. Au Canada, Montréal est de loin la ville principale, Toronto, Vancouver et les villes de la prairie sont loin derrière.

La conquête du Far West et le mythe de la Frontière ont fourni les thèmes traditionnels du western (les Indiens, les hors-la-loi et les chasseurs de primes, les ranchs d'élevage, la ruée vers l'or).

Quant aux pays de l'Amérique centrale, y compris le Mexique, représentés par la carte, ils ne sont pas sortis de l'économie coloniale. Les grandes latifundias produisent des bananes, du cacao ou du café, les Antilles du sucre, du cacao et des bois précieux. Les exportations se portent toutes vers l'Europe. Le canal de Panama est ouvert mais ne se traduit que par un cabotage sur la côte Pacifique.

L'attraction des États-Unis fait sentir sa prépondérance sur le Mexique et les Antilles grâce aux progrès des communications rapides : chemin de fer et lignes de navigation.

ÉTATS-UNIS, MEXIQUE

Carte politique

Cette carte est l'une des plus tardives de la collection. Son auteur est Emmanuel de Martonne. Par rapport à la carte n° 19 de l'Amérique du Nord, page précédente, elle représente une sérieuse mise à jour qui tient compte des évolutions rapides qu'ont connu les États-Unis depuis le début du xxe siècle. Nous en étions restés à une occupation très discontinue du territoire, le long des trois grandes lignes ferroviaires transcontinentales, et à un développement urbain sporadique.

La carte ci-contre présente la situation au lendemain de la Deuxième Guerre mondiale. Les limites des 48 États de l'époque, pour la plupart géométriques, sont indiquées en vert. Le relief nord-sud des Rocheuses à l'ouest et à l'est celui des Appalaches sont visibles, de même que les grands fleuves (Missouri, Mississippi, Rio Grande, Colorado, Columbia). L'accent est mis davantage sur les aspects économiques de la puissance américaine. Si les principales ressources minières et énergétiques sont présentes, en particulier le pétrole du Texas, de l'Oklahoma et de la Californie, la carte insiste davantage sur les réseaux de communication et sur le système urbain. Le réseau ferroviaire s'est très largement densifié. Il y a désormais six transcontinentaux, mais c'est surtout la densité du réseau interurbain qui s'est accrue avec les voies nord/sud de Boston à Key West, de New York à la Nouvelle-Orléans, de Chicago à Houston ou Dallas, de Seattle à Los Angeles. On constate néanmoins que le réseau routier est absent alors que le grand boom de l'automobile de l'entre-deux-guerres a déjà produit des effets géographiques multiformes (autoroutes, industries de l'automobile, basculement énergétique vers le pétrole et la pétrochimie).

La mise à jour essentielle porte sur les villes. La carte montre bien l'agglutination urbaine de ce qu'on appelle, à partir de 1955, la Mégalopolis, qui regroupe 50 millions d'habitants dans le nord-est des États-Unis, de Boston à Baltimore en passant par New York et Philadelphie. De même, la prolifération urbaine et industrielle des Grands Lacs apparaît nettement. Le système portuaire des Grands Lacs a permis la mise en relation des ressources des Appalaches (charbon) et du minerai de fer de Duluth sur le lac Supérieur. Il en est résulté un essor de la sidérurgie, de la métallurgie, des constructions mécaniques et surtout de l'automobile dont a bénéficié non seulement Chicago, mais aussi Detroit (capitale de l'automobile américaine), Cleveland, Pittsburgh, Buffalo, Akron, Toledo, Milwaukee… Mégalopolis et Grands Lacs forment ainsi une vaste région urbaine qui restera le centre névralgique de la puissance industrielle des États-Unis jusqu'aux années 1980. Il se produira alors un déplacement du dynamisme vers les régions du sud et de l'ouest autour des industries de l'aéronautique, de l'aérospatiale, du nucléaire et de l'électronique-informatique (Californie, Texas, Floride). Si le phénomène n'est pas encore perceptible au début des années 1950, la carte fait néanmoins apparaître le potentiel de développement de ces régions périphériques du Pacifique (Seattle, Portland, San Francisco, Los Angeles) et du golfe du Mexique (Dallas, Houston, Nouvelle-Orléans, Miami).

ETATS-UNIS
MEXIQUE
CARTE POLITIQUE
PAR EMM. DE MARTONNE, Professeur à la Sorbonne.
CANADA
ALBERTA
SASKATCHEWAN
MANITOBA
ONTARIO
QUÉBEC
Winnipeg
Montréal
Toronto
MONTANA
DAKOTA du NORD
DAKOTA du SUD
MINNESOTA
WISCONSIN
MICHIGAN
IDAHO
WYOMING
NEBRASKA
IOWA
UTAH
COLORADO
KANSAS
MISSOURI
KENTUCKY
TENNESSEE
OKLAHOMA
ARKANSAS
NEW MEXICO
TEXAS
LOUISIANE
MISSISSIPI
ALABAMA
GEORGIE
FLORIDE
CAROLINE du NORD
CAROLINE du SUD
ILLINOIS
INDIANA
OHIO
PENNSYLVANIE
NEW YORK
MAINE
Fer
Cuivre
Argent
Charbon
Plomb
Pétrole
Soufre
Or
Antimoine
Minneapolis
St. Paul
Milwaukee
Chicago
Détroit
Cleveland
Buffalo
Boston
Providence
New York
Philadelphie
Baltimore
Washington
Pittsburg
Columbus
Indianapolis
Cincinnati
Louisville
St. Louis
Kansas City
Omaha
Denver
Salt Lake City
Memphis
Birmingham
Atlanta
Dallas
Houston
S. Antonio
Nlle Orléans
El Paso
OCÉAN ATLANTIQUE
GOLFE DU MEXIQUE
ILES BAHAMA (A)
la Havane
CUBA
HAITI
S. DOMINGUE
JAMAÏQUE (A)
MEXIQUE
Mexico
YUCATAN
GUATEMALA
HONDURAS BRITANNIQUE
HONDURAS
NICARAGUA
Limites d'États
Limites d'États fédérés
Chemins de fer
Canaux
Villes de plus de 1 million d'hab.
500.000 à 1 million
200.000 à 500.000
100.000 à 200.000
50.000 à 100.000
moins de 50.000
Échelle de 1/5.000.000

Atlas VIDAL-LABLACHE
Carte 20
ARMAND COLIN & Cie
PARIS, 5, rue de Mézières
AMÉRIQUE DU SUD
POLITIQUE
P. VIDAL-LABLACHE
AMÉRIQUE CENTRALE
ISTHME DE PANAMA
Quinquina
Cacao
Caracas
Vénézuela
Georgetown
Guyanes
Bogota
Colombie
Quito
Équateur
Caoutchouc et Bois précieux
Pérou
Lima
Forêts Vierges
Brésil
Pernambouc
Bahia
Bolivie
La Paz
OCÉAN PACIFIQUE
Café, Peaux brutes, sucre
Paraguay
Assomption
San Paulo
Rio de Janeiro
Cuivre
République Argentine
Cordoba
Uruguay
Valparaiso
Santiago
Montevideo
Buenos-Ayres
La Plata
Chili
OCÉAN ATLANTIQUE
Laines brutes, Peaux brutes, Viandes
FRANCE, ESPAGNE et PORTUGAL à l'échelle de l'Amérique du Sud
la France
LA TERRE DANS L'ESPACE
Antilles
Amérique du Sud
PATAGONIE
DÉTROIT DE MAGELLAN
LÉGENDE
Échelle 1:9.000.000

AMÉRIQUE DU SUD

Carte politique (1)

Les cartes des différentes éditions enregistrent les grandes évolutions de l'économie des pays de l'Amérique latine. Depuis la fin de la colonisation espagnole et portugaise (première moitié du XIXe siècle), les frontières sont restées à peu près stables. Le potentiel économique varie grandement en fonction de la position des pays par rapport aux façades maritimes. Les pays andins, malgré leurs ressources minières (cuivre, argent, nitrates) sont désavantagés par leur éloignement de l'Europe, le centre du monde. Au contraire, les vastes pays de la façade atlantique (Brésil et Argentine), après avoir accueilli les esclaves africains, s'ouvrent aux migrations européennes. Les Guyanes sont encore des colonies anglaise, hollandaise et française.

Comme en Amérique du Nord, la façade atlantique est celle de la liaison avec l'Europe. Les principales villes sont des ports; les plus anciens comme Bahia (Saõ Salvador) ou Recife (Pernambouc) sont supplantés par les nouveaux comme Rio de Janeiro, Montevideo, Buenos Aires ou Caracas. Inversement, la plupart des capitales des pays andins se situent à l'intérieur des terres: Santiago, Lima, La Paz, Bogota. La colonisation s'est donc effectuée par l'intérieur et non par le Pacifique. Il s'agissait de rechercher les gisements de métaux précieux de l'Eldorado, argent et or, puis d'exploiter les ressources minérales — nitrates, cuivre, étain — par le travail forcé des populations indiennes des Andes.

La première carte date vraisemblablement de la fin du XIXe siècle. Elle semble vide, à l'exception des villes et des ports. Le Brésil, tout particulièrement, à l'exception des ports atlantiques, ne manifeste aucun signe de colonisation intérieure. La présence humaine est quasi absente le long du cours de l'Amazone, cette grande voie de pénétration à l'intérieur de la forêt dense. De même, le Mato Grosso semble désert. Les voies ferrées sont inexistantes. Un embryon de ligne part de Rio de Janeiro vers l'intérieur. C'est aussi le cas de Buenos-Aires, la capitale de l'Argentine.

Les échanges de l'Amérique latine, à en juger par les exportations indiquées ici, se limitent à l'exploitation de produits miniers (cuivre du Chili), de produits de l'élevage (laine de Patagonie, peaux brutes) ou encore du café qui est cultivé le long de la côte brésilienne entre Bahia et Rio. Les hévéas de la *selva* amazonienne fournissent à l'Europe le latex et le caoutchouc. Le « rapt » de milliers de graines d'hévéas par un Anglais, Henri Wickham, en 1876, est à l'origine de la diffusion de cette culture en Asie (Inde, Insulinde, Indochine). C'est l'essor de l'automobile qui provoquera une hausse de la demande mondiale.

AMÉRIQUE DU SUD

Carte politique (2)

La deuxième carte est beaucoup plus récente puisque Brasilia, la nouvelle capitale du Brésil depuis 1960, y figure.

La colonisation de l'intérieur des terres est plus intense. Le réseau ferré est plus dense, même si la logique reste la même, et sa configuration a évolué. Le meilleur exemple est celui que présente le réseau de l'arrière-pays de São Paulo et de Rio de Janeiro. Depuis le début du XXe siècle un « front du café » se propage rapidement vers l'intérieur à la conquête des bons sols de la *terra rossa*. Comme les sols s'épuisent en quelques années, la culture du café se porte plus loin. Pour exporter le café, il faut des moyens de transports modernes. Le « chevelu » des voies traduit la pénétration de ce « front ». Les exportations du café s'effectuaient par Santos vers l'Europe.

Un autre exemple est fourni par le réseau chilien, contraint par le relief des Andes à suivre une direction nord-sud destinée à relier les mines de cuivre aux ports de Valparaiso et de Concepción.

LA DENSIFICATION DE L'ARMATURE URBAINE OBÉIT À LA LOGIQUE DE LA CONQUÊTE DE L'INTÉRIEUR À PARTIR DE LA FAÇADE ATLANTIQUE.

Les exportations restent les mêmes (laine, peaux, cuivre, nitrates, caoutchouc, bois précieux). Ce sont des matières premières destinées aux industries européennes. Néanmoins, le Venezuela commence à exporter du pétrole et l'élevage bovin du Mato Grosso est mentionné.

La densification de l'armature urbaine obéit à cette même logique de la conquête de l'intérieur à partir de la façade atlantique. On perçoit cette formidable croissance en comparant les deux cartes. Des villes qui n'étaient pas même mentionnées sont devenues de grandes métropoles : Belo Horizonte, Santos, Porto Alegre, Curitiba, Rosario, Cordoba. Les pays andins connaissent le même élan d'urbanisation qui ajoute de nouvelles villes aux capitales: Maracaïbo au Venezuela, Cali et Medellin en Colombie, Guayaquil en Équateur, Arequipa au Pérou.

L'Amérique latine est encore sous la dépendance des États-Unis mais se prépare à émerger, à se libérer des dictatures et à sortir du sous-développement.

Carte 20
Collection de Cartes murales Parlantes au recto Muettes au verso
LIBRAIRIE ARMAND COLIN
103, Boulevard Saint-Michel, PARIS
AMÉRIQUE DU SUD
POLITIQUE
PAR P. VIDAL-LABLACHE
Professeur à la Faculté des Lettres de l'Université de Paris
AMÉRIQUE CENTRALE
ISTHME DE PANAMA
OCÉAN PACIFIQUE
OCÉAN ATLANTIQUE
Barranquilla
Maracaibo
Cartagena
Caracas
Barquisimeto
Bucaramanga
Vénézuela
Medellin
Cali
Bogota
Guyanes
Georgetown
Paramaribo
Cayenne
Colombie
Quito
Équateur
Guayaquil
Manaos
Para
Fortaleza
Recife (Pernambouc)
Caoutchouc
Selvas (Forêts vierges)
Caoutchouc et Bois précieux venant du Brésil
Pérou
Lima
Cuzco
Arequipa
Bolivie
La Paz
Sucre
Brésil
Bovins
Brasilia
Sao Salvador (Baïa)
Belo-Horizonte
Café, Peaux brutes, Sucre, venant du Brésil
Sucre, Guano, Coca, Coton, Cuivre
Nitrates venant du Chili
Argent, Etain, Bismuth venant de Bolivie
Antofagasta
Paraguay
S. Paulo
Santos
Niteroi
Rio de Janeiro
Assomption
Curitiba
Tucuman
Cuivre (minerai de) Blé, Peaux brutes venant du Chili
République
Porto-Alègre
Laines, Viandes venant de l'Uruguay
Cordoba
Valparaiso
Mendoza
Uruguay
Santiago
Rosario
Montevideo
La Plata
Buenos-Aires
Chili
Argentine
Laines brutes, Blé, Peaux brutes, Viandes venant de la Plata
PATAGONIE
DÉTROIT DE MAGELLAN
TERRE DE FEU
LA TERRE DANS L'ESPACE
Antilles
Canal de Panama
Amérique du Sud
Rio de la Plata
LÉGENDE
Échelle 1/9000000
« Les leçons ne porteront que sur les POSITIONS ou ronds de dimension murale. Les ronds de petite dimension ne figurent qu'à titre de renseignement. »
FRANCE, ESPAGNE et PORTUGAL à l'échelle de l'Amérique du Sud
St Nazaire
la France
Bordeaux
Dakar
AFRIQUE

Carte 23
Collection de Cartes murales
VIDAL-LABLACHE
LIBRAIRIE ARMAND COLIN
103, Boulevard Saint-Michel, PARIS
CARTE DE L'ORIENT
pour l'étude de l'histoire
DU PEUPLE HÉBREU
jusqu'aux premiers siècles
de l'Ère Chrétienne
PAR P. VIDAL-LABLACHE
Professeur à la Faculté des Lettres de l'Université de Paris
PONT EUXIN (MER NOIRE)
Mt Caucase
MER CASPIENNE
Byzance
Chalcédoine
BITHYNIE
Hellespont
Propontide
Mt Olympe
TROADE
ASIE MINEURE
PONT
Mt Ararat
ARMÉNIE
CAPPADOCE
Peuples Hellènes
MER ÉGÉE
LYDIE
Sardes
PHRYGIE
Athènes
GRÈCE
Sparte
Éphèse
Milet
LYCAONIE
Mt Taurus
PISIDIE
CILICIE
LYCIE
PAMPHILIE
Rhodes
Crète
Haran
Ninive
MÉSOPOTAMIE
Monts Zagros
MÉDIE
ASSYRIE
Carchemis
Antioche
Cypre (Chypre)
ARAM
Ragès
Ecbatane
ARIANA (IRAN)
Tadmor (Palmyre)
PHÉNICIE
Sidon
SYRIE
Damas
EMPIRE ASSYRIEN
Euphrate F.
Tigre F.
MER INTÉRIEURE (MER MÉDITERRANÉE)
Tyr
Suse
Jérusalem
ROYAUME DE
Babylone
(Tour de Babel)
CHALDÉE
SUSIANE (ÉLAM)
Jéricho
PALESTINE
Désert de Syrie
Ur
Persépolis
Péluse
SALOMON
GOLFE PERSIQUE
PERSE
Memphis
Désert
Aziongaber
Ismaélites (Arabes)
ARABIE PÉTRÉE
EGYPTE
MIZRAÏM
Désert de Libye
ROYAUME DES PHARAONS
Mt Sinaï
Madianites
MER ROUGE
Nil F.
Thèbes
THÉBAÏDE
ÉTHIOPIE
EXPLICATION DU COLORIS
Échelle
MER MÉDITERRANÉE
TERRE DE CANAAN
Jéricho
Hébron
Moab
Philistins
Péluse
GESSEN
Cadès Barnea
Amalécite
ARABIE PÉTRÉE
Désert
Aziongaber
Memphis
ÉGYPTE
Nil F.
Raphidim
Mt Horeb
Nabatéens
MER ROUGE
Mt Sinaï
Madianites
EXODE
Itinéraire des Hébreux
à la sortie d'Égypte
LÉGENDE pour les Voyages de St Paul
OCÉAN GERMANIQUE
Hambourg
Prussiens
Lithuaniens
Finnois
Peuples Turcs
Anglo-Saxons
Canterbury
GERMANIE
Saxons
Polonais
Russes
Kiev
Slaves
Cologne
Fulda
Prague
Tchèques
Reims
Mayence
Paris
Francs
Salzbourg
NORIQUE
Celtes
Tours
GAULE
PANNONIE
Magyars
Peuples
OCÉAN ATLANTIQUE
Lyon
Arles
Danube
Bulgares
Chersonèse
Mt Caucase
Rome
ITALIE
Constantinople
Nicée
Saragosse
Tolède
ESPAGNE
Séville
Athènes
Corinthe
Éphèse
Pathmos
Antioche
Carthage
Hippone
AFRIQUE
NUMIDIE
MAURÉTANIE
MER INTÉRIEURE (MER MÉDITERRANÉE)
Cyrène
Alexandrie
Jérusalem
TRIPOLITAINE
EXPANSION DU CHRISTIANISME

CARTE DE L'ORIENT

pour l'étude de l'histoire du peuple hébreu

Ces trois cartes sont des exceptions dans la collection des cartes murales Vidal-Lablache. Ce sont les seules cartes « historiques », mais l'histoire en question est celle de la Bible et celle de l'Évangile, ce qui, avec nos yeux du XXIe siècle, pétris de culture laïque, paraît très décalé et même anachronique. Il est, en effet, curieux que Vidal de La Blache, qui a participé activement à la mise en place de l'école laïque, gratuite et obligatoire, propose aux élèves de l'école primaire des cartes religieuses.

On pourrait donc être surpris de voir la notice accompagnant les cartes considérer le récit biblique comme un fait historique, le *paradis terrestre* localisé « probablement » en Arménie, entre le Tigre et l'Euphrate, Adam et Ève vivant à proximité, le déluge d'où émergeait le mont Ararat, l'itinéraire d'Abraham d'Ur en Chaldée au pays de Canaan en passant par Haran, le départ de Jacob pour l'Égypte et la captivité des juifs jusqu'à Moïse, « l'itinéraire des Hébreux à la sortie d'Égypte » illustré par un cartouche et le retour à la *terre promise*. La suite du récit se réfère à l'histoire de l'Orient telle qu'elle était connue à travers les écrits des historiens grecs et romains, jusqu'à la « destruction de Jérusalem et la dispersion des juifs ».

La même notice accompagne la carte suivante de la Palestine au temps de Jésus-Christ. L'Évangile est pris au pied de la lettre : « Après l'ascension du Christ, les Apôtres reçurent l'illumination du Saint-Esprit (...) ». La carte montre les voyages de Jésus-Christ de Bethléem en Égypte, le retour vers Sidon, puis le lac de Tibériade, la vallée du Jourdain et, enfin, l'aboutissement, Jérusalem.

De la même façon, le cartouche sur l'expansion du christianisme qui présente les peuples du monde méditerranéen et européen indique les voyages de saint Paul en Grèce, en Anatolie et à Rome.

PALESTINE

Le questionnaire destiné à interroger les élèves ne laisse aucun doute sur le contenu religieux de l'enseignement conçu par Vidal. S'il est parsemé de questions sur le «genre de vie» des Arabes, de questions «géopolitique» («Quelle était l'importance géographique particulière des pays qui formèrent le Royaume de David et Salomon?» Réponse: «C'est qu'ils formaient la route de l'Égypte à la Mésopotamie»), l'interrogation porte sur les «faits» de la Bible ou du nouveau Testament («Par où les Juifs quittèrent-ils l'Égypte?» Réponse: «Ils traversèrent à pied sec la mer Rouge, dans le golfe sur lequel débouche le canal de Suez»).

Ces cartes appellent quelques réflexions:
• Déjà, à l'époque de Vidal, les exégètes, par leur examen critique des textes sacrés de la Bible et du nouveau Testament, avaient montré le caractère très relatif des «faits» relatés. De nombreuses hérésies interprétaient les textes de façon différente de celle, canonique, établie par l'Église catholique. Depuis la Réforme et la Renaissance, le courant rationaliste avait émis des doutes sur l'historicité des récits bibliques et chrétiens. Au moment même où Vidal élabore ses cartes, Ernest Renan avait publié son *Histoire des origines du christianisme* (1863-1883) et sa *Vie de Jésus* (1863), qui furent mis à l'index, et d'autres libres penseurs avaient contesté l'historicité même de l'existence de Jésus. Comment alors se fait-il que Vidal officialise une histoire religieuse de «l'Orient» dans l'enseignement laïque?
• Vidal a effectué plusieurs voyages dans le Proche-Orient, les premiers aux temps où il se trouvait à l'école d'Athènes. Il a visité l'Anatolie, le Liban, la Syrie et l'Égypte où il a assisté à l'inauguration du canal de Suez en 1869. Il connaît intimement la géographie de ces pays, ce qui transparaît d'ailleurs ici. C'est donc volontairement qu'il établit ces cartes bibliques.
• L'option choisie par Vidal s'inscrit dans sa conception de l'enseignement. Le Primaire qui préparait un petit nombre d'élèves au lycée devait permettre l'acquisition des bases de ce qu'on appelait alors les «humanités». Pétri lui-même de culture classique, de littérature grecque et latine, Vidal offre, à travers ces cartes et cette lecture de la Bible, une base première de connaissances, sans laquelle la culture classique (philosophie, littérature, musique, peinture) française et européenne est inaccessible. On touche ici aux origines gréco-romaine et judéo-chrétienne qu'on se plaît à mettre en avant comme fondements de l'Europe.
• Autrement dit, sa vision n'est pas très éloignée de ce qu'on appelle de nos jours l'enseignement du «fait religieux», à ceci près qu'on ne demande pas aux élèves de croire à l'historicité des «faits» qui caractérisent les religions, mais à l'historicité de la religion en tant que phénomène historique de grande ampleur. À l'instar d'Abraham, Jésus ou saint Paul, on peut trouver aujourd'hui dans certains manuels scolaires les itinéraires de Mahomet en Arabie, alors que son historicité est contestée par certains, comme celle de Jésus-Christ par d'autres.
• D'ailleurs, en ces tout débuts de l'enseignement laïc, encore loin de la séparation de l'Église et de l'État (1905), les instituteurs n'avaient pas tous reçu leur formation dans les Écoles normales, laïques. De plus, les cartes étaient destinées aussi bien à l'enseignement public qu'aux écoles chrétiennes. Avec diplomatie, l'éditeur et l'auteur ne voulaient sans doute pas se priver de cette clientèle...

Carte 23 BIS
Collection de Cartes murales
VIDAL-LABLACHE
LIBRAIRIE ARMAND COLIN
103, Boulevard Saint-Michel. PARIS.
PALESTINE
divisée en 12 Tribus
PAR P. VIDAL-LABLACHE
Professeur à la Faculté des Lettres de l'Université de Paris
MER INTÉRIEURE
(MER MÉDITERRANÉE)
M.t Liban
CŒLÉ-SYRIE (SYRIE CREUSE)
Anti-Liban
PHÉNICIE
Damas
Sidon
M.t Hermon
SYRIE
Tyr
NAPHTALI
ASSER
Cadès-Naphtali
Araméens
L Mérom
Hazor
Capharnaüm
L.de Kinnereth (Génézareth)
M.t Carmel
ZÉBULON
Plaine d'Esdrelon
ISSACHAR
M.t Alsadamus
Pays de Bazan
MANASSÉ ORIENTAL
MANASSÉ OCC.t
Jourdain F.
Samarie
Sichem
Plaine de Saron
Ammonites
ÉPHRAIM
M.t de Galaad
Joppé
Jébuséens
Jéricho
Rabbath-Ammon
DAN
GAD
BENJAMIN
Hésébon
Azoth
RUBEN
Amorrhéens
Désert de Syrie
Ascalon
Bethléem
Jérusalem
Plaine de Séphéla
Hetheens
Vallée de Mambré
Hébron
Monts
Gaza
Philistins
Amorrhéens
Mer Morte
Rabbath-Moab
Moabites
SIMÉON
JUDA
Madianites
Amalécites
Cadès-Barnéa
Désert
Iduméens
OCÉAN ATLANTIQUE
GAULE
GERMANIE
DACIE
PONT-EUXIN
ESPAGNE
ITALIE
Rome
MACÉDOINE
ASIE MINEURE
GRÈCE
MAURÉTANIE
MER INTÉRIEURE
PALESTINE
LIBYE
ÉGYPTE
CARTON D'ENSEMBLE
Carte 23 TER
PALESTINE
au temps de Jésus-Christ
Voyages de Jésus-Christ
Sidon
Liban
Sarepta
Anti-Liban
Tyr
Léontès F.
Grand Hermon
Césarée de Philippe
GALILÉE
TRACHONITIDE
MER INTÉRIEURE
(MER MÉDITERRANÉE)
PHÉNICIE
GAULANITIDE
Lac Mérom
BATANÉE
Ptolémaïs
Plaine d'Akko
Capharnaüm
Bethsaïde
Cana
Magdala
Tibériade
Lac de Génézareth
Carmel
Mont Tabor
Nazareth
Plaine d'Esdrelon
Césarée
AURANITIDE
SAMARIE
Plaine de Saron
Samarie
Sichem
Jourdain F.
PÉRÉE
Monts d'Éphraïm
Joppé
Retour d'Égypte
Monts de Galaad
Jéricho
Jamnia
Plaine de Séphéla
Emmaüs
Jérusalem
Azoth
JUDÉE
M.t d'Éphraïm
Ascalon
Bethléem
Désert
Fuite en Égypte
Gaza
Hébron
Mer Morte
Vallée de Mambré
Monts de Juda
Juda
IDUMÉE
Vallée de Josaphat
Mont Golgotha
Temple
Mont des Oliviers
Maison de Caïphe
PLAN DE JÉRUSALEM

Amérique
Europe
OCÉAN
Asie
Afrique
Amérique

CONCLUSION

Depuis la première édition de ces cartes, il s'est écoulé plus d'un siècle et depuis la dernière édition, plus d'un demi-siècle. La France, l'Europe, le monde ont connu des changements majeurs. Deux guerres meurtrières se sont produites; les pays colonisés ont conquis leur indépendance; les empires coloniaux ne sont plus. La France, qui était un pays rural, est devenue urbaine à 80 % : en 1900, la moitié des Français travaillaient dans l'agriculture, aujourd'hui, les agriculteurs ne représentent plus que 3 % de la population active.

En 1900, l'Europe centrale et orientale était sous la domination d'empires aristocratiques. Après les deux guerres européennes dites «mondiales» et leurs massacres, l'Europe est entrée dans une phase de dépassement des États-nations et la construction de l'Union européenne, malgré beaucoup d'hésitations et de vicissitudes, est devenue une réalité, sûrement imparfaite, mais malgré tout une réalité économique et politique.

On ne peut désormais plus lire un planisphère à la lumière de l'empire colonial français, comme c'est encore le cas dans les cartes de la collection. Heureusement, le gallocentrisme est mort.

Les cartes de Vidal de La Blache dessinent un monde immobile, fait de montagnes et de fleuves, de climats stables, d'agricultures millénaires adaptées aux conditions naturelles. Le progrès pour Vidal, c'est le chemin de fer, la navigation et la colonisation. Les routes n'existent pas, les villes sont des points. L'industrie se borne à transformer les produits coloniaux.

Aujourd'hui, la mondialisation scientifique et technique a bouleversé l'information et les communications et modifié de fond en comble les distances et le temps. Quant à la mondialisation de l'économie, elle se traduit par une accélération des flux matériels – le libre-échange a remplacé le protectionnisme – et immatériels – on spécule sur tout, instantanément, des matières premières aux valeurs boursières. Les institutions supranationales et les firmes multinationales dictent leurs lois aux États. Les crises économiques financières se succèdent depuis quarante ans, qui plongent les populations dans l'incertitude de l'avenir. Le progrès n'est plus ce qu'il était. Même le climat change.

La Nouvelle Géographie, celle qui s'est affirmée à partir des années 1960 contre la vision vidalienne, s'intéresse à ce qui bouge, à la mobilité des hommes, des marchandises et des idées, aux interactions entre les espaces et les territoires. Elle se veut plus « scientifique ». Avec elle, la cartographie est devenue numérique, riche de formes et de couleurs. Elle n'hésite pas à déformer les surfaces pour mieux représenter les phénomènes étudiés. Mais la transmission des connaissances géographiques s'avère plus ardue pour les enseignants d'aujourd'hui.

Dans ce cas, pourquoi alors rééditer ces cartes murales surannées ? Tout simplement pour raviver des souvenirs, prendre la mesure des décalages entre hier et aujourd'hui et redonner enfin à ces documents cartographiques, beaux objets de notre patrimoine, toute leur poésie.

LISTE DES CARTES VIDAL-LABLACHE

avec leur ordre de publication originelle

Nota bene : les intitulés des cartes sont ceux de la première date de publication ; après la première édition, ils peuvent avoir changé. Les dates de publication exactes sont très difficiles à retrouver, n'ayant pas toujours fait l'objet de dépôt à la BNF. Nous ne donnons ici que des dates approximatives.

LA FRANCE ET LES CINQ PARTIES DU MONDE

(première série publiée entre 1885 et 1886)

(Les cartes marquées d'un astérisque sont parlantes au recto, muettes au verso)

- Termes de la géographie
- *France. Cours d'eau
- *France. Relief du sol
- *France. Départements
- *France. Villes
- *France. Canaux
- *France. Chemins de fer
- *France agricole et industrie
- *France. Provinces
- *France. Frontières du Nord-Est et France militaire
- Algérie et Tunisie physique et politique
- *Europe physique
- *Europe politique
- *Asie physique
- *Asie politique
- *Afrique physique
- *Afrique politique
- *Continent américain physique
- *Amérique du Nord politique
- *Amérique du Sud politique
- *Océanie
- *Planisphère
- Palestine et pays d'Orient
- Paris et Environs de Paris

CONTRÉES D'EUROPE

(deuxième série publiée entre 1890 et 1897)

(Les cartes de cette série sont physiques au recto et politiques au verso)

- 25 . Belgique physique
- 25 bis. Belgique politique
- 26. Suisse physique
- 26 bis. Suisse politique
- 27. Allemagne physique
- 27 bis. Allemagne politique
- 28. Îles Britanniques physique
- 28 bis. Îles Britanniques politique
- 29. Pays-Bas physique
- 29 bis. Pays-Bas politique
- 30. Italie physique
- 30 bis. Italie politique
- 31. Espagne physique
- 31 bis. Espagne politique
- 32. Autriche-Hongrie physique
- 32 bis. Autriche-Hongrie politique
- 33 . Péninsule des Balkans physique
- 33 bis. Péninsule des Balkans politique
- 34. Russie physique
- 34 bis. Russie politique
- 35. Grèce et Archipel physique
- 35 bis. Grèce et Archipel politique

COLONIES ET PROTECTORATS FRANÇAIS

(troisième série publiée en 1897)

(Les cartes 38, 40 à 44 sont physiques au recto, politiques au verso)

- 36. Madagascar
- 36 bis. Indochine française
- 37. Afrique occidentale française
- 37 bis. Guyane, Nouvelle-Calédonie, Antilles
- 38. Tunisie physique
- 38 bis. Tunisie politique

(Les cartes qui suivent datent d'après 1914)

- 39. Géologie *(années 1910)*
- 40. Cochinchine
- 41. Département d'Oran
- 42. Département d'Alger
- 43. Département de Constantine
- 44. Maroc
- 45. Delta du Tonkin
- 45 bis. Indochine du Nord
- 50. Japon physique
- 50 bis. Japon politique

(Les cartes qui suivent datent des années 1930)

- 51. États-Unis, Mexique physique (plus tardive)
- 52. Chine physique
- 52 bis. Chine politique (plus tardive)

CARTES RÉGIONALES DE LA FRANCE

(quatrième série publiée entre 1921 et 1922)

Par Louis Gallois *(Les cartes qui suivent datent des années 1920)*

- 60. France de l'Ouest
- 61. Bassin de Paris
- 62. France de l'Est
- 63. Bassin d'Aquitaine
- 64. Alpes françaises

TABLE DES MATIÈRES

PARTIE II : LES CONTINENTS 67

REMERCIEMENTS

Cet Atlas est composé des cartes de la collection personnelle de Fred Perrin : sans sa curiosité, sa générosité et sa disponibilité, ce livre n’aurait pas vu le jour.

Les écoles qui souhaitent lui confier certaines de leurs cartes euvent prendre contact avec lui : fred_perrin@hotmail.fr.

Nous remercions aussi le site Jelidee.com qui nous a permis d’entrer en contact avec lui ; enfin, la Bibliothèque de l’Institut protestant de Toulouse qui a conservé certaines notices de ces cartes.

263459 - (I) - MGN 150° - PRU
Dépôt légal : octobre 2022
Imprimé en Espagne par Gráficas Estella